P. Lothar Hardick OFM

Unsere Regel — Unser Leben

Kommentar zu:

**Regel und Leben
der Brüder und Schwestern vom
Regulierten Dritten Orden
des heiligen Franziskus**

1987

Dietrich-Coelde-Verlag · 4760 Werl/Westfalen

© 1987 Dietrich-Coelde-Verlag, 4760 Werl/Westfalen
ISBN 3 87163 163 9

Vorwort

Die Gedanken dieses Kommentars zu „Regel und Leben der Brüder und Schwestern vom Regulierten Dritten Orden des heiligen Franziskus" sind größtenteil seit Februar 1983 in den „Mitteilungen der Franziskanischen Arbeitsgemeinschaft" mit insgesamt zwanzig Fortsetzungen erschienen. Sie fanden sehr gute Aufnahme. Die Gedanken konnten ferner in zahlreichen Tagungen mit dem gesprochenen Wort erprobt werden. Es geht also nicht um eine individuell gut gemeinte Gedankenwelt, sondern um eine Gedankenwelt, die zumal von den Teilnehmerinnen und Teilnehmern der zahlreichen Tagungen auf ihre Lebenswerte hin überprüft worden ist.

Wenn dieser Kommentar also auch nicht in einem Zug entstanden ist, so wird er doch in der Hoffnung veröffentlicht, daß er ein organisches Ganzes bildet. Der Text der Regel selbst zwang beim Formulieren und Niederschreiben immer wieder auf das Wesentliche. Denn wenn diese Regel in der nun vorliegenden Fassung auch nicht von Franziskus selbst verfaßt worden ist, so ist sie doch nicht nur Geist von seinem Geist, sondern weitgehend sogar Wort von seinem Wort.

Möge diese von sehr vielen Ordensleuten erwartete Veröffentlichung helfen, in allen Schwestern und Brüdern vom Regulierten Dritten Orden des heiligen Franziskus die Freude an den reichen Möglichkeiten zu wecken, die ihnen mit diesem Text ihrer Ordensregel gegeben sind.

Karlsruhe, 16. April 1987

P. Lothar Hardick OFM

INHALTSÜBERSICHT

Vorwort 3

Text der Ordensregel
Regula et Vita Fratrum et Sororum Tertii Ordinis Regularis
Sancti Francisci 9
Regel und Leben der Brüder und Schwestern vom Regulierten
Dritten Orden des heiligen Franziskus 25

Kommentar
Bestätigungsschreiben von Papst Johannes Paul II. 44
Worte des heiligen Franziskus an alle, die ihm folgen 51
1. Kapitel: Es beginnt die Regel und das Leben der Brüder
und Schwestern vom Regulierten Dritten Orden
des heiligen Franziskus 59
2. Kapitel: Von der Annahme dieses Lebens 73
3. Kaptiel: Vom Geist des Gebetes 89
4. Kapitel: Vom Leben in Keuschheit um des Himmelreiches willen 108
5. Kapitel: Von der Art zu dienen und zu arbeiten 118
6. Kapitel: Vom Leben in Armut 129
7. Kapitel: Vom schwesterlichen und brüderlichen Leben . . 142
8. Kapitel: Vom liebenden Gehorsam 156
9. Kapitel: Vom apostolischen Leben 173
Mahnung und Segen 190
Verzeichnis der Abkürzungen 200

Text der Ordensregel
lateinisch und deutsch

Regula et Vita Fratrum et Sororum Tertii Ordinis Regularis Sancti Francisci

JOHANNES PAULUS PP. II
ad perpetuam rei memoriam.

Franciscanum vitae propositum nostra quidem aetate, haud secus ac superiore tempore, complures viros et mulieres evangelicam sitientes perfectionem Regnumque Dei appetentes sine intermissione allicit. Ad Sancti Francisci Assisiensis exemplar adhaerescentes Sodales Tertii Ordinis Regularis sectari ipsum contendunt Jesum Chistum, dum fraterno vivunt in consortio, evangelica consilia oboedientiae, paupertatis, castitatis votis publicis observanda suscipiunt et in varii generis operositatem apostolicam incumbunt.

Quo perfectius suae vitae propositum exsequantur, adsidue orationis usum frequentant, germanam inter se excolunt caritatem atque vera utuntur paenitentia et abnegatione christiana. Cum autem hae singulae Franciscalis vitae propositi partes ac rationes luculenter in „Regula et Vita Fratrum et Sororum Tertii Ordinis Regularis Sancti Francisci" comprehendantur cumque prorsus ita descriptae conveniant vero Franciscali instituto, Nos pro apostolicae potestatis Nostrae plenitudine statuimus, edicimus, decernimus ut haec Regula propriam habeat vim momentumque ad genuinae Franciscalis vitae sensum Fratribus et Sororibus explanandum, usquequaque videlicet perpensis iis omnibus quae de hac re iam suo tempore edixerant Decessores Nostri Leo Decimus et Pius Undecimus Constitutionibus Apostolicis „Inter cetera" et „Rerum condicio". Quoniam novimus quanta diligentia curaque haec „Regula et Vita" cursum renovatae accomodationis perfecerit quamque feliciter ad optatam consensionis metam pervenerit communibus ex disceptationibus et inquisitionibus, votis et elucubrationibus, idciro fore certi confidimus ut propositos fructus effetusque renovationis adfatim in posterum consequatur tempus. Haec autem voluntatis Nostrae significatio praecipimus ut firma usque sit virtutemque exserat suam tam nunc quam posthac, contrariis quibuslibet rebus minime obsistentibus.

Datum Romae apud Sanctum Petrum, sub anulo Piscatoris, die VIII mensis Decembris anno Domini MCMLXXXII, Pontificatus Nostri quinto.

                              (Locus Sigilli) Augustinus Card. Casaroli
                                        Publicis Eccl. negotiis

VERBA SANCTI FRANCISCI SECTATORIBUS SUIS DICTA

EpFid I. 1

Omnes qui Dominum diligunt *ex toto corde, ex tota anima et mente, ex tota virtute* et diligunt proximos suos sicut se ipsos, et odio habent corpora eorum cum vitiis et peccatis, et recipunt corpus et sanguinem Domini nostri Iesu Christi, et faciunt fructus dignos poenitentiae: O quam beati et benedicti sunt illi et illae, dum talia faciunt et in talibus perseverant, quia *requiescet super eos spiritus Domini* et faciet *apud* eos habitaculum *et mansionem,* et sunt filii patris caelestis, cuius opera faciunt et sunt sponsi, fratres et matres Domini nostri Iesu Christi. Sponsi sumus, quando Spiritu Sancto coniungitur fidelis anima Domino nostro Iesu Christo. Fratres ei sumus, quando facimus *voluntatem patris qui in caelis est;* matres, quando portamus eum in corde et corpore nostro per divinum amoren et puram et sinceram conscientiam; parturimus eum per sanctam operationem, quae lucere debet aliis in exemplum. O quam gloriosum est, sanctum et magnum in caelis habere patrem! O quam sanctum, paraclitum, pulchrum et admirabilem talem habere sponsum! O quam sanctum et quam dilectum, beneplacitum, humilem, pacificum, dulcem, amabilem et super omnia desiderabilem habere talem fratrem et talem filium: Dominum nostrum Iesum Christum, qui posuit animam pro ovibus suis et oravit patri dicens: *Pater sancte, serva eos in nomine tuo, quos dedisti mihi in mundo; tui erant et mihi dedisti eos.* Et *verba, quae mihi dedisti, dedi eis, et ipsi acceperunt et* crediderunt vere, quia a te exivi et cognoverunt, *quia tu me misisti.* Rogo pro eis et *non pro mundo.* Benedic et *sanctifica et pro eis sanctifico me*

cfr Mc 12, 30
cfr Mt 22, 39

cfr Is 11, 2
cfr Jo 14, 23

cfr Mt 12, 50

Mt 12, 50
cfr 1 Co 6, 20

cfr Mt 5, 16

cfr Jo 10, 15
Jo 17, 11
Jo 17, 6

Jo 17, 8
cfr Jo 17, 9

ipsum. Non pro eis rogo tantum, sed pro eis qui credituri sunt per verbum illorum in me, ut sint sanctificati *in unum sicut et nos.* Et volo, pater, *ut ubi ego sum et illi sint mecum, ut videant claritatem meam in regno tuo. AMEN.*

Jo 17, 17
Jo 17, 19
Jo 17, 20
Jo 17, 23; 17, 11
Jo 17, 24; Mt 20, 21

1

**In nomine Domini!
Incipit regula et vita
fratrum et sororum
Tertii Ordinis Regularis
sancti Francisci.**

1) Forma vitae fratrum et sororum Tertii Ordinis
Regularis sancti Francisci haec est: Domini nostri
Iesu Christi sanctum Evangelium observare, vi- cfr RegB 1, 1
vendo in obedientia, in paupertate et in castitate. cfr RegCl 1, 2
Sequentes Iesum Christum exemplo sancti Fran- cfr RegCl 6, 1
cisci tenentur plura et maiora facere observantes EpFid II, 36-39
praecepta et consilia Domini nostri Iesu Christi et cfr Mt 16, 24
debent semetipsos abnegare sicut unusquisque EpFid II, 40
promisit Deo.

2) Fratres et sorores istius Ordinis cum universis qui
Domino Deo intra sanctam ecclesiam catholicam
et apostolicam servire volunt in vera fide et poenitentia perseverent. Hanc conversionem evangelicam vivere volunt in spiritu orationis et paupertatis
et humilitatis. Et abstineant ab omni malo et perse- RegNB 23, 7
verent usque in finem in bono quia ipse Filius Dei RegNB 21, 9
venturus est in gloria et dicet omnibus qui eum cognoverunt et adoraverunt et ei servierunt in
poenitentia: *Venite, benedicti Patris mei,* percipite cfr Mt 25, 34
regnum quod *vobis paratum* est ab origine *mundi.* RegNB 23, 4

3) Fratres et sorores promittunt obedientiam et reverentiam Papae et Ecclesiae Catholicae. Eodem
spiritu his qui ad servitium fraternitatis instituti RegB 1, 2
sunt obediant. Et ubicumque sunt et in quocum- cfr RegCl 1, 3
que loco se invenerint, spiritualiter et diligenter cfr RegB 1, 3

debeant se revidere et honorare ad invicem. Et unitatem et communionem cum omnibus familiae franciscanae membris foveant.

cfr RegCl 1, 5
RegNB 7, 15

2
De vita ista accipienda

4) Illi qui Domino inspirante veniunt ad nos volentes hanc vitam accipere benigne recipiantur. Et opportuno tempore ministris praesentabuntur quibus potestas est in fraternitatem admittendi.

cfr Test 1
RegNB 2, 1
cfr RegB 2, 1

5) Ministri certiores fiant aspirantes vere fidei catholicae adhaerere sacramentisque ecclesiasticis. Si illi idonei sint, vitae fraternitatis initientur. Et omnia ad hanc vitam evangelicam pertinentia eis diligenter exponantur, praesertim haec verba Domini: *Si vis perfectus esse, vade et vende omnia quae habes, et da pauperibus et habebis thesaurum in caelo, et veni, sequere me. Et si quis vult post me venire, abneget semetipsum et tollat crucem suam et sequatur me.*

cfr RegB 2,2
cfr Reg Cl 2, 2

Mt 19, 21
cfr Lc 18, 22
Mt 19, 21

Mt 16, 24
RegNB 1, 2-3
cfr RegCl 2, 3-4

6) Sic Domino ducente incipiant vitam poenitentiae scientes quod omnes continuo convertendi sumus. Conversionem et consecrationem ad vitam evangelicam significantes vilibus vestibus induantur et simpliciter conversentur.

cfr RegNB 2, 14

7) Finito vero tempore probationis recipiantur ad obedientiam promittentes vitam istam semper et regulam observare. Et omni cura et sollicitudine

RegB 2, 11
cfr RegCl 2, 8

postposita satagant, quocumque modo melius possunt, servire, amare, honorare et adorare Dominum Deum mundo corde et pura mente.

RegNB 22, 26
cfr Adm 16

8) Semper in seipsis faciant habitaculum et mansionem ipsi qui est Dominus Deus omnipotens, Pater et Filius et Spiritus sanctus, ita ut in amorem universalem cum cordibus indivisis crescant, sese continuo convertentes ad Deum et proximum.

cfr Jo 14, 23
RegNB 22, 27
cfr EpFid I, 5-10
cfr EpFild II, 48-53

3
De spiritu orationis.

9) Ubique, omni loco, omni hora et omni tempore fratres et sorores credant veraciter et humiliter et in corde teneant et ament, honorent, adorent, serviant, laudent, benedicant et glorificent altissimum et summum Deum aeternum Patrem et Filium et Spiritum sanctum. Et adorent eum puro corde, *quoniam oportet semper orare et non deficere;* nam Pater tales quaerit adoratores. Eodem spiritu officium divinum in unione cum universali Ecclesia celebrent.

RegNB 23, 11
Lc 18, 1
RegNB 22, 29-30
RegNB 23, 8

Illi et illae quos Dominus ad vitam contemplationis vocavit cum laetitia quotidie renovata suam dedicationem Deo manifestent et amorem celebrent quem Pater pro mundo habet qui nos creavit, redemit et sua sola misericordia salvabit.

Mt 6, 31

RegNB 23, 8

10) Dominum regem caeli et terrae fratres et sorores laudent cum universis creaturis eius et gratias ei agant quod per sanctam voluntatem suam et per unicum Filium suum cum Spiritu sancto creavit omnia spiritualia et corporalia et nos ad imaginem suam et similitudinem.

cfr Mt 11, 25
cfr RegNB 23, 1
cfr Can Sol 3

RegNB 23, 1

11) Sancto Evangelico se totaliter conformantes fratres et sorores in mente considerent et servent verba Domini nostri Iesu Christi qui est verbum Patris, et verba Spiritus sancti quae *spiritus et vita sunt*.

Jo 6, 63
cfr EpFid II, 3

12) Participent sacrificium Domini nostri Iesu Christi et recipiant Corpus et Sanguinem eius cum magna humilitate et veneratione, recordantes quod Dominus dicit: *Qui manducat carnem meam et bibit sanguinem meum habet vitam aeternam*. Exhibeant omnem reverentiam et omnem honorem, quantumcumque poterint, sanctissimo Corpori et Sanguini Domini nostri Iesu Christi ac sacratissimis nominibus et verbis scriptis eius in quo quae in caelis et quae in terris sunt pacificata sunt et reconciliata omnipotenti Deo.

Jo 6, 54
RegNB 20, 5

cfr Col 1, 20
EpOrd 12-13
EpCl 1
Test 12

13) Et in omnibus suis offensis fratres et sorores non tardant interius punire per contritionem et exterius per confessionem et faciant fructus dignos poenitentiae. Debent etiam ieiunare, sed studeant semper esse simplices et humiles. Nihil ergo aliquid aliud desiderent nisi Salvatorem nostrum qui se ipsum per proprium sanguinem suum sacrificium et hostiam in ara crucis obtulit pro peccatis nostris, relinquens nobis exemplum ut sequamur vestigia eius.

Adm 23, 3
cfr EpFid II, 25-32
cfr Adm 19
EpFid II, 45
RegNB 23, 9
EpFid II, 11-14

4

De vita in castitate propter regnum caelorum

14) Attendant fratres et sorores, in quanta excellentia posuerit eos Dominus Deus, *quia creavit et formavit* eos *ad imaginem dilecti Filii sui secundum corpus et similitudinem secundum spiritum.* Per Christum et in Christo creati, istam formam vitae elegerunt, quae in verbis et exemplis Redemptoris nostri fundata est.

Adm 5, 1
Col 1, 16

15) Castitatem *propter regnum caelorum* profitentes, solliciti sunt, quae Domini sunt, et *nihil aliud habent facere, nisi sequi voluntatem domini et placere sibi.* Et omnia ita faciant, ut caritas erga Deum et universos homines ex operibus eluceat.

Mt 19, 12
1 Cor 7, 32
RegNB 22, 9

16) Meminerint se per eximium gratiae donum vocatos esse ad manifestandum in vita sua illud mirabile Ecclesiae mysterium, quo divino sponso Christo coniuncta est.

cfr Eph 5, 23-36

17) Prae oculis habeant imprimis exemplar beatissimae Virginis Mariae, Matris Dei et Domini nostri Jesu Christi. Hoc faciant secundum mandatum beati Francisci, qui sanctam Mariam maxime veneratus est, Dominam et Reginam, quae *virgo ecclesia facta est.* Et recordentur, quod immaculata Virgo Maria seipsam dixit *ancillam Domini,* cuius exemplum sequantur.

SalBMV 1
Luc 1, 38

5

De modo serviendi et laborandi   RegNB 7, 1

18) Sicut pauperes fratres et sorores quibus gratiam dedit Dominus serviendi vel laborandi serviant et laborent fideliter et devote ita quod excluso otio animae inimico sanctae orationis et devotionis spiritum non exstinguant, cui debent cetera temporalia deservire.   RegB 5, 1-2
cfr RegCl 7, 1-2

19) De mercede vero laboris pro se suisque fratribus et sororibus corporis necessaria recipiant et hoc humiliter sicut decet servos Dei et paupertatis sanctissimae sectatores. Et omnia quae supersint pauperibus studeant erogare. Et numquam debent desiderare esse super alios, sed magis debent esse servi et subditi omni humanae creaturae propter Deum.   RegB 5, 3-4
cfr RegNB 2, 4; 9, 8
1 P 2, 13
EpFid II, 47

20) Fratres et sorores sint mites, pacifici et modesti, mansueti et humiles, honeste loquentes omnibus sicut decet. Et ubicumque sunt vel vadunt per mundum, non litigent neque contendant verbis, nec alios iudicent, sed ostendant se *gaudentes in Domino et* hilares et convenienter gratiosos. Et salutationem dicant: Dominus det tibi pacem.   cfr RegB 2, 17; 3, 10
cfr Ph 4, 4
RegNB 7, 16
Test 23

6

De vita in paupertate

21) Omnes fratres et sorores studeant sequi humilitatem et paupertatem Domini nostri Iesu Christi qui, *cum dives esset* super omnia, voluit ipse in mundo cum beatissima Virgine matre sua eligere paupertatem et semetipsum exinanivit.   2 Cor 8, 9
Ph 2, 7
RegNB 9, 1
EpFid II, 5
cfr RegCl 6, 3

Et recordentur quod nihil aliud oportet nos habere de toto mundo nisi, sicut dicit apostolus, *habentes alimenta et quibus tegamur, his contenti* sumus. Et caveant multum a pecunia.

RegNB 9, 1
1 Tim 6, 8
RegB 5, 3-4
RegNB 8, 11

Et debent gaudere, quando conversantur inter viles et despectas personas, inter pauperes et debiles et infirmos et leprosos et iuxta viam mendicantes.

RegNB 9, 2

22) Qui vere pauperes sunt spiritu, exemplum Domini sequentes nihil sibi appropriant nec alicui defendunt, sed tanquam peregrini et advenae in hoc saeculo vivunt. Haec est illa celsitudo altissimae paupertatis quae nos heredes et reges regni caelorum instituit, pauperes rebus fecit, virtutibus sublimavit.

cfr Adm 14
cfr Mt 10, 27-29
cfr 1 P 2, 11
RegB 6, 1-2; 4-6
cfr RegNB 7, 13
cfr Jc 2, 5

Haec sit portio nostra quae perducit in terram viventium. Cui totaliter inhaerentes nihil aliud pro nomine Domini nostri Iesu Christi in perpetuum sub caelo habere velimus.

Ps 141, 6

cfr RegCl 8, 1-2

7

De vita fraterna

23) Propter amorem Dei fratres et sorores diligant se ad invicem, sicut dicit Dominus: *hoc est praeceptum meum ut diligatis invicem sicut dilexi vos.* Et ostendant ex operibus dilectionem quam habent ad invicem. Et secure manifestet unus alteri necessitatem suam, ut sibi necessaria inveniat et ministret. Beati sunt, qui tantum diligerent alterum, quando est infirmus, quod non potest eis satisfacere, quantum quando est sanus, qui potest eis satisfacere.

Jo 15, 12
cfr Jc 2, 18
cfr 1 Jo 3, 18
RegNB 11, 5-6
cfr TestCl 18
RegNB 9, 10
cfr Adm 24

Et de omnibus, quae ipsis accident, referant gratias Creatori, et quales vult eos Dominus tales se esse desiderent sive sanos sive infirmos. RegNB 10, 3

24) Si contigeret inter eos verbo vel signo occasionem turbationis aliquando suboriri, statim, antequam offerat munus orationis suae coram Domino, unus alteri humiliter veniam petat. Si quis graviter neglexerit formam vitae quam professus est, admoneatur a ministro vel ab aliis qui eius culpam cognoverint. Et illi non faciant ei verecundiam neque detractionem, sed magnam misericordiam habeant circa ipsum. Sed omnes attente cavere debent ne irascantur et conturbentur propter peccatum alicuius, quia ira et conturbatio in se et in aliis impediunt caritatem.

cfr Mt 5, 24
cfr Mt 18, 35

cfr EpMin 15

RegB 7, 3
cfr RegCl 9, 3-4

8
De obedientia caritativa

Adm 3, 6
cfr SalVirt 3

25) Fratres et sorores, exemplo Domini Iesu qui posuit voluntatem suam in voluntate Patris, recordentur quod propter Deum abnegaverunt proprias voluntates. In omnibus capitulis quae faciunt *primum* quaerant *regnum Dei et iustitiam eius* et sese exhortentur ut possint regulam quam promiserunt melius observare et fideliter sequi vestigia Domini nostri Iesu Christi. Non habeant potestatem vel dominationem maxime inter se. *Per caritatem spiritus* voluntarie serviant et obediant *invicem*. Et haec est vera et sancta obedientia Domini nostri Jesu Christi.

cfr EpFid II, 10
RegB 10, 2
Mt 6, 33
cfr RegNB 18, 1
cfr Test 34
cfr RegCl 10, 2

cfr Ga 5, 13
RegNB 5, 9.14-15

26) Unum teneantur semper habere ministrum et
servum fraternitatis et ei teneantur firmiter obedi- cfr RegB 8, 1
re in omnibus quae promiserunt Domino observa- RegB 10, 3
re et non sunt contraria animae et isti regulae. cfr RegCl 10, 2

27) Illi qui sunt ministri et servi aliorum eos visitent RegNB 4, 2
et humiliter et caritative moneant et confortent cfr RegCl 10, 1
eos. Et ubicumque sunt fratres et sorores qui sci-
rent et cognoscerent se non posse regulam spiritualiter observare, ad suos ministros debeant et possint recurrere. Ministri vero caritative et benigne
eos recipiant et tantam familiaritatem habeant cir- RegB 10, 4-6
ca ipsos ut dicere possint eis et facere sicut domini cfr RegCl 10, 3
servis suis; nam ita debet esse quod ministri sint cfr TestCl 19
servi omnium.

28) Et nullus sibi appropriet aliquod ministerium;
sed statuto tempore ipse libenter munus suum di- cfr RegNB 17, 4
mittat.

9

De vita apostolica

29) Fratres et sorores Dominum diligant *ex toto
corde, ex tota anima et mente, ex tota virtute* et dili- cfr Mc 12, 30
gant proximos suos sicut se ipsos. Et exaltent Do- cfr Mt 22, 39
minum in operibus suis quoniam ideo misit eos in cfr EpFid I, 1, 1
universo mundo ut verbo et opere dent testimo- cfr Tb 13, 6
nium voci eius et faciant scire omnes quoniam non cfr Tb 13, 4
est omnipotens praeter eum. cfr EpOrd 8-9

30) Sicut pacem anuntiant voce, sic in cordibus suis
et amplius habeant. Nullus per eos provocetur ad
iram vel scandalum, sed omnes per mansuetudi-
nem eorum ad pacem, benignitatem et concor-

diam provocentur. Nam fratres et sorores ad hoc vocati sunt ut vulneratos curent, alligent confractos et erroneos revocent. Et ubicumque sunt recordentur quod dederunt se et reliquerunt corpora sua Domino Iesu Christo. Et pro eius amore debent se exponere inimicis tam visibilibus quam invisibilibus, quia dicit Dominus: *Beati qui persecutionem patiuntur propter iustitiam, quoniam ipsorum est regnum caelorum.* cfr Leg 3 soc 58

Mt 5, 10
RegNB 16, 10-12

31) In caritate quae Deus est omnes fratres et sorores, sive orantes sive servientes sive laborantes, studeant se humiliare in omnibus, non gloriari nec in se gaudere nec interius se exaltare de bonis verbis et operibus, immo de nullo bono quod Deus facit vel dicit et operatur in eis aliquando et per ipsos. In omni loco et in omnibus adiunctis agnoscant omnia bona esse Domini Dei altissimi et dominatoris omnium rerum; et ipsi gratias referant a quo bona cuncta procedunt.

1 Jo 4, 16

cfr RegNB 17, 5-6
cfr RegNB 17, 17

EXHORTATIO ET BENEDICTIO

32) Attendant omnes fratres et sorores quod super omnia desiderare debent habere spiritum Domini et sanctam eius operationem.
Et semper subditi sanctae Ecclesiae stabiles in fide catholica paupertatem et humilitatem et sanctum Evangelium Domini nostri Iesu Christi quod firmiter promiserunt observent.

RegB 10, 8
cfr RegCl 10, 7

RegB 12, 4
cfr RegCl 12, 11

T

Et quicumque haec observaverit in caelo repleatur benedictione altissimi Patris et in terra repleatur benedictione dilecti Filii sui cum sanctissimo Spiritu Paraclito et omnibus virtutibus caelorum et omnibus sanctis. Et ego frater Franciscus parvulus vester servus, quantumcumque possum, confirmo vobis intus et foris istam sanctissimam benedictionem.

Test 40-41

Regel und Leben
der Brüder und Schwestern
vom
Regulierten Dritten Orden
des heiligen Franziskus

PAPST JOHANNES PAUL II.
zu des Anlasses immerwährendem Gedenken

Das franziskanische Lebensideal zieht gerade in unseren Tagen, nicht weniger als in der voraufgegangenen Zeit, ununterbrochen zahlreiche Männer und Frauen an, die sich nach evangelischer Vollkommenheit sehnen und nach dem Reich Gottes trachten. Dem Beispiel des heiligen Franziskus anhangend, bemühen sich die Mitglieder des Regulierten Dritten Ordens, Jesus Christus selber nachzufolgen, indem sie in brüderlicher und schwesterlicher Gemeinschaft leben, die evangelischen Räte des Gehorsams, der Armut, der Keuschheit durch öffentliche Gelübde zur Beobachtung annehmen und sich der apostolischen Tätigkeit in verschiedenen Formen widmen. Um ihr Lebensideal umso vollendeter zu verwirklichen, wenden sie sich der beständigen Übung des Gebetes zu, pflegen untereinander die brüderliche Liebe und zeigen wahre Buße und christliche Selbstverleugnung.

Da nun diese einzelnen Elemente und Grundsätze des franziskanischen Lebensideals in „REGEL UND LEBEN DER BRÜDER UND SCHWESTERN VOM REGULIERTEN DRITTEN ORDEN DES HEILIGEN FRANZISKUS" deutlich enthalten sind und so, wie sie umschrieben sind, ganz und gar einer franziskanischen Ordensgemeinschaft entsprechen, so bestimmen, verordnen und entscheiden Wir kraft der Fülle Unserer apostolischen Vollmacht, daß diese Regel eine besondere Bedeutung und Wichtigkeit hat, den Brüdern und Schwestern den Sinn des echten franziskanischen Lebens darzulegen. Dabei haben Wir all das sorgfältig erwogen, was Unsere Vorgänger Leo X. und Pius XI. in den Apostolischen Konstitutionen „Inter cetera" und „Rerum condicio" in dieser Angelegenheit verordnet haben. Weil Wir wissen, mit welcher Umsicht und Sorgfalt dieses Dokument „REGEL UND LEBEN" den Fortgang der angepaßten Erneuerung vollendet hat und wie glücklich es zum gewünschten Ziel der Übereinstimmung gekommen ist aufgrund gemeinsamer Diskussionen und Untersuchungen, Eingaben und Ausarbeitungen, deshalb vertrauen Wir zuversichtlich, daß „Leben und Regel" die angestrebten Früchte und Wirkungen der Erneuerung in der kommenden Zeit zur Genüge erreichen wird. Wir ordnen an, daß dieser Ausdruck Unseres Willens stets unanfechtbar sei und sowohl jetzt als in Zukunft seine Kraft erweise. Entgegengesetzte Sachverhalte, gleich welcher Art, sollen dabei in keiner Weise ein Hindernis sein.

Gegeben zu Rom, bei Sankt Peter, unter dem Fischerring, am 8. Tag des Monats Dezember, im Jahre des Herrn 1982, im fünften Jahre Unseres Pontifikats.

*(Siegel)   (gezeichnet) Augustinus Kardinal Casaroli
Staatssekretär der Kirche*

WORTE DES HEILIGEN FRANZISKUS AN ALLE, DIE IHM FOLGEN

BrGl I, 1

Im Namen des Herrn!

Alle, die den Herrn *lieben aus ganzem Herzen, aus ganzer Seele und ganzem Sinnen, aus ganzer Kraft* und ihre Nächsten lieben wie sich selbst und ihr verkehrtes Ich mit seinen Lastern und Sünden hassen und den Leib und das Blut unseres Herrn Jesus Christus empfangen und würdige Früchte der Buße bringen: O wie selig und gebenedeit sind jene Männer und Frauen, wenn sie tun und darin ausharren, denn *auf ihnen wird der Geist des Herrn ruhen,* und er wird sich bei ihnen eine Wohnung und Bleibe schaffen, und sie sind Kinder des himmlischen Vaters, dessen Werke sie tun, und sie sind Anverlobte, Brüder und Mütter unseres Herrn Jesus Christus. Anverlobte sind wir, wenn die gläubige Seele durch den Heiligen Geist unserem Herrn Jesus Christus verbunden wird. Brüder sind wir ihm, wenn wir *den Willen des Vaters tun, der im Himmel ist;* Mütter sind wir, wenn wir ihn durch die göttliche Liebe und ein reines und lauteres Gewissen in unserem Herzen und Leibe tragen; wir gebären ihn durch ein heiliges Wirken, das anderen als Vorbild leuchten soll.

vgl. Mk 12, 30
vgl. Mt 22, 39
vgl. Jes 11, 2
vgl. Joh 14, 23
vgl. Mt 5, 45
vgl. Mt 12, 50
Mt 12,50
vgl. 1 Kor 6, 20
vgl. Mt 5, 16

O, wie ist es ehrenvoll, einen heiligen und großen Vater im Himmel zu haben! O, wie ist es heilig, einen solch hilfreichen, schönen und bewundernswerten Bräutigam zu haben! O, wie ist es heilig und lieb, einen solch wohlgefälligen, demütigen, Frieden stiftenden, süßen, liebevollen und über alles zu ersehnenden Bruder und einen solchen Sohn zu haben: unseren Herrn Jesus Christus, der sein Leben für seine Schafe hingegeben und zum Vater gebetet hat, indem er sprach: vgl. Joh 10, 15

Heiliger Vater, bewahre sie in deinem Namen, die du mir in der Welt gegeben hast. Dein waren sie, und du hast sie mir gegeben. Und die Worte, die du mir gegeben hast, habe ich ihnen gegeben; und sie haben sie angenommen und haben in Wahrheit geglaubt, daß ich von dir ausgegangen bin; und sie haben erkannt, daß du mich gesandt hast. Ich bitte für sie und nicht für die Welt. Segne und heilige sie; und für sie weihe ich mich selbst. Nicht für sie allein bitte ich, sondern auch für diejenigen, die auf ihr Wort hin an mich glauben werden, damit sie zur Einheit geweiht seien, wie wir es sind. Und ich will, Vater, daß wo ich bin, auch jene mit mir seien, damit sie meine Herrlichkeit sehen in deinem Reich. AMEN vgl. Joh 17

1
Im Namen des Herrn!
Es beginnt die Regel und das Leben der Brüder und Schwestern vom Regulierten Dritten Orden des heiligen Franziskus

1) Die Lebensform der Brüder und Schwestern vom Regulierten Dritten Orden des heiligen Franziskus ist diese: unseres Herrn Jesu Christi heiliges Evangelium zu beobachten durch ein Leben in Gehorsam, in Armut und in Keuschheit.

vgl. BReg 1, 1
vgl. RegKlara 1, 2; 6, 1

In der Nachfolge Jesu Christi und nach dem Beispiel des heiligen Franziskus sind sie gehalten, mehr und Größeres zu tun, indem sie die Gebote und Räte unseres Herrn Jesus Christus beobachten. Und sie müssen sich selbst verleugnen, wie es ein jeder dem Herrn versprochen hat.

BrGl II 36, 39
vgl. Mt 16, 24
BrGl II 40

2) Gemeinsam mit allen, die in der heiligen katholischen und apostolischen Kirche Gott, dem Herrn, dienen wollen, mögen die Brüder und Schwestern dieses Ordens im wahren Glauben und in der Buße ausharren. Sie wollen diese evangelische Bekehrung leben im Geiste des Gebetes, der Armut und der Demut. Und sie sollen sich vor allem Bösen hüten und bis ans Ende im Guten verharren, denn er, der Sohn Gottes, wird in Herrlichkeit kommen und allen, die ihn erkannt und angebetet und ihm in Buße gedient haben, sagen: *Kommt, ihr Gesegneten meines Vaters, nehmt das Reich in Besitz, das euch bereitet ist vom Anbeginn der Welt.*

NbReg 23, 7

NbReg 21, 9

vgl. Mt 25, 34
NbReg 23, 4

3) Die Brüder und Schwestern versprechen Gehorsam und Ehrerbietung dem Papst und der katholischen Kirche. Im gleichen Geiste sollen sie denen gehorchen, die zum Dienst an der Schwestern- oder Brüder-Gemeinschaft eingesetzt sind. Und wo immer sie auch sind und an welchem Orte sie sich treffen, müssen sie sich geistlich und aufmerksam begegnen und einander ehren. Auch sollen sie die Einheit und Gemeinschaft mit allen Gliedern der franziskanischen Familie pflegen.

BReg 1, 2
vgl. RegKlara 1, 3
vgl. BReg 1, 3
vgl. RegKlara 1, 5
NbReg 7, 15

2

Von der Annahme dieses Lebens

4) Jene, die auf Eingebung des Herrn zu uns kommen mit dem Willen, dieses Leben anzunehmen, mögen liebevoll aufgenommen werden. Zur entsprechenden Zeit sollen sie den leitenden Oberen vorgestellt werden, welche die Vollmacht zur Aufnahme in die Schwestern- oder Brüder-Gemeinschaft haben.

vgl. Test 1
NbReg 2, 1
vgl. BReg 2, 1

5) Die leitenden Oberen sollen sich vergewissern, ob die, welche sich um die Aufnahme bewerben, wirklich zum katholischen Glauben stehen sowie zu den Sakramenten der Kirche. Wenn sie geeignet sind, mögen sie in das Leben der Schwestern- oder Brüder-Gemeinschaft aufgenommen werden. Und alles, was zu diesem Leben nach dem Evangelium gehört, werde ihnen sorgfältig dargelegt, vor allem diese Worte des Herrn: *Wenn du vollkommen sein willst, dann geh und verkaufe alles, was du hast, und gib es den Armen, und du wirst einen Schatz im Himmel haben, und komm, folge mir.* Und: *Wenn einer mir nachfolgen will, verleugne er sich selbst und nehme sein Kreuz auf sich und folge mir.*

vgl. BReg 2, 2
vgl. RegKlara 2, 2

vgl. Lk 18, 22
Mt 19, 21
Mt 16, 24
NbReg 1, 2-3
vgl. RegKlara 2, 3-4

6) So sollen sie unter der Führung des Herrn das Leben der Buße beginnen und wissen, daß wir alle uns beständig bekehren müssen. Zum Zeichen, daß sie sich zum Leben nach dem Evangelium bekehrt und geweiht haben, sollen sie gewöhnliche Kleidung tragen und ein einfaches Leben führen.

vgl. NbReg 2, 14

7) Ist die Probezeit beendet, mögen sie zum Gehorsam angenommen werden, indem sie versprechen, dieses Leben und diese Regel immer zu befolgen. Und alle Sorge und Besorgnis sollen sie

BReg 2, 11

hintanstellen und sich darum bemühen, wie sie immer besser, mit geläutertem Herzen und reinem Sinn Gott dem Herrn dienen, ihn lieben, ehren und anbeten können.

vgl. RegKlara 2, 8
NbReg 22, 26;
vgl. Erm 16

8) Immer sollen sie in sich selbst Wohnung und Bleibe bereiten ihm, der da ist der Herr, der allmächtige Gott, der Vater und der Sohn und der Heilige Geist, auf daß sie mit ungeteiltem Herzen in die alles umfassende Liebe hineinwachsen und sich beständig zu Gott und zum Nächsten bekehren.

vgl. Joh 14, 23
NbReg 22, 27

vgl. BrGl I 1, 5-10
vgl. BrGl II 48-53

3

Vom Geist des Gebetes

9) Überall, an jedem Ort, zu jeder Stunde und zu jeder Zeit sollen die Brüder und Schwestern wahrhaftig und demütig an ihn glauben und an ihm in ihrem Herzen festhalten und ihn lieben, ehren, anbeten, ihm dienen, ihn loben, benedeien und verherrlichen, den erhabensten und höchsten ewigen Gott, den Vater und den Sohn und den Heiligen Geist. Und sie sollen ihn anbeten mit reinem Herzen, denn man muß immer beten und nicht nachlassen; denn der Vater sucht solche Anbeter. Im gleichen Geist mögen sie das Göttliche Offizium verrichten in Vereinigung mit der gesamten Kirche.

Jene, die der Herr zum Leben der Beschaulichkeit berufen hat, sollen mit täglich erneuerter Freude ihre Weihe an Gott kundtun und die Liebe preisen, die der Vater zur Welt hat, er, der uns erschaffen

NbReg 23, 11
Lk 18, 1; Joh 4, 23-24
NbReg 22, 29-30
NbReg 23, 8
Mk 6, 31

und erlöst hat und uns einzig durch sein Erbarmen retten wird. NbReg 23, 8

10) Den Herrn, den König des Himmels und der Erde sollen die Brüder und Schwestern mit allen seinen Geschöpfen loben und ihm Dank sagen, weil er durch seinen heiligen Willen und durch seinen einzigen Sohn mit dem Heiligen Geiste alles Geistige und Körperliche sowie uns nach seinem Bild und seiner Ähnlichkeit geschaffen hat.

Mt 11, 25
vgl. NbReg 23, 1
vgl. Sonn 3

NbReg 23, 1

11) Indem die Brüder und Schwestern sich gänzlich nach dem heiligen Evangelium ausrichten, werden sie in ihrem Geiste die Worte unseres Herrn Jesus Christus bedenken und bewahren, der das Wort des Vaters ist, und die Worte des Heiligen Geistes, die Geist und Leben sind.

Joh 6, 63
vgl. BrGl II 3

12) Sie sollen am Opfer unseres Herrn Jesus Christus teilnehmen und seinen Leib und sein Blut mit großer Demut und Verehrung empfangen, eingedenk, daß der Herr sagt: *Wer mein Fleisch ißt und mein Blut trinkt, hat das ewige Leben.*

Joh 6, 54
NbReg 20, 5

Sie mögen alle Ehrfurcht und alle Ehre, soviel immer sie können, dem heiligsten Leib und Blut unseres Herrn Jesus Christus und seinen hochheiligen niedergeschriebenen Namen und Worten erweisen, in dem alles, was im Himmel und auf Erden ist, befriedet und mit dem allmächtigen Gott versöhnt wurde.

vgl. Kol 1, 20
BrOrd 12-13
BrKl 1
Test 12

13) Und bei allen ihren Verfehlungen sollen die Brüder und Schwestern nicht säumen, innerlich durch die Reue und nach außen durch das Bekenntnis Buße zu tun; und sie sollen würdige Früchte der Buße bringen. Auch müssen sie fasten und sich immer bemühen, einfältig und demütig zu sein.

Erm 23, 3
vgl. BrGl II 25, 32
Erm 19
BrGl II 45

Nichts anderes sollen sie daher ersehen als unseren Erlöser, der sich selbst durch sein eigenes Blut als Opfer und Gabe auf dem Altar des Kreuzes für unsere Sünden dargebracht hat, indem er uns ein Beispiel hinterließ, damit wir seinen Fußspuren folgen. NbReg 23, 9
Br Gl II 11-14

4

Vom Leben in Keuschheit um des Himmelreiches willen

14) Die Brüder und Schwestern sollen bedenken, in welch große Würde Gott, der Herr, sie eingesetzt hat, *da er sie dem Leibe nach zum Bilde seines geliebten Sohnes und dem Geiste nach zu seiner Ähnlichkeit erschaffen und gestaltet hat.* Durch Christus und in Christus erschaffen, haben sie jene Lebensform erwählt, die in den Worten und Beispielen unseres Erlösers begründet ist. Erm 5, 1
Kol 1, 16

15) Indem sie sich in der Profeß zur Keuschheit *um des Himmelreiches willen* bekennen, sind sie um die Sache des Herrn besorgt und *sind verpflichtet, nichts anderes zu tun, als dem Willen des Herrn zu folgen und ihm zu gefallen.* Und sie mögen alles so tun, daß die Liebe zu Gott und zu allen Menschen aus ihren Werken aufleuchte. Mt 19, 12
1 Kor 7, 32
NbReg 22, 9

16) Sie seien dessen eingedenk, daß sie durch eine außerordentliche Gnadengabe berufen sind, in ihrem Leben jenes wunderbare Geheimnis offenbar zu machen, durch das die Kirche Christus, dem göttlichen Bräutigam, verbunden ist. vgl. Eph 5, 23-26

17) Vor allem mögen sie sich das Beispiel der allerseligsten Jungfrau Maria, der Mutter Gottes und unseres Herrn Jesus Christus vor Augen halten. Das sollen sie tun entsprechend der Weisung des heiligen Franziskus, der die heilige Maria, die Herrin und Königin, ganz besonders verehrt hat, sie, die *zur Jungfrau Kirche gemacht* worden ist. Und sie sollen sich daran erinnern, daß die unbefleckte Jungfrau Maria sich selbst als *die Magd des Herrn* bezeichnet hat. Ihrem Beispiel mögen sie folgen. GrMar 1

Lk 1, 38

5
Von der Art zu dienen und zu arbeiten

NbReg 7, 1

18) Die Brüder und Schwestern, denen der Herr die Gnade gegeben hat zu dienen und zu arbeiten, sollen wie Arme mit Treue und Hingabe arbeiten und zwar so, daß sie den Müßiggang, welcher der Seele Feind ist, ausschließen, jedoch den Geist des heiligen Gebetes und der Hingabe nicht auslöschen; ihm muß das übrige Zeitliche dienen.

BReg 5, 1-2
Vgl. RegKlara 7, 1-2

19) Was aber den Lohn der Arbeit angeht, so mögen sie für sich sowie für ihre Brüder und Schwestern das Nötige zum leiblichen Unterhalt annehmen; und dies demütig, wie es Knechten Gottes und Anhängern der heiligsten Armut geziemt.

BReg 5, 3-4

Und sie sollen besorgt sein, alles, was erübrigt wird, an die Armen zu geben. Und niemals dürfen sie sich danach sehnen, über anderen zu stehen, sondern müssen vielmehr um Gottes willen die Knechte und Untergebenen jeder menschlichen Kreatur sein.

vgl. NbReg 2, 4; 9, 8
1 Petr 2, 13
BrGl II 47

20) Die Brüder und Schwestern seien milde, friedfertig und bescheiden, sanftmütig und demütig und sollen mit allen anständig reden, wie es sich gehört. Und wo sie auch sein mögen oder durch die Welt gehen, sollen sie nicht streiten, noch sich in Wortgezänk einlassen, noch andere richten. Vielmehr sollen sie sich als solche zeigen, die sich *im Herrn freuen* und heiter und liebenswürdig sind. Und als Gruß sollen sie sagen: Der Herr gebe dir den Frieden.

vgl. BReg 2, 17; 3, 10-11; vgl. Phil 4, 4 NbReg 7, 16; Test 23

6

Vom Leben in Armut

21) Alle Brüder und Schwestern seien bemüht, der Demut und Armut unseres Herrn Jesus Christus nachzufolgen, der, obwohl er reich war über alle Maßen, selber in der Welt mit der seligsten Jungfrau Maria, seiner Mutter, die Armut erwählen wollte und sich selbst entäußert hat.

2 Kor 8, 9
Phil 2, 7
NbReg 9, 1
BrGl II 5
vgl. RegKlara 6, 3

Und sie sollen daran denken, daß wir, wie der Apostel sagt, von der ganzen Welt nichts anderes nötig haben als *Nahrung und Kleidung; damit laßt uns zufrieden sein.* Und sie sollen sich sehr hüten vor dem Geld.

NbReg 9, 1
1 Tim 6, 8
BReg 5, 3-4
NbReg 8, 11

Auch müssen sie sich freuen, wenn sie mit gewöhnlichen und verachteten Leuten verkehren, mit Armen und Schwachen und Kranken und Aussätzigen und Bettlern am Wege.

NbReg 9, 2

22) Die wirklich arm im Geiste sind, folgen dem Beispiel des Herrn und eignen sich nichts an, noch machen sie es jemandem streitig, sondern sie leben in dieser Weltzeit wie Pilger und Fremdlinge.

vgl. Erm 14
vgl. Mk 10, 27-29
vgl. 1 Petr 2, 11
BReg 6, 1-2; 4-6

Dies ist jene Erhabenheit der höchsten Armut, die uns zu Erben und Königen des Himmelreiches eingesetzt, an Hab und Gut arm gemacht, durch Tugenden geadelt hat.

vgl. NbReg 7, 13
vgl. Jak 2, 5
vgl. Ps 142, 6

Diese soll unser Anteil sein, der hinführt in das Land der Lebenden. Dieser ganz und gar anhangend, dürfen wir um des Namens unseres Herrn Jesu Christi willen auf immer nichts anderes unter dem Himmel zu haben trachten.

vgl. RegKlara 8, 1-2

7
Vom schwesterlichen und brüderlichen Leben

23) Um der Liebe Gottes willen sollen die Brüder und Schwestern sich gegenseitig lieben, wie der Herr sagt: *Das ist mein Gebot, daß ihr einander liebt, wie ich euch geliebt habe.* Und sie sollen die Liebe, die sie zueinander haben, in Werken zeigen. Und vertrauensvoll offenbare einer dem anderen seine Not, damit er ihm, was er notwendig hat, ausfindig mache und verschaffe.

Joh 15, 12
vgl. Jak 2, 18
vgl. 1 Joh 3, 18
NbReg 11, 5-6
vgl. TestKlara 18
NbReg 9, 10

Selig sind, die den anderen, wenn er krank ist, ebenso lieben – was jener ihnen nicht entgelten kann –, wie wenn er gesund ist und er ihnen entgelten kann.

vgl. Erm 24

Und für alles, was ihnen widerfährt, sollen sie dem Schöpfer Dank sagen, und sie mögen so zu sein verlangen, wie der Herr sie will, gesund oder krank.

NbReg 10, 3

24) Wenn es vorkommen sollte, daß einmal zwischen ihnen durch Wort oder Zeichen Veranlassung zur Aufregung entstände, so soll einer den anderen demütig um Verzeihung bitten, bevor er vor

vgl. Mt 5, 24

dem Herrn die Gabe seines Gebetes darbringt.
Wenn einer sich in schwerer Weise über die Lebensform hinwegsetzt, zu der er sich in der Profeß bekannt hat, soll er vom Vorgesetzten oder von den anderen, die um seine Schuld wissen, ermahnt werden. Diese aber dürfen ihn nicht beschämen, noch herabsetzen; sie sollen vielmehr großes Erbarmen mit ihm haben.

vgl. Mt 18, 35

Alle aber müssen sich sorgfältig hüten, wegen der Sünde, die jemand begangen hat, zornig und verwirrt zu werden; denn Zorn und Verwirrung verhindern in ihnen selbst und in den anderen die Liebe.

vgl. BrMin 15
vgl. BReg 7, 3
vgl. RegKlara 9, 3-4

8

Vom liebenden Gehorsam

Erm 3, 6
vgl. GrTug 3

25) Nach dem Beispiel des Herrn Jesus, der seinen Willen in den Willen des Vaters legte, sollen die Brüder und Schwestern eingedenk sein, daß sie um Gottes willen ihrem Eigenwillen entsagt haben. Auf allen Kapiteln, die sie halten, sollen sie zuerst das Reich Gottes und seine Gerechtigkeit suchen und sich gegenseitig ermutigen, damit sie die Regel, die sie versprochen haben, besser beobachten und treu den Fußspuren unseres Herrn Jesus Christus folgen können.

vgl. BrGl II 10
BReg 10, 2
Mt 6,33
vgl. NbReg 18, 1
vgl. Test 34
vgl. RegKlara 10, 2

Sie dürfen keine Machtstellung oder ein Herrscheramt innehaben, vor allem nicht untereinander. Durch die Liebe des Geistes mögen sie einander freiwillig dienen und gehorchen. Und das ist der wahre und heilige Gehorsam unseres Herrn Jesus Christus.

vgl. Gal 5, 13
NbReg 5, 9. 14-15

26) Sie seien gehalten, immer einen leitenden Oberen zum Dienst an der Schwestern- oder Brüdergemeinschaft zu haben, und sollen streng verpflichtet sein, ihm in allem zu gehorchen, was sie dem Herrn zu halten versprochen haben und was nicht gegen das Gewissen und diese Regel ist.

vgl. BReg 8, 1
BReg 10, 3
vgl. RegKlara 10, 1

27) Jene, die Vorgesetzte und Dienende der anderen sind, sollen diese aufsuchen und sie in Demut und Liebe ermahnen und bestärken. Und wo immer Brüder und Schwestern sind, die wissen und erkennen sollten, daß sie nicht in der Lage sind, die Regel im geistlichen Sinne zu beobachten, sollen und können sich an ihre Vorgesetzten um Beistand wenden. Diese aber sollen sie liebevoll und gütig aufnehmen und ihnen mit so großer Herzlichkeit begegnen, daß sie mit ihnen reden und umgehen können wie Herren mit ihren Dienern. Denn so muß es sein, daß die Vorgesetzten die Dienenden aller sind.

NbReg 4, 2
vgl. RegKlara 10, 1

BReg 10, 4-6
vgl. RegKlara 10, 3
vgl. TestKlara 19

28) Und niemand darf ein zum Dienst bestimmtes Amt als Eigentum beanspruchen, sondern zur festgesetzten Zeit soll er selber willig sein Amt aufgeben.

vgl. NbReg 17, 4

9

Vom apostolischen Leben

29) Die Brüder und Schwestern sollen den Herrn lieben *mit ganzem Herzen, mit ganzer Seele, mit ganzem Sinnen und mit ganzer Kraft* und sollen ihre Nächsten lieben wie sich selbst. Sie sollen den Herrn in ihren Werken verherrlichen; denn dazu

vgl. Mk 12, 30
vgl. Mt 22, 39
vgl. BrGl I 1, 1

hat er sie in alle Welt gesandt, daß sie durch Wort und Werk seiner Stimme Zeugnis geben und alle wissen lassen, daß niemand allmächtig ist außer ihm.   vgl. Tob 12, 6
vgl. Tob 13, 4
vgl. BrOrd 8-9

30) Wie sie den Frieden mit dem Munde verkünden, so und noch mehr sollen sie ihn in ihrem Herzen tragen. Niemand soll durch sie zu Zorn oder Ärgernis gereizt werden; vielmehr seien alle durch ihre Milde zu Friede, Güte und Eintracht aufgerufen. Denn die Brüder und Schwestern sind dazu berufen, die Verwundeten zu heilen, die Gebrochenen zu verbinden und die Verirrten zurückzurufen.   vgl. 3-Gefährten-Leg. 58

Und wo immer sie auch sind, sollen sie bedenken, daß sie sich dem Herrn Jesus Christus übergeben und ihm ihre Leiber überlassen haben. Und um seiner Liebe willen müssen sie sich den sichtbaren wie den unsichtbaren Feinden aussetzen; denn der Herr sagt: *Selig, die Verfolgung leiden um der Gerechtigkeit willen, denn ihrer ist das Himmelreich.*   Mt 5, 10
NbReg 16, 10-12

31) In der Liebe, die Gott ist, sollen alle Brüder und Schwestern, ob sie beten oder dienen oder arbeiten, danach trachten, sich in allem zu verdemütigen, sich nicht zu rühmen, weder selbstgefällig zu sein, noch innerlich sich zu erheben wegen guter Worte und Werke, überhaupt über gar nichts Gutes, das Gott bisweilen in ihnen und durch sie tut oder spricht und wirkt.   1 Joh 4, 16

vgl. NbReg 17, 5-6

An jedem Ort und in jeder Lage sollen sie alles Gute als Eigentum des Herrn, des erhabensten und höchsten Gottes, des Herrschers über alle Dinge, anerkennen; und ihm sollen sie Dank erweisen, von dem alles Gute ausgeht.   vgl. NbReg 17, 17

MAHNUNG UND SEGEN

32) Alle Brüder und Schwestern sollen darauf bedacht sein, daß sie vor allem danach streben, den Geist des Herrn zu haben und sein heiliges Wirken. Und immer der heiligen Kirche untergeben, feststehend im katholischen Glauben, sollen sie die Armut und Demut und das heilige Evangelium unseres Herrn Jesu Christi beobachten, was sie fest versprochen haben.

BReg 10, 8
vgl. RegKlara 10, 7
BReg 12, 4
vgl. RegKlara 12, 11

T

Und wer immer dies beobachtet, werde im Himmel erfüllt mit dem Segen des höchsten Vaters und werde auf Erden erfüllt mit dem Segen seines geliebten Sohnes in Gemeinschaft mit dem Heiligsten Geiste, dem Tröster, und allen Kräften des Himmels und allen Heiligen. Und ich, der ganz kleine Bruder Franziskus, euer Knecht, bestätige euch, soviel ich nur kann, innen und außen diesen heiligsten Segen.

Test 40-41

(aus dem Lateinischen übersetzt: P. Lothar Hardick OFM)

Kommentar

PAPST JOHANNES PAUL II.
zu des Anlasses immerwährendem Gedenken

Das franziskanische Lebensideal zieht gerade in unseren Tagen, nicht weniger als in der voraufgegangenen Zeit, ununterbrochen zahlreiche Männer und Frauen an, die sich nach evangelischer Vollkommenheit sehnen und nach dem Reich Gottes trachten. Dem Beispiel des heiligen Franziskus anhangend, bemühen sich die Mitglieder des Regulierten Dritten Ordens, Jesus Christus selber nachzufolgen, indem sie in brüderlicher und schwesterlicher Gemeinschaft leben, die evangelischen Räte des Gehorsams, der Armut, der Keuschheit durch öffentliche Gelübde zur Beobachtung annehmen und sich der apostolischen Tätigkeit in verschiedenen Formen widmen. Um ihr Lebensideal umso vollendeter zu verwirklichen, wenden sie sich der beständigen Übung des Gebetes zu, pflegen untereinander die brüderliche Liebe und zeigen wahre Buße und christliche Selbstverleugnung.

Da nun diese einzelnen Elemente und Grundsätze des franziskanischen Lebensideals in „REGEL UND LEBEN DER BRÜDER UND SCHWESTERN VOM REGULIERTEN DRITTEN ORDEN DES HEILIGEN FRANZISKUS" deutlich enthalten sind und so, wie sie umschrieben sind, ganz und gar einer franziskanischen Ordensgemeinschaft entsprechen, so bestimmen, verordnen und entscheiden Wir kraft der Fülle Unserer apostolischen Vollmacht, daß diese Regel eine besondere Bedeutung und Wichtigkeit hat, den Brüdern und Schwestern den Sinn des echten franziskanischen Lebens darzulegen. Dabei haben Wir all das sorgfältig erwogen, was Unsere Vorgänger Leo X. und Pius XI. in den Apostolischen Konstitutionen „Inter cetera" und „Rerum condicio" in dieser Angelegenheit verordnet haben. Weil Wir wissen, mit welcher Umsicht und Sorgfalt dieses Dokument „REGEL UND LEBEN" den Fortgang der angepaßten Erneuerung vollendet hat und wie glücklich es zum gewünschten Ziel der Übereinstimmung gekommen ist aufgrund gemeinsamer Diskussionen und Untersuchungen, Eingaben und Ausarbeitungen, deshalb vertrauen Wir zuversichtlich, daß „Leben und Regel" die angestrebten Früchte und Wirkungen der Erneuerung in der kommenden Zeit zur Genüge erreichen wird. Wir ordnen an, daß dieser Ausdruck Unseres Willens stets unanfechtbar sei und sowohl jetzt als in Zukunft seine Kraft erweise. Entgegengesetzte Sachverhalte, gleich welcher Art, sollen dabei in keiner Weise ein Hindernis sein.

Gegeben zu Rom, bei Sankt Peter, unter dem Fischerring, am 8. Tag des Monats Dezember, im Jahre des Herrn 1982, im fünften Jahre Unseres Pontifikats.

   (Siegel) (gezeichnet) Augustinus Kardinal Casaroli
          Staatssekretär der Kirche

Dieses päpstliche Bestätigungschreiben gehört zwar nicht zum eigentlichen Text der Regel für den Regulierten Dritten Orden des hl. Franziskus. Aber ohne die Bestätigung durch den Papst, wie sie mit diesem Schreiben gegeben wurde, wäre der nachfolgende Text nicht die Ordensregel, nach der sich franziskanische Ordensleute im Regulierten Dritten Orden ausrichten können. Und ohne diese päpstliche Bestätigung könnte die Ordensregel nicht für die insgesamt 387 Schwesterngemeinschaften und 28 Brüdergemeinschaften einheitlich Geltung haben bei aller Individualität der einzelnen Gemeinschaften, die ja gewünscht ist. Denn die Geltung der Ordensregel konnte nicht durch Mehrheitsbeschlüsse unter den beteiligen Ordensgemeinschaften erreicht werden. Hier kam es wirklich auf die Autorität des Papstes an.
In seiner Wortwahl folgt das Dokument einer Tradition, die bei wichtigen kirchlichen Dokumenten beliebt ist. Man kann diese Tradition deutlich bei den uns gut bekannten Dokumenten des Zweiten Vatikanischen Konzils beobachten. Es ist beliebt, schon mit den ersten Worten anzuzeigen, welches der Inhalt und die Ausrichtung des gesamten Textes sind. Bei der Bestätigungsurkunde der Ordensregel tritt das sehr deutlich heraus. Die Urkunde beginnt: „Franciscanum vitae propositum = Das franziskanische Lebensideal". Diese Worte kennzeichnen tatsächlich das, was diese Regel will und bedeutet, vom ersten bis zum letzten Satz.

Zu Beginn spricht der Papst von der starken Anziehungskraft, die „das franziskanische Lebensideal" gerade auch in unseren Tagen hat. Wir sollten diese Anziehungskraft nicht statistisch beweisbar suchen, indem wir auf die Zahl derer schauen, die zu unseren Ordensgemeinschaften kommen, um unser Leben zu teilen. Wir sollten uns unter anderem darüber freuen, wie viele Menschen heute auf Franziskus schauen und sich bemühen, seine Ideale zu verwirklichen, auch wenn sie nicht zu den organisierten franziskanischen Gemeinschaften kommen wollen. Außerdem ist es so, daß Lebenskraft nicht durch Zahlen, sondern durch Lebens-Konsequenz erkennbar wird. Und das ist eine Frage an uns, die wir das franziskanische Lebensideal als entscheidenden Inhalt unserer Berufung bekennen.

„Das franziskanische Lebensideal", wie es in den Ordensgemeinschaften zu verwirklichen gesucht wird, ist im ersten Teil des päpstlichen Bestätigungsschreibens umfassend angesprochen und charakterisiert. Das geschieht in sehr gedrängter Form. Wir erkennen die genaue Umschreibung des Lebensideals für den franziskanischen Regulierten Dritten Orden sofort, wenn wir uns den Inhalt dieses ersten Textabschnittes in seinen Stichworten vor Augen halten: Beispiel des hl. Franziskus, Jesus Christus nachfolgen, in Gemeinschaft leben. Nachdem dieses Grundsätzliche ausgesprochen ist, geschieht das Aufzeigen des Ideals im Detail: Gehorsam, Armut, Keuschheit zum Lebensinhalt annehmen und sich der apostolischen Tätigkeit widmen. Damit dieses Lebensideal reif gelinge, sind notwendig: Gebet, geschwisterliche Liebe, recht verstandene Umkehr des Herzens in Buße.

Wenn am Schluß dieses ersten Textteiles das Stichwort „christliche Selbstverleugnung" steht, so will das sagen: Wer sich selbst um Christi willen zurücknehmen kann, in dem kann Nachfolge Christi, Sichtbarmachen Christi geschehen, so wie es in Franziskus Tatsache wurde. Der Papst stellt in seinem Bestätigungsschreiben sodann fest, daß all diese Linien des von der Kirche gewünschten franziskanischen Lebensideals umfassend und genau im Text der Ordensregel aufscheinen und deutlich eingezeichnet sind.

Danach kommt der Papst kurz auf die Geschichte der Regel für die Brüder und Schwestern des Regulierten Dritten Ordens des hl. Franziskus zu sprechen. Er sagt, daß er „all das sorgfältig erwogen hat, was Unsere Vorgänger Leo X. und Piux XI. in den Apostolischen Konstitutionen ‚Inter cetera' und ‚Rerum condicio' in dieser Angelegenheit verordnet haben". Damit sind zwei Vorläuferinnen der nun erneuerten Ordensregel angesprochen. Es sei deshalb hier kurz skizziert, was für das geschichtliche Wissen um die Regel des Regulierten Dritten Ordens notwendig ist.

Der Orden der Minderen Brüder hat eine Regel, die direkt auf den hl. Franziskus zurückzuführen ist. Der Orden der Klarissen hat eine Ordensregel, die von der hl. Klara im spirituellen Kraftfeld des hl. Franziskus geschrieben wurde. Es gab aber auch die zahlenmäßig sehr große Gruppe jener Männer und Frauen, die sich dem Lebensideal des hl. Franziskus verpflichtet fühlten, aber weder in den Orden der Minderbrüder noch in den Orden der hl. Klara eintreten wollten bzw. konnten. Es waren die „Büßer, die in ihren eigenen Häusern blieben", wie man damals sagte.

Diese religiös lebendigen Christen, die sich vor allem durch Franziskus zu einem konsequenten Leben nach dem Evangelium gerufen wußten, sind die Adressaten der beiden „Briefe an die Gläubigen" des hl. Franziskus. Wenn Franziskus diese auf ihn ausgerichteten Frauen und Männer auch nicht organisatorisch zu einem Orden zusammengeschlossen hat, so fühlte er sich ihnen doch in besonderer Weise verpflichtet (vgl. BrGl II 2-3) und versuchte, sie in seinen Briefen spirituell auszurichten und zu bestärken. Weil auch der heutige Regulierte Dritte Orden des hl. Franziskus letztlich auf diese Gruppen zurückgeht, deshalb hat der Text aus dem ersten Brief des hl. Franziskus an die Gläubigen zu Recht seinen Platz am Beginn der Regel des Regulierten Dritten Ordens als „Worte des hl. Franziskus an alle, die ihm folgen".

Die „Büßer, die in ihren eigenen Häusern blieben", schlossen sich naturgemäß auf Grund des gemeinsamen franziskanischen Ideals zusammen, zunächst in den städtischen Gruppierungen. Die Entwicklung erbrachte es, daß aus diesen Gruppierungen der franziskanische Dritte Orden wurde, der jene zusammenfaßte, die „in der Welt" blieben. Dieser franziskanische „weltliche" Dritte Orden erhielt eine Regel, die 1289 von Papst Nikolaus IV. bestätigt wurde. Als sich aus den Terziaren der franziskanischen Familie immer stärker solche Gemeinschaften herausbildeten, die eine klösterliche Struktur hatten, gab Papst Leo X. diesem Regulierten Dritten Orden des hl. Franziskus im Jahre 1521 eine eigene Ordensregel. Das geschah mit der Apostolischen Konstitution „Inter cetera".

Im Laufe der Jahrhunderte wurde allerdings manches Unbehagen an dieser Ordensregel wach. So gab Papst Pius XI. mit der Apostolischen Konstitution „Rerum condicio" im Jahre 1927 dem Regulierten Dritten Orden des hl. Franziskus eine neue Textform der Ordensregel. Diese Regel von 1927 war gegenüber der Form von 1521 schon deutlicher in ihrer franziskanischen Ausrichtung. Für die entscheidenden Sachverhalte des Ordenslebens wurde auf das Beispiel des hl. Franziskus hingewiesen. Aber gerade diese Hinweise auf die Person und die Art des hl. Franziskus ließen deutlich werden, daß der Heilige selber in dieser Regelfassung nicht zu Wort kam. Hier war es wie mit der ganzen Art, in der früher die Person und Geistigkeit des hl. Franziskus gesehen und dargestellt wurden. Es gab viele und auch gute Veröffentlichungen über ihn und sein Wollen. Aber die gesamte franziskanische Literatur ging in ihren Darlegungen kaum von den Quellen aus, die in den Schriften des hl. Franziskus vorlagen.

Erst in der Zeit nach dem Zweiten Weltkrieg ging die franziskanische Forschung, zumal in Deutschland, immer stärker und ergebnisreicher dazu über, sich bei der Darlegung der franziskanischen Spiritualität auf Franziskus selber direkt zu stützen. Es ging darum, Franziskus ganz unverfälscht möglichst unmittelbar zu den Fragen des franziskanischen Lebens sprechen zu lassen.

So setzte der gesamte Vorgang ein, den der Papst in seinem Bestätigungsschreiben charakterisiert mit dem schließlichen Erreichen einer „Übereinstimmung aufgrund gemeinsamer Diskussionen und Untersuchungen, Eingaben und Ausarbeitungen". Was hier kurz angesprochen wird, geschah auf vielen Zusammenkünften, in zahlreichen Arbeitsgruppen der einzelnen Ordensgemeinschaften und der regionalen Gruppierungen. Insbesondere sind aber wohl folgende internationalen Kongresse zu nennen, die den gesamten Weg wie nach Etappen charakterisieren:

a) April 1974 in Madrid. Es war ein Kongreß, der von den Männergemeinschaften im Regulierten Dritten Orden veranstaltet wurde. Der dort erarbeitete Text für eine neue Regelfassung war in einer zeitgemäßen Sprache abgefaßt und klar und theologisch gut aufgebaut.

b) Etwa gleichzeitig wurde ein Text als neuer Regelentwurf bekannt, der von französischen Franziskanerinnen erstellt worden war. Dieser war aus Textstellen zusammengesetzt, die vor allem der nicht bullierten Regel und der bullierten Regel der Minderbrüder, sowie der Regel der hl. Klara entnommen waren.

c) Im Herbst 1976 fand ein Kongreß in Assisi statt, bei dem wichtige Klärungen erreicht wurden hinsichtlich der Art, wie weiterhin vorzugehen sei, damit möglichst alle Gemeinschaften des Regulierten Dritten franziskanischen Ordens über das Regel-Projekt informiert würden und sich aktiv beteiligten.

d) 3. - 8. Oktober 1979 fand in Assisi ein weiterer Kongreß über das Regel-Projekt statt. Der wichtigste Beschluß, der dort getroffen wurde, war der, daß für die weitere Arbeit am Regeltext der Entwurf als Basis genommen werden solle, der sich ganz auf Worten des hl. Franziskus aufbaute. Auch wurden die notwendigen Strukturen beschlossen, die das sachgerechte Ausarbeiten des Textes unter Berücksichtigung aller eingehenden Vorschläge sichern sollten.

e) Vom 1. bis 10. März 1982 fand dann in Rom der Kongreß statt, auf dem der Regeltext ausführlich beraten und endgültig verabschiedet wurde. Es war jedoch allen klar, daß auch dieser Kongreß nicht die Vollmacht hatte, dem Regulierten Dritten Orden des hl. Franziskus eine neue Textfassung der Ordensregel zu geben. Das liegt allein in der Kompetenz des Papstes.

Nach dem guten Abschluß dieses Kongresses hat der Papst dann allen Brüdern und Schwestern vom Regulierten Dritten Orden des hl. Franziskus eine Geduldsprobe abverlangt. Als Papst Johannes Paul II. schließlich die Ordensregel bestätigte, wählte er das Datum des 8. Dezember 1982. Er nahm damit ein Datum, das mit starker Symbolkraft reiche Anregung für alle geben wollte, die zum Regulierten Dritten franziskanischen Orden gehören.

Der 8. Dezember ist das Datum für das Fest der ohne Erbsünde empfangenen Jungfrau und Gottesmutter Maria. Der gesamte franziskanische Orden in allen seinen Zweigen verehrt die Gottesmutter Maria unter diesem Titel als Patronin und Königin. Von dem Ideal, das die Gottesmutter Maria für uns ist, könnten wir alles tiefer zu deuten versuchen, was in den Kapiteln der Ordensregel als Lebensweisung für uns gesagt ist.

Das Jahr 1982 hat der Papst als das Bestätigungsjahr der Ordensregel gewählt, weil 1982 das Jahr gewesen ist, in dem zum achthundertsten Mal die Jahres-Wiederkehr der Geburt des hl. Franziskus begangen werden konnte. Und hier darf wohl darauf hingewiesen werden, daß die erneuerte Ordensregel in Kap. 1, Nr. 1 programmatisch sagt, es komme darauf an, „in der Nachfolge Christi und nach dem Beispiel

des heiligen Franziskus" in der Ordengemeinschaft zu leben. Das Beispiel, die Spiritualität des hl. Franziskus ins eigene Leben übersetzen, das ist der Grundsinn jeder Berufung, die sich „franziskanisch" nennen darf.
Ob einzelne Brüder und Schwestern enttäuscht sind, daß am Schluß dieses Bestätigungsschreibens nicht der Name des Papstes steht, sondern der Name des Kardinal-Staatsekretärs Augustinus Casaroli? Wer aber die Schlußaussage genau liest, der sieht deutlich, daß es nicht der Kardinal-Staatsekretär ist, der die Regel bestätigt hat. Der Kardinal-Staatsekretär bürgt hier mit seiner Unterschrift dafür, daß der Papst die Regel bestätigt hat. So war das übrigens auch bei der Regelfassung vom Jahre 1927. Das hängt mit der Kanzlei-Gepflogenheit der Römischen Kurie zusammen.
So wissenswert, wichtig und interessant all diese Vorgänge auch sind, so wollen wir nicht übersehen, was sich in all dem nicht nur für die Schwestern und Brüder des Regulierten Dritten Ordens des hl. Franziskus ereignet hat. Das Werden des neuen Regeltextes und seine Bestätigung gewinnen eine tiefe Bedeutung auch für die Kirche selbst, wenn wir bedenken, was das Zweite Vatikanische Konzil zu diesen Zusammenhängen gesagt hat. In der dogmatischen Konstitution über die Kirche „Lumen gentium" heißt es in Nr. 45:
„Da die kirchliche Hierarchie die Aufgabe hat, das Volk Gottes zu leiten und auf reiche Weiden zu führen (vgl. Ez 34, 14), ist sie dafür zuständig, die Übung der evangelischen Räte, durch die die vollkommene Liebe zu Gott und den Nächsten einzigartig gefördert wird, durch ihre Gesetze weise zu lenken. Sie nimmt auch in gelehriger Gefolgschaft gegenüber den Antrieben des Heiligen Geistes die von vortrefflichen Männern und Frauen vorgelegten Regeln entgegen, läßt sie weiter ordnen und erkennt sie authentisch an. Außerdem wacht sie mit ihrer Autorität schützend über die zum Aufbau des Leibes Christi allenthalben errichteten Institute, damit sie nach dem Geist ihrer Stifter wachsen und gedeihen".

WORTE DES HEILIGEN FRANZISKUS AN ALLE, DIE IHM FOLGEN

BrGl I, 1

Im Namen des Herrn!

Alle, die den Herrn *lieben aus ganzem Herzen, aus ganzer Seele und ganzem Sinnen, aus ganzer Kraft* und ihre Nächsten lieben wie sich selbst und ihr verkehrtes Ich mit seinen Lastern und Sünden hassen und den Leib und das Blut unseres Herrn Jesus Christus empfangen und würdige Früchte der Buße bringen: O wie selig und gebenedeit sind jene Männer und Frauen, wenn sie tun und darin ausharren, denn *auf ihnen wird der Geist des Herrn ruhen,* und er wird sich bei ihnen eine Wohnung und Bleibe schaffen, und sie sind Kinder des himmlischen Vaters, dessen Werke sie tun, und sie sind Anverlobte, Brüder und Mütter unseres Herrn Jesus Christus. Anverlobte sind wir, wenn die gläubige Seele durch den Heiligen Geist unserem Herrn Jesus Christus verbunden wird. Brüder sind wir ihm, wenn wir *den Willen des Vaters tun, der im Himmel ist;* Mütter sind wir, wenn wir ihn durch die göttliche Liebe und ein reines und lauteres Gewissen in unserem Herzen und Leibe tragen; wir gebären ihn durch ein heiliges Wirken, das anderen als Vorbild leuchten soll.

vgl. Mk 12, 30
vgl. Mt 22, 39

vgl. Jes 11, 2
vgl. Joh 14, 23
vgl. Mt 5, 45
vgl. Mt 12, 50

Mt 12,50

vgl. 1 Kor 6, 20
vgl. Mt 5, 16

O, wie ist es ehrenvoll, einen heiligen und großen Vater im Himmel zu haben! O, wie ist es heilig, einen solch hilfreichen, schönen und bewundernswerten Bräutigam zu haben! O, wie ist es heilig und lieb, einen solch wohlgefälligen, demütigen, Frieden stiftenden, süßen, liebevollen und über alles zu ersehnenden Bruder und einen solchen Sohn zu haben: unseren Herrn Jesus Christus, der sein Leben für seine Schafe hingegeben und zum Vater gebetet hat, indem er sprach: vgl. Joh 10, 15

Heiliger Vater, bewahre sie in deinem Namen, die du mir in der Welt gegeben hast. Dein waren sie, und du hast sie mir gegeben. Und die Worte, die du mir gegeben hast, habe ich ihnen gegeben; und sie haben sie angenommen und haben in Wahrheit geglaubt, daß ich von dir ausgegangen bin; und sie haben erkannt, daß du mich gesandt hast. Ich bitte für sie und nicht für die Welt. Segne und heilige sie; und für sie weihe ich mich selbst. Nicht für sie allein bitte ich, sondern auch für diejenigen, die auf ihr Wort hin an mich glauben werden, damit sie zur Einheit geweiht seien, wie wir es sind. Und ich will, Vater, daß wo ich bin, auch jene mit mir seien, damit sie meine Herrlichkeit sehen in deinem Reich. AMEN vgl. Joh 17

„Im Namen des Herrn!"
– so beginnt der Text, welcher der eigentlichen Regel vorangestellt ist. Franziskus folgt damit einer bei ihm feststellbaren Gewohnheit. Er eröffnet nicht nur die beiden überlieferten Textformen seiner Ordensregel, sondern auch manche seiner Briefe mit der Anrufung Gottes. Oft ist es die feierliche Anrufung der heiligsten Dreifaltigkeit (BrGl II,1; BrOrd 1; NbReg Prolog 1).
Den ersten Brief an die Gläubigen beginnt er mit den Worten: „Im Namen des Herrn!" Damit stellt er sich und das, was er den Seinen sagen will, in den Bereich des göttlichen Willens. Er spricht aus, was von Gott her wesentlich für den Menschen ist.
Als Titel für das erste Briefkapitel, der allerdings nicht in unseren Regeltext aufgenommen wurde, schreibt Franziskus: *„Von denen, die Buße tun".*
Es ist zum Verständnis der Ausführungen des Heiligen in diesem 1. Kapitel seines Briefes wichtig zu beachten, daß er alles unter den Begriff „Buße" gestellt hat. Damit erhält dieser für die franziskanische Spiritualität überaus wichtige Begriff aber auch selbst einen überraschend reichen Inhalt.

Der erste Satz endet mit den Worten: „... und würdige Früchte der Buße bringen". Wenn wir von diesen Worten her die Aussagen des ganzen Satzes nehmen, dann begegnen wir dem uns gewiß geläufigen Gedanken, daß es zu diesen „würdigen Früchten der Buße" gehört, das verkehrte Ich mit seinen verhängnisvollen Strebungen als destruktive Kraft nüchtern zu erkennen und ihm keinen Raum zu geben. Sich abwenden von den Mächten, die zum Bösen drängen, das ist ein wichtiger Aspekt der Buße. Aber es ist nicht das Einzige, was mit der Buße, dieser Umkehr des Herzens zu verbinden ist.

Neuorientierung durch Buße

Buße als Umkehr des Herzens ist im Sinne des hl. Franziskus vor allem davon bestimmt, *wem* der Mensch sich nun zuwendet. Eine Buße, die nur daran denkt, *wovon* das Herz sich wegwenden muß, ist im Grunde ohne Orientierung.
Denn dann würde nur gesagt, was nicht sein soll. Und das ergibt keine rechte Weisung. Diese geschieht nur dann, wenn gesagt wird, *wem* der Mensch nun zustreben kann und soll.
Wie diese Neuorientierung durch die Kraft der Buße beschaffen ist, sagt Franziskus deutlich und klar. Die Buße gibt dem Menschen die Orientierung auf Gott hin. Gott füllt das Herz, das die Umkehr zu Gott hin vollziehen will, mit der Kraft der Liebe, die alle dem Menschen gegebenen Fähigkeiten aufrichtet und aktiviert, um das Einswerden mit Gott auf allen Ebenen zu erreichen.
Wenn das Herz des Menschen als tief im Sein wurzelnde Kraft den Gleichklang des Wollens und Strebens mit dem Willen Gottes sucht, wird der Mensch von Gott her auch seinen Menschenbrüdern und -schwestern in Liebe begegnen.
Diese Ausrichtung durch die Buße hat Franziskus erfahren, als er in Gottes Kraft den Aussätzigen in barmherziger Liebe begegnen konnte (vgl. Test 1-3).
Dieser Umkehr des Herzens zum Einswerden mit Gott wird dem willigen Menschen geschenkt, wenn er der Einladung Gottes folgt, die dahin ruft, daß der Mensch in Gott und Gott im Menschen bleiben kann (vgl. Joh 6, 57). Gerade das ist ja der Sinn der *hl. Eucharistie,* von deren Empfang Franziskus hier ausdrücklich spricht, daß wir in Christus sind und mit Christus und durch ihn dem Vater den würdigen Lobpreis darbringen können.

Franziskus spricht von den „würdigen Früchten der Buße". In ihm scheinen dabei jene Worte aus dem Galaterbrief anzuklingen, wo Paulus von all dem spricht, was an Gutem im Getauften lebendig werden soll. Paulus bezeichnet dieses Gute als Frucht des Geistes (Gal 5, 22-23). So sagt auch Franziskus von denen, die „würdige Früchte der Buße bringen":
„Auf ihnen wird der Geist des Herrn ruhen." Er greift damit ein Wort des Propheten Jesaja auf (Jes 11, 2), der vom erwarteten Messias gesagt hat, auf ihm werde der Geist des Herrn ruhen. Es ist das Schriftwort, das Jesus in der Synagoge zu Nazareth auf sich selbst bezogen hat (vgl. Lk 4, 18).

Der Geist des Herrn und sein heiliges Wirken

Von diesem Geist des Herrn sagt nun Franziskus zunächst, er werde sich bei denen, die „würdige Früchte der Buße bringen", Wohnung und Bleibe schaffen. Das spricht von einer sehr engen Lebensverbindung. Vom Geist des Herrn kann man ja eigentlich nicht sprechen wie von einem Geschenk, das uns gegeben wird.
Der Geist des Herrn begegnet uns auch nicht wie ein Du, das uns gegenübersteht. Was es um den Geist des Herrn und sein heiliges Wirken ist, hat Franziskus so ausgesprochen:
„Daher ist es der Geist des Herrn, welcher in seinen Gläubigen wohnt, der den heiligsten Leib und das Blut des Herrn empfängt" (Erm 1, 12).
Wenn vom Empfang des Leibes und Blutes Christi in der hl. Kommunion gesprochen wird, dann sind zwei Aussagen möglich:
1. Wir sind die Empfangenden; so sind wir gewöhnt, es zu sagen.
2. Der Geist des Herrn in uns ist der Empfangende; so sagt Franziskus.
Franziskus denkt daran, daß wir erst durch den Geist des Herrn überhaupt befähigt werden, dem göttlichen Geschehen zu entsprechen, wie es in dem Empfang der hl. Eucharistie sich vollzieht.
Der Geist des Herrn verbindet sich in solcher Tiefe mit dem Glaubenden, daß bei dem, was im Glauben geschieht, nicht exakt voneinander geschieden werden kann, was Werk des Geistes und was Werk des Menschen ist. Wer sein Herz dem Wirken des Geistes öffnet, bei dem ist es so, daß das Wirken des Geistes zugleich Wirken des Menschen wird.

Dazu sagt der Römerbrief:
„Ihr habt den Geist empfangen, der euch zu Söhnen macht, den Geist, in dem wir rufen: Abba, Vater! So bezeugt der Geist selber unserem Geist, daß wir Kinder Gottes sind" (8, 15-16). — „So nimmt sich auch der Geist unserer Schwachheit an. Denn wir wissen nicht, worum wir in rechter Weise beten sollen; der Geist selber tritt jedoch für uns ein mit Seufzen, das wir nicht in Worte fassen können. Und Gott, der die Herzen erforscht, weiß, was die Absicht des Geistes ist: Er tritt so, wie Gott es will, für die Heiligen ein" (Röm 8, 26-27).

Einigung mit Gott durch den Geist des Herrn

Der bei uns wohnende und in uns bleibende Geist des Herrn ermöglicht uns also, daß wir ganz so sind, wie Gott es uns in unserer Erlösung und Heiligung zugedacht hat. Und weil der Geist des Herrn, der Heilige Geist, die Kraft der Einheit der Liebe ist, schenkt er uns eine ganz tiefe Einigung mit Gott. Von diesem Einswerden mit Gott spricht denn auch Franziskus in eindringlicher Weise.
Um auszudrücken, welche Einigung mit Gott der Geist des Herrn dem Menschen schenkt, der sich mit ganzem Herzen Gott zuwendet, bringt er eine ganze Reihe von Begriffen ein, die alle je in ihrer Weise von wirklicher Lebensnähe sprechen:

Kinder des himmlischen Vaters — Anverlobte (Bräute) — Brüder und Mütter Jesu Christi.

Nach unserem gängigen Verständnis schließen die hier verwendeten Begriffe einander aus, denn keiner kann Anverlobter, Bruder und Mutter zu einer Person in einem sein. Daß die Vielzahl von Begriffen hier verwendet wird, entspricht der Hilflosigkeit des Menschen, einigermaßen die Nähe auszudrücken, in die Gott den Menschen hineinholt. So werden denn sämtliche Nähe-Begriffe aufgewendet, die von einer Gemeinsamkeit im Leben durch die Liebe sprechen. Was Gottes Liebe uns durch den Heiligen Geist schenken will, geht in solche Tiefe und Innigkeit, daß ein einzelnes Wort nicht ausreicht.
Gewiß tut sich mit solchen Worten der Raum der Mystik auf. Es ist aber nicht eine Mystik, die in emotionaler Steigerung nur für den Erlebensbereich eines einzelnen Menschen gültig ist. Was Franziskus hier ausbreitet, ist gewiß tief bewegt von der unsagbaren Größe der Liebe

Gottes. Die Mystik des hl. Franziskus ist dennoch nüchtern, weil sie völlig vom hl. Evangelium bestimmt ist und von daher die Seinstiefe des von Gott begnadeten Menschen erreicht. Und so gilt das, was Franziskus hier sagt, von jedem, der zum Glauben berufen wurde. Franziskus erleichtert es uns, besser zu begreifen, was er mit diesen Worten der Nähe zu Gott verbindet. Er gibt jedem der vier Begriffe eine kurze Erläuterung mit:

„Sie sind *Kinder des himmlischen Vaters* (Mt 5,45), dessen Werke sie tun."
— Wer sich als Kind des himmlischen Vaters bewähren will, der muß sich in seinem Verhalten zu seinen Menschen-Brüdern und -schwestern so einstellen, wie der Vater im Himmel es tut. Wir sollen unser Gutsein den anderen gegenüber nicht davon abhängig machen, ob die anderen uns gut sind. Ohne auf Entgelt zu warten, sollen wir von uns aus beginnen, das Gute auszubreiten (vgl. Mt 5, 43-48). Zu dieser Einstellung hat Franziskus seine Nachfolger besonders in seinen Ermahnungen angeleitet (Erm 17. 18.).

„*Anverlobte (Bräute)* sind wir, wenn die gläubige Seele durch den Heiligen Geist unserem Herrn Jesus Christus verbunden wird."
— Hierzu läßt sich zwar nicht direkt ein Schriftwort finden. Im Alten Testament wird jedoch die Verbindung Gottes mit den Menschen gern unter dem Bild bräutlicher Vermählung geschildert. Auch Christus verwendet oft das Bild von der Hochzeit, wenn er vom Kommen des Reiches Gottes spricht.
So wie die Braut sich ganz auf den Bräutigam in Liebe ausrichtet, dem sie ganz gehören will, so dürfen wir uns durch die Gnade des Heiligen Geistes auf Christus ausrichten, dem wir in Liebe ganz zugeeignet sein sollen.

„*Brüder* sind wir ihm, wenn wir den Willen des Vaters tun, der im Himmel ist (Mt 12,50)."
— Hier gibt Franziskus ein Wort Jesu wieder. Der Gottessohn lebte auf dieser Erde wie zuvor schon in der Ewigkeit Gottes in der vollen Einheit mit dem Vater. Er hat von sich bekannt: „Meine Speise ist es, den Willen dessen zu tun, der mich gesandt hat" (Joh 4, 34).
Wer sein Wollen so ausrichtet, daß es im gleichen Rhythmus wie Gottes Wille Ja oder Nein sagt, der ist von der Art Jesu Christi, der ist ihm Bruder.

„*Mütter* sind wir, wenn wir ihn durch die göttliche Liebe und ein reines und lauteres Gewissen in unserem Herzen und Leibe tragen (vgl. 1 Kor 6, 20); wir gebären ihn durch ein heiliges Wirken, das anderen als Vorbild leuchten soll."
— Mutter Christi sein, wir dürften das nicht von unseren Möglichkeiten her sagen. Aber auch dies geht auf ein Wort Christi zurück, der gesagt hat, daß, wer den Willen seines himmlischen Vaters erfüllt, eine solche Nähe zu ihm hat wie seine Mutter. Und seine Mutter Maria war ganz davon bestimmt, daß sie sich als Magd des Herrn ganz dem Willen Gottes hingegeben hat (vgl. Lk 1, 38).
Wie Franziskus es sieht, sind wir Gott gegenüber Empfangende. Wir empfangen das göttliche Leben. Das geschieht, damit dieses göttliche Leben in unserem ganzen Sein, im Herzen und im Leibe erneut dem Leben auf dieser Erde entgegenwachse. Und durch heiliges Wirken, so sagt Franziskus, bringen wir Jesus Christus erneut zur Welt, wie es von einer Mutter gesagt wird, daß sie ein Kind zur Welt bringt. Durch uns will Christus immer wieder in die Welt eintreten – durch unseren mütterlichen Dienst.

Ob wir uns an dieser Stelle nicht daran erinnern sollten, daß Franziskus all das, was wir bisher bedacht – und wohl auch entdeckt – haben, unter den Titel gestellt hat: „Von denen, die Buße tun"?
Buße im Verständnis des hl. Franziskus ist offensichtlich vornehmlich von dem her zu verstehen, dem der Mensch sich in der Umkehr des Herzens zuwendet. Die Fülle der Buße ist aber nicht damit erschöpft, daß der Mensch sich Gott zuwendet.
Gott antwortet dem Menschen, indem er sich dem Menschen mit dem Reichtum der göttlichen Liebe zuwendet.

Hymnus auf die Liebe Gottes

Diese göttliche Liebe besingt Franziskus nun in einem tief erlebten Hymnus. Er jubelt über die unfaßbare göttliche Liebe, die uns nicht nur einen Vater im Himmel gab, sondern uns in Jesus Christus mit einem Bräutigam, einem Bruder und Sohn beschenkte.
Die jubelnden Worte sind getragen von einem fassunglosen Staunen über das, was Gottes barmherzige Allmacht an uns gewirkt hat. Und dabei gedenkt Franziskus auch dessen, daß Jesus Chrisus uns erlöst

hat als der gute Hirt, der sein Leben für uns, seine Schafe hingegeben hat.
Mit welcher Liebe Gott sich uns in seinem Sohn Jesus Christus zugewendet hat, ist uns aus dem erfahrbar, was er für uns getan hat. Wie sehr unser Erlöser sich uns Menschen in Liebe verbunden weiß, das hat er selber ausgesprochen in seinem Hohepriesterlichen Gebet.
Franziskus hat gespürt, wie kostbar diese Gebetsworte Jesu sind. Hier spricht Jesus über uns zum Vater und betet für uns. Es sind Worte, in denen deutlich wird, welches Herzensanliegen wir ihm sind. Sie sind von göttlicher Liebe durchseelt. Und man spürt: Christus geht davon aus, daß wir ganz eng zu ihm gehören.

Vor den Geheimnissen, die sich in diesen Gebetsworten offenbaren, kann man nur ergriffen stehen. Da würde jedes erklärende Wort versagen, ja die Tiefe zuschütten. Nur dieses bleibt uns eigentlich: Die Worte Jesu uns immer wieder förmlich ins Herz hineinsprechen, damit diese geheiligten Worte in uns ihre Kraft entfalten und uns zur Liebe rufen, zu seiner Liebe:
„Heiliger Vater, bewahre sie in deinem Namen, die du mir in der Welt gegeben hast. Dein waren sie, und du hast sie mir gegeben".
„Segne und heilige sie; und für sie weihe ich mich selbst".
„Und ich will, Vater, daß wo ich bin, auch jene mit mir seien, damit sie meine Herrlichkeit sehen in deinem Reiche".
Über die Liebe Jesu zu uns kann uns eben niemand mehr sagen als Jesus selbst.

1. Kapitel

Im Namen des Herrn!
Es beginnt die Regel und
das Leben der Brüder und Schwestern vom
Regulierten Dritten Orden
des heiligen Franziskus

Wie die Regel des hl. Franziskus für den Orden der Minderbrüder (BReg 1), so beginnt auch unsere Ordensregel mit den Worten: „Im Namen des Herrn!"

Wir sind es in einem sinnvollen Brauch gewöhnt, die Feier der Eucharistie und unsere Gebete mit den Worten zu beginnen, bei denen wir die drei göttlichen Personen nennen: „Im Namen des Vaters und des Sohnes und des Heiligen Geistes!"

„Im Namen des Herrn" – der Eigenname des Herrn wird dabei nicht genannt. Nach der Art, wie ein „Name" in der Hl. Schrift gebraucht wird, kommt es auch nicht darauf an, daß der Name genannt wird. „Im Namen des Herrn" am Beginn eines Lebens-Textes will sagen: Dieser Lebenstext ist bezogen auf das Heilsgeschehen, das von unserem Herrn gewirkt wurde und in unserem Herrn gefunden werden kann. Unser Heil ist an den Herrn gebunden, an den Herrn Jesus Christus, der das Heil gebracht und uns den Weg des Heils gezeigt hat durch seine Worte und sein Leben.

„Im Namen des Herrn", bedeutet: Alles, was im gesamten Text der Regel steht, geht vom Herrn Jesus Christus aus, muß vom Herrn Jesus Christus her verstanden werden und will zum Herrn Jesus Christus hinführen, der uns Menschen das Heil gebracht hat.

„Im Namen des Herrn", das ist nicht lediglich eine fromme Formel zum Beginn, sondern ein Lebensprogramm. Und dieses Lebensprogramm ist uns gewiesen worden durch den, der das getreue Abbild unseres Herrn Jesus Christus war: der hl. Franziskus, den wir unseren geistlichen Vater nennen dürfen. Deshalb spricht der Beginn der Ordensregel weiter: „Es beginnt die Regel und das Leben der Brüder und Schwestern vom Regulierten Dritten Orden des heiligen Vaters Franziskus".

„Dritter Orden", diese Zählweise gibt zwar keine spirituelle Leitlinie an. Sie wurde aber aus Traditions-Gründen beibehalten. Wegen des gleichgearteten Ideals derer, die nach der Weise des hl. Franziskus leben wollten und wollen, ist und war es schwierig, die verschiedenen Gruppen mit je eigenem Namen zu bezeichnen, der das Typische angibt. „Regulierter Dritter Orden", das bedeutet einen Orden, der sich zu einer klösterlichen Struktur bekennt im Unterschied zu denen, die — wie es im Mittelalter hieß — in ihren Häusern als Büßer blieben, also als Menschen, die an den Bindungen von Ehe und Familie festhielten. Zwar hat Franziskus den Dritten franziskanischen Orden nicht in seiner auch rechtlich organisierten Form gegründet. Was aber wichtiger ist als eine Organisationsform: Die Büßergruppen, aus denen später der Dritte franziskanische Orden als Institution erwuchs, fühlten sich dem Charisma des hl. Franziskus verpflichtet. Und der Heilige selbst war bemüht, das Leben dieser Brüder und Schwestern von der Buße spirituell zu formen, wie seine beiden Briefe an die Gläubigen zeigen.

„Regel und Leben", nicht „Regel" allein, auch nicht „Leben" allein, sondern beides zusammen erst gibt einer Ordensgemeinschaft Kraft und Ausstrahlung.
„Regel" bedeutet Normen, spirituelle Normen gewiß, aber doch Richtlinien und Weisungen, die für alle zur Gemeinschaft Gehörenden Geltung haben.
„Regel" bedeutet: Da ist ein Text, der das festlegt, was die Gemeinschaft als Ausrichtung für ihr Leben und Wirken für notwendig erkannt hat. Es sollte aber nicht beim Text bleiben. Was als Regel aufgestellt ist, muß in die Fruchtbarkeit des Lebens übersetzt werden. Ohne die Normen der Regel anzutasten, wird sich das wirkliche Leben einer Gemeinschaft immer wieder neu einstellen auf die Gegebenheiten der Zeit und Umwelt. Es nützt einer Gemeinschaft nichts, wenn sie nur einen großartigen Regeltext vorweisen kann. Die Verwirklichung im Leben ist entscheidend für die Gültigkeit einer geistlichen Gemeinschaft.
„Regel und Leben", sie gehören untrennbar zusammen. Ohne das Leben ist die Regel toter Buchstabe. Ohne Regel wird das Leben leicht zu ungelenktem Wildwuchs, der keinen Bestand hat. Das Charisma — das „Leben" — braucht, um Bestand zu haben, die Institution der „Regel". Und die Institution der „Regel" braucht das Charisma des „Lebens", damit keine Erstarrung eintritt.

1) Die Lebensform der Brüder und Schwestern vom Regulierten Dritten Orden des heiligen Franziskus ist diese: unseres Herrn Jesu Christi heiliges Evangelium zu beobachten durch ein Leben in Gehorsam, in Armut und in Keuschheit.

vgl. BReg 1, 1
vgl. RegKlara 1, 2; 6, 1

In der Nachfolge Jesu Christi und nach dem Beispiel des heiligen Franziskus sind sie gehalten, mehr und Größeres zu tun, indem sie die Gebote und Räte unseres Herrn Jesus Christus beobachten. Und sie müssen sich selbst verleugnen, wie es ein jeder dem Herrn versprochen hat.

BrGl II 36. 39
vgl. Mt 16, 24
BrGl II 40

So wie dieser Text beginnt, zeigt er die Einheit der großen franziskanischen Familie im gleichen Ideal auf. Hier findet sich die gleiche Aussage, wie sie Franziskus selber an den Anfang seiner Ordensregel gesetzt hat (BReg 1, 1) und wie sie die hl. Klara für ihre Ordensregel von Franziskus übernommen hat (RegKlara 1, 1-2).
Diese Grundsatzerklärung der franziskanischen Lebensform ist aus der unbedingten Treue des Heiligen gegenüber der göttlichen Führung und Weisung erwachsen.
Franziskus sagt in seiner gläubigen Haltung: „Und nachdem mir der Herr Brüder gegeben hat, zeigte mir niemand, was ich zu tun hätte, sondern der Höchste selbst hat mir geoffenbart, daß ich nach der Vorschrift des heiligen Evangeliums leben sollte" (Test 14).
Am Beginn seines neuen Weges ließ sich der Heilige vom Wort des hl. Evangeliums treffen und folgte, ohne zu zögern, der Weisung des Gotteswortes (1 Celano 22). Als die ersten Brüder zu ihm kamen, um mit ihm seinen Weg zu gehen, ließ er sich für die beginnende Brüdergemeinschaft Weisung vom hl. Evangelium geben: Wir wollen „das Evangelienbuch zur Hand nehmen und uns von Christus Rat holen" (2 Celano 15).
Und mit einem seiner letzten Worte gab er „dem heiligen Evangelium vor allen übrigen Verordnungen den Vorzug" (Bonaventura: Legmaj XIV, 5).

Evangelium Jesu Christi, des Sohnes Gottes

„Das heilige Evangelium", das war für Franziskus das Gesamte der Frohbotschaft, die uns von Jesus Christus berichtet und in der Jesus Christus zu uns spricht. Dieses heilige Evangelium beobachten, das darf nicht so verstanden werden, daß aus den Schriften des Neuen Testamentes einzelne Texte ausgewählt werden, die geeignet sind, um sie in konkrete Normen für eine Gemeinschaft einzuformen.

Es geht vor allem darum, die Selbstoffenbarung und Selbstmitteilung Gottes, wie sie im „Evangelium Jesu Christi, des Sohnes Gottes" (Mk 1, 1) geschehen ist, gläubig anzunehmen und sie mit der Hingabe des ganzen Menschen an Gott zu beantworten.

Diese Hingabe des ganzen Menschen an Gott vollziehen die Ordenschristen insbesondere durch „ein Leben in Gehorsam, in Armut und in Keuschheit". Wie dieser dreifache Inhalt der Ordensprofeß verwirklicht werden kann, davon sprechen jeweils besondere Kapitel unserer Ordensregel.

Das Zweite Vatikanische Konzil sagt im Ordensdekret, daß „die letzte Norm des Ordenslebens die im Evangelium dargelegte Nachfolge Christi ist", weshalb „diese für alle Ordesgemeinschaften als oberste Regel gelten" muß (Nr. 2 a).

So spricht auch die Regel sofort anschließend von dieser Nachfolge Jesu Christi. Wenn eine Ordensgemeinschaft auch feste Normen braucht, so ist die Herzmitte des Ordenslebens doch nicht das Achten auf gesetzliche Normen, sondern die personale Bindung an Jesus Christus. Diese Bindung kann nur in restloser Liebe voll verwirklicht werden.

Personale Bindung an Christus in Liebe

Lebendiges Vorbild und Beispiel dieser Christusliebe ist uns unser hl. Vater Franziskus. Er hat alles getan, die Seinen zu dieser personalen Bindung an Christus hinzuführen. Eines seiner letzten Worte war ja: „Was ich tun konnte, habe ich getan; möge nun Christus euch lehren, was ihr tun sollt" (Bonaventura, Legmaj XIV, 3). Es war der unbedingte Wille des hl. Franziskus, daß seine Brüder und Schwestern sich ganz auf Jesus Christus ausrichten sollten.

Die *hl. Klara* hat das auf die Formel gebracht: „Der Sohn Gottes ist uns der Weg geworden, den uns unser seliger Vater Franziskus, sein wahrer Liebhaber und Nachfolger, durch Wort und Beispiel gezeigt und gelehrt hat" (Test Klara 2).

Darin liegt ja das Geheimnis des hl. Franziskus und seine Anziehungskraft bis heute begründet, daß er so besonders deutlich an Christus erinnerte und alle, die ihm nacheifern wollten, über sich selbst hinausgewiesen hat zu Christus hin. Weil er ein außergewöhnlich treuer Nachfolger Christi war, hat er so viele Nacheiferer gefunden.

Mehr und Größeres tun

Wer nach dem Beispiel des hl. Franziskus dem Herrn Jesus Christus nachfolgt, der ist nach den Worten der Regel „gehalten, mehr und Größeres zu tun, indem" er „die Gebote und Räte unseres Herrn Jesus Christus" beobachtet. Die Regel sagt nicht, im Vergleich zu wem „mehr und Größeres zu tun" ist. Franziskus hat nicht im Vergleich mit anderen Menschen zu bestimmen gesucht, was für ihn mehr und größer war. Auch wir sollten das nicht tun. Es würde zu der unguten Haltung der Überheblichkeit führen.

Franziskus hat sein Tun an Gott gemessen, in dessen Licht er sein Leben hob. Und wie jeder, der ernstlich zu Gott hin strebt, erfuhr es auch Franziskus: Je näher der Mensch zu Gott hin kommt, desto deutlicher erlebt er, wie weit er noch von Gott entfernt ist und wieviel ihm noch zu tun bleibt. Deshalb konnte er kurz vor seinem Sterben ehrlich sagen: „Brüder, nun wollen wir anfangen, Gott dem Herrn zu dienen; denn bis jetzt haben wir kaum, sogar wenig – nein, gar keinen Fortschritt gemacht" (1 Celano 103).

Es ist die gleiche Erkenntnis, die den Apostel Paulus sagen ließ: „Nicht daß ich es schon erreicht hätte oder daß ich schon vollendet wäre. Aber ich strebe danach, es zu ergreifen, weil auch ich von Christus ergriffen worden bin. Brüder, ich bilde mir nicht ein, daß ich es schon ergriffen hätte. Eines aber tue ich: Ich vergesse, was hinter mir liegt, und strecke mich nach dem aus, was vor mir ist. Das Ziel vor Augen, jage ich nach dem Siegespreis: der himmlischen Berufung, die Gott uns in Christus Jesus schenkt" (Phil 3, 12-14).

„Mehr und Größeres tun", um Gott näher zu kommen. Der „Erfolg" aber ist die Armut vor Gott, weil die größere Nähe zu Gott wesentlich erfahren läßt, wie weit der Mensch noch von Gott entfernt ist. Zu dem gleichen Schluß kommt auch Paulus. Er spricht von seinen Anstrengungen, das Ziel zu erreichen. Aber er bekennt doch, daß das, dem er nachjagt, nach dem er sich ausstreckt, letztlich von Gott uns in Christus Jesus geschenkt wird.

„Mehr und Größeres tun", das ist uns ungewollt zu der Aufforderung geworden, ganz intensiv und engagiert unsere Armut vor Gott zu verwirklichen.

Die Gebote und Räte unseres Herrn beobachten

Die Regel spricht weiter davon, dieses Mehr und Größere, das wir zu tun haben, vollziehe sich darin, daß wir „die Gebote und Räte unseres Herrn Jesus Christus beobachten". Von den Geboten und Räten des Herrn spricht Franziskus nicht nur in seinem zweiten Brief an die Gläubigen (39). In seinem Brief an den gesamten Orden sagt er ausführlicher: „Haltet seine Gebote in eurem ganzen Herzen und erfüllt seine Räte in vollkommener Gesinnung" (7).

„Gebote", das ist deutlich all das an Weisungen, was unabdingbar als Konsequenz der Frohbotschaft Jesu Christi gelebt und verwirklicht werden muß.

„Räte", das sind auch nicht ohne weiteres die sogenannten drei evangelischen Räte. Es ist auch nicht der Bereich, in dem man etwas anrät, ohne darauf zu verpflichten. „Räte", das hat etwas zu tun mit dem Heilsratschluß Gottes für uns. „Räte", damit werden wir eingeladen, auf den Heilswillen Gottes einzugehen.

Aber auch hier, im Beobachten der „Gebote und Räte unseres Herrn Jesus Christus" müßte nach allen Anstrengungen von unserer Seite das Wort Christi stehen: „Wenn ihr alles getan habt, was euch aufgetragen wurde, sollt ihr sagen: Wir sind unnütze Knechte; wir haben nur unsere Schuldigkeit getan" (Lk 17, 1a).

Also sollte auch hier am Ende das Bekenntnis zu unserer Armut vor Gott stehen.

Sich selbst verleugnen

Als Konsequenz der Beobachtung der Gebote und Räte unseres Herrn Jesus Christus wird sodann aufgezeigt:

„Und sie müssen sich selbst verleugnen, wie es ein jeder dem Herrn versprochen hat". Hier ist in der Ordensregel deutlich erkennbar, daß

sie selbst ernst macht mit dem franziskanischen Lebensprinzip: „unseres Herrn Jesus Christi heiliges Evangelium beobachten".
Der letzte Satz von Nr. 1) gibt ja in verkürzter Form das wieder, was Jesus gesagt hat: „Wer mein Jünger sein will, der verleugne sich selbst, nehme sein Kreuz auf sich und folge mir nach. Denn wer sein Leben retten will, wird es verlieren; wer aber sein Leben um meinetwillen verliert, wird es gewinnen" (Mt 16, 24-25).
„Sich selbst verleugnen", das bedeutet: das eigene Ich nicht so in die Mitte stellen, als wenn es nur einen Maßstab der Werte gäbe: die Wünsche und Strebungen eben des verkehrten Ich.
„Sich selbst verleugnen", das ist nach Jesu Worten aber nicht ein Weg zum Versinken ins Bodenlose ohne Halt. Es geht um die Nachfolge Jesu, der die Mitte unseres Lebens sein muß, wenn wir, wie Jesus sagt, unser Leben gewinnen wollen. Zwar geht es darum, von unserer Ichbezogenheit loszukommen, aber gleichzeitig auch darum, in die Lebensgemeinschaft mit unserem Erlöser zu kommen.
Die Ordensregel erinnert uns daran, daß dieser Weg doch eigentlich von uns gewollt ist. Wir haben uns in der Ordensprofeß dazu bekannt. In persönlicher Begegnung mit unserem Herrn haben wir ihm frei unser Wort gegeben, diesen Weg zu ihm und mit ihm gehen zu wollen. Es geht also darum, daß wir zu unserem Wort stehen und es in Liebe zu Christus immer wieder einlösen.
Darauf weist uns der Text der Ordensregel hin.

Nachdem die Ordensregel einleitend die grundsätzliche Ausrichtung des Lebens auf das Evangelium Jesu Christi und die Nachfolge des menschgewordenen Gottessohnes dargelegt hat, kommt der Text nunmehr auf konkrete Konsequenzen zu sprechen:

2) Gemeinsam mit allen, die in der heiligen katholischen und apostolischen Kirche Gott, dem Herrn, dienen wollen, mögen die Brüder und Schwestern dieses Ordens im wahren Glauben und in der Buße ausharren. Sie wollen diese evangelische Bekehrung leben im Geiste des Gebetes, NbReg 23, 7
der Armut und der Demut. Und sie sollen sich vor allem Bösen hüten und bis ans Ende im Guten verharren, denn er, der Sohn Gottes, wird in Herrlich- NbReg 21, 9

keit kommen und allen, die ihn erkannt und angebetet und ihm in Buße gedient haben, sagen:
Kommt, ihr Gesegneten meines Vaters, nehmt das Reich in Besitz, das euch bereitet ist vom Anbeginn der Welt. vgl. Mt 25, 34
NbReg 23, 4

Der erste Satz dieses Unterabschnittes ist von größter Wichtigkeit für das Selbstverständnis der Ordensgemeinschaften insgesamt. Die Regel versteht Ordensleben nicht so, als wenn es etwas völlig anderes wäre als das Leben aller anderen, die sich nach dem Glauben der katholischen Kirche ausrichten wollen. Es ist nicht so, daß das Ordensleben bestimmte Inhalte der Frohbotschaft Jesu herausgreift und sie wie ein Monopol für sich beansprucht. Das gilt auch von den drei evangelischen Räten. Sie können als evangelische Räte auch von denen gelebt werden, die nicht Ordensleute sind. Das Bezeichnende für das Ordensleben ist darin gegeben, daß da die evangelischen Räte in einer von der Kirche anerkannten *Gemeinschaft* gelebt werden und zur Lebensgrundlage dieser Gemeinschaft geworden sind.

Gemeinsamkeit mit allen katholisch Lebenden

Dadurch entfernen sich die Ordensleute aber nicht sozusagen aus der Mitte der Gläubigen in der Kirche, um in einem geschlossenen Kreis Ideale zu leben, die es sonst nirgendwo gibt. Die Brüder und Schwestern des Regulierten Dritten Ordens des heiligen Vaters Franziskus wissen sich vielmehr in einer Gemeinsamkeit „mit allen, die in der heiligen katholischen und apostolischen Kirche Gott, dem Herrn, dienen wollen". Und diese Gemeinsamkeit ist insbesondere darin gegeben, daß alle, die zum Volk Gottes gehören, sich bemühen, „im wahren Glauben und in der Buße" auszuharren. Glaube und Buße, mit diesen Worten greift der Text der Regel das auf, was in den ersten Worten der Ordensregel als Lebensprogramm ausgesagt wurde: „unseres Herrn Jesu Christi heiliges Evangelium zu beobachten". Denn die ersten Worte, die Jesus nach dem ältesten Evangelium als seine Verkündigung uns sagt, lauten: „Die Zeit ist erfüllt, das Reich Gottes ist nahe. Tut Buße, und glaubt an das Evangelium" (Mk 1, 15).

Gemeinsam mit allen katholischen Christen im wahren Glauben und in der Buße ausharren, das hat Franziskus sehr eindringlich in der nicht bullierten Regel ausgesprochen. Er wendet sich da an die Menschen aller Stände, Berufe und Lebenslagen. Deutlich ist er bemüht, sie alle zu nennen, die Könige und die unmündigen Kinder, die Priester, Arbeiter und Bauern. Und um alle wirklich einzubeziehen, wendet sich Franziskus an „alle Völker, Geschlechter, Stämme und Sprachen, alle Nationen und alle Menschen, wo nur immer auf Erden sie sind und sein werden".

Und alle diese Menschen bittet er gemeinsam mit seinen Brüdern: „Wir möchten doch alle im wahren Glauben und in der Buße ausharren" (NbReg 23, 7).

Ausharren im wahren Glauben und in Buße; Franziskus bezieht darin alle ein, die als katholische Christen, jeder in seiner Weise, Gott dem Herrn dienen wollen. Er sagt dabei aber nicht: „Möchtet ihr doch mit mir ausharren", sondern er sieht sich in solcher Einheit des Strebens mit allen, die er anspricht, daß er sagen kann: „Wir möchten ausharren".

Glaube und Buße

„Buße und Glaube an das Evangelium", das ist die Botschaft Jesu. Franziskus hat diese Botschaft aufgegriffen. Aber er spricht nicht einfach vom Glauben, sondern vom „wahren Glauben". Er geht damit gewiß auf die Gefahren für den rechten Glauben ein, die in seiner Zeit von den Irrlehrern her drohten. Doch die Mahnung, im wahren Glauben auszuharren, hat gewiß auch in unserer Zeit ihre Berechtigung. Immer wird es so sein, daß irrige Glaubenslehren besonders bei solchen Anklang finden, die ein unterentwickeltes Glaubenswissen haben. Wenn es um den wahren Glauben geht, entscheidet nicht allein die Stärke, mit der etwas geglaubt wird, sondern es muß ein Glaube sein, der sich in umfassendem Wissen an dem ausrichtet, was Gott uns durch seine Kirche offenbart und lehrt. Dieses Glaubenswissen beständig reicher werden zu lassen, wird die bleibende Aufgabe der einzelnen Schwestern und Brüder und auch ihrer Gemeinschaft sein müssen. Unterentwickeltes, primitives Glaubenswissen ist eine der größten Gefahren für echte Frömmigkeit.

Da aber das Evangelium und mit ihm Franziskus vom Glauben als einer Grundforderung sprechen, ist noch ein anderer Aspekt zu sehen. Glaube, wie ihn Christus von denen erwartet, denen er das Heil bringen will, bedeutet nicht nur, alles als wahr anzunehmen, was Gott geoffenbart hat. Glaube bedeutet vielmehr, Gott selbst anzunehmen, sich von Gott in sein Leben hineinnehmen zu lassen, damit der Mensch die Lebenseinheit mit Gott gewinnt. Glaube bedeutet, Jesus Christus, dem Sohne Gottes, das eigene Leben zu öffnen und alles auf ihn zu setzen, so wie Johannes von seinem Evangelium sagt, es sei geschrieben worden, „damit ihr glaubt, daß Jesus der Messias ist, der Sohn Gottes, und damit ihr durch den Glauben das Leben habt in seinem Namen" (Joh 20, 31).

Auf diese Weise wird Glauben zur gelebten Buße, das heißt: zur Hinkehr zu Gott, deren Lebensfülle uns Franziskus gezeigt hat (vgl. „Worte des heiligen Franziskus an alle, die ihm folgen": BrGl I, 1).

So sehr diese positive Seite der Buße zu sehen ist, die Hinkehr zu Gott darf nicht außer acht lassen, daß zu ihr wesentlich die Abwendung vom Bösen gehört. Dabei muß bedacht werden, daß das Böse uns nicht sozusagen von außen her überwältigt und uns so selber böse macht im Denken und Tun. Anreize und Beispiele des Bösen mögen von außen auf uns einwirken. Wenn wir aber das Böse denken oder tun, wenn wir sündigen, dann sollten wir die Schuld daran nirgendwo anders suchen als bei uns selber.

Franziskus hat dazu sehr deutlich gesprochen: „Viele gibt es, die oft, wenn sie sündigen oder Unrecht auf sich nehmen, dem Feind oder dem Nächsten die Schuld geben. Allein, so ist es nicht; denn ein jeder hat den Feind in seiner Gewalt, seinen Leib – sein verkehrtes Ich – nämlich, durch den er sündigt" (Erm 10, 1-2).

Trotz aller Versuchungen zum Bösen gilt: Weder der Feind – der wirklich böse Feind, der Teufel – noch der Nächste sündigen für uns, sondern wir selber begehen unsere Sünden und sollten das auch eingestehen. Das Böse, vor dem wir uns hüten müssen, nistet in uns selbst durch das ungeordnete Streben unseres verkehrten Ich, das uns von Gott abwenden will.

Bis ans Ende im Guten ausharren

Die Ordenregel zeigt mit Worten der nichtbullierten Regel den Gegensatz des Bösen auf: „bis ans Ende im Guten verharren".

Das ist von Franziskus nicht so gemeint, daß wir selber uns so sehr als gute Menschen fühlen, um nun sagen zu können, als diese guten Menschen ausharren zu wollen. Wenn Franziskus vom Guten spricht, meint er immer die Seinsebene und den Wirkungsbereich Gottes: Gott ist ihm „alles Gut, höchstes Gut", ist „allein der Gute", (PreisHor 11). Gott ist es, der durch den Menschen Gutes redet und wirkt (Erm 17,1). Wo Gutes geschieht, ist Gott da. „Bis ans Ende im Guten verharren", das bedeutet also: Bereit sein, immerdar sich von Gottes Güte und Barmherzigkeit umfangen und tragen lassen, sich dem guten Wirken Gottes verfügbar halten.

Wie es im gesamten Artikel 2 um das Leben in Buße geht, so fügt der letzte Satz all dem noch einen wichtigen Aspekt an. Franziskus setzt da die vom Evangelisten Matthäus (25,1-46) geschilderte Situation des Weltgerichtes voraus, wo der Menschensohn danach richtet, wie man ihm in den Bedürftigen begegnet ist. Statt aber alle die Einzelsituationen zu nennen, in denen die „Gesegneten des Vaters" helfend auf Christus trafen, faßt Franziskus all die Werke der Barmherzigkeit zusammen in: dem Herrn in Buße dienen. Buße als Hinwendung zu Christus im Armen und Bedürftigen.

Das ist genau die gleiche Linie, die Franziskus in seinem Testament aufzeigt, wo er darüber spricht, wie er zum Leben in Buße kam: „So hat der Herr mir, dem Bruder Franziskus, gegeben, das Leben in Buße zu beginnen: denn da ich in Sünden war, kam es mir bitter vor, Aussätzige zu sehen. Und der Herr selbst hat mich unter sie geführt, und ich habe ihnen Barmherzigkeit erwiesen" (Test 1-2).

Nach diesen grundsätzlichen Gedanken zu dem von der Buße charakterisierten franziskanischen Ordensleben, wie sie in den beiden ersten Artikeln der Regel aufscheinen, kommt der nun folgende Artikel 3) darauf zu sprechen, in welch größere Lebenszusammenhänge dieses Ordensleben eingebettet ist:

3) Die Brüder und Schwestern versprechen Gehorsam und Ehrerbietung dem Papst und der katholischen Kirche. Im gleichen Geiste sollen sie denen gehorchen, die zum Dienst an der Schwestern- oder Brüder-Gemeinschaft eingesetzt sind. Und wo immer sie auch sind und an welchem Orte sie

BReg 1, 2
vgl. RegKlara 1, 3
vgl. BReg 1, 3
vgl. RegKlara 1, 5

sich treffen, müssen sie sich geistlich und aufmerksam begegnen und einander ehren. Auch sollen sie NbReg 7, 15
die Einheit und Gemeinschaft mit allen Gliedern
der franziskanischen Familie pflegen.

Ordensleben im echten Sinne ist nur möglich im Lebenszusammen-
hang mit der Kirche. Zur Begründung dieses Sachverhaltes kann natürlich darauf hingewiesen werden, daß auch das neue kirchliche Gesetzbuch vorsieht, Ordensgmeinschaften könnten nur von der zustän-
digen kirchlichen Autorität errichtet werden (Kanon 573, § 2).
Diese rechtliche Vorschrift ist aus tieferen Zusammenhängen abgeleitet. Wie das Zweite Vatikanische Konzil erklärt, sind die drei evangelischen Räte „eine kostbare Gabe, welche die Kirche von ihrem
Herrn empfangen hat und in seiner Gnade immer bewahrt" (Lumen
gentium 43).
Die Kirche als der mystische Leib Christi ist also die Erstempfängerin
der göttlichen Gabe der evangelischen Räte, „die in Wort und Beispiel
des Herrn begründet" sind (ebd.). Die einzelnen Ordensgemeinschaften und in ihnen die einzelnen Ordenschristen empfangen diese göttliche Gabe in der Kirche und durch die Kirche. Sie erweisen der Kirche jedoch den Dienst, daß das göttliche Geschenk in der Kirche im
Leben berufener Menschen immer wieder sichtbar wird.
Von daher hat die Kirche den Auftrag und das Recht, über die tatsäch-
liche Praxis der evangelischen Räte zu wachen und dafür entsprechende Normen zu erlassen. Das bejaht die Regel des Regulierten
Dritten Ordens des hl. Franziskus, indem sie vom Gehorsam gegenüber dem Papst und der katholischen Kirche spricht. Durch den Gehorsam geschieht ja das Sicheingliedern in das Leben der Kirche, das
Mittragen dessen, wozu die Kirche von Gott gesendet ist.

Im Gehorsam der Kirche gegenüber leben

Die Regel folgt hier genau dem Willen des hl. Franziskus. Zwar war er
davon überzeugt, daß Gott selbst ihm geoffenbart habe, welchen Lebensweg er mit seinen Brüdern gehen sollte. Aber ebenso deutlich
war ihm bewußt, daß er diesen Lebensweg nur in unbedingtem Gehorsam der Kirche gegenüber gehen durfte und konnte, auf keinen
Fall gegen die Kirche oder neben der Kirche her. Deshalb klingt es in

seinem Testament wie in einem Atemzug: „... der Höchste selbst hat mir geoffenbart ...,•und der Herr Papst hat es mir bestätigt" (Test 14-15).
Auf diese Linie verpflichtet er deshalb auch seinen Orden in der Ordensregel (BReg 1,2; NbReg, Prolog 3).
Dieser Gehorsamsbindung der Brüder und Schwestern an den Papst und die Kirche dient nach den Worten der Regel vor allem der Gehorsam denen gegenüber, „die zum Dienst an der Brüder-(Schwestern-) Gemeinschaft eingesetzt sind". Der Ordensgemeinschaft, der sie angehören, zu dienen, ist die entscheidende Aufgabe derer, die zur Leitung der Gemeinschaft bestellt sind. Dieser Dienst betrifft nach dem Zusammenhang des Regeltextes vor allem das Anliegen, die Ordensgemeinschaft auf der Linie zu halten, die sich aus ihrer theologischen Situation in der Kirche ergibt, und alles zu tun, damit die Ordensgemeinschaft nach ihren Möglichkeiten das in die Kirche einbringt, was die Kirche braucht.
Franziskus hat diese Zusammenhänge so ausgesprochen: „Bruder Franziskus verspricht Gehorsam und Ehrerbietung dem Herrn Papst Honorius und seinen rechtmäßigen Nachfolgern sowie der Römischen Kirche. Und die anderen Brüder sollen verpflichtet sein, dem Bruder Franziskus und seinen Nachfolgern zu gehorchen" (BReg 1,2-3).

Ordensleben ist Leben in einer Gemeinschaft

Ordensleben ist dadurch gekennzeichnet, daß die drei evangelischen Räte in der Bindung an eine von der Kirche anerkannte Gemeinschaft gelebt werden. Gemeinschaft, zumal wenn in ihr von Brüdern und Schwestern gesprochen wird, existiert aber nicht ohne entsprechende Bindungen und Kontakte zwischen denen, die zur Gemeinschaft gehören. Vor allem muß es eine geistliche Begegnung sein, d. h. eine Begegnung, die davon getragen ist, daß die Brüder und Schwestern vom Geiste des Herrn gerufen und zur Gemeinschaft zusammengeführt sind. Wer von dieser gemeinsamen Berufung durch den Geist des Herrn ausgeht, wird in der Kraft dieses Geistes dem Bruder, der Schwester die Ehrfurcht erweisen, die einem Menschen gebührt, der dem Ruf des Geistes Gottes gefolgt ist.
Eine franziskanische Ordensgemeinschaft wird stets dessen eingedenk sein müssen, daß sie es nicht allein ist, die das franziskanische

Charisma zu verwirklichen sucht. Sie gehört zu der großen Zahl von Ordensgemeinschaften, die an dem einen franziskanischen Charisma ihren Anteil haben. Das dem hl. Franziskus für alle ihm Nachfolgenden verliehene Charisma ist so reich, daß es nicht durch einen einzelnen Menschen und auch nicht durch eine einzige Ordensgemeinschaft in seiner ganzen Fülle verwirklicht werden kann.

Die Vielzahl und Vielfalt aller franziskanischen Gemeinschaften ist dazu ins Leben gerufen, um das franziskanische Charisma in je eigenen Nuancen mit seiner ganzen Fülle sichtbar zu machen. Nur so kommt der ganze Reichtum der Spiritualität unseres hl. Ordensvaters zum Ausdruck und führt zu den mannigfaltigen Lebensformen, unterschiedlich nach zeitlichen und örtlichen, nach sozialen und kulturellen Gegebenheiten.

Wer sich dazu bekennt, wird die besondere Eigenart seiner Brüder und Schwestern auch aus den anderen franziskanischen Gruppierungen als Bereicherung seines persönlichen franziskanischen Lebensweges empfinden und als Erweis der umfassenden, ja völkerverbindenden Lebendigkeit der franziskanischen Bewegung.

2. Kapitel

Von der Annahme dieses Lebens

4) Jene, die auf Eingebung des Herrn zu uns kommen mit dem Willen, dieses Leben anzunehmen, mögen liebevoll aufgenommen werden. Zur entsprechenden Zeit sollen sie den leitenden Oberen vorgestellt werden, welche die Vollmacht zur Aufnahme in die Schwestern- oder Brüder-Gemeinschaft haben.

vgl. Test 1
NbReg 2, 1
vgl. BReg 2, 1

Der Abschnitt beginnt mit einer tiefgläubigen Aussage: Wenn sich jemand einer Ordensgemeinschaft anschließen will, deren geistliche Grundrichtung in den Artikeln 1-3 dieser Regel ausgesprochen ist, dann ist der letzte Grund dafür, daß Gott es ihm eingegeben hat. So hat es Franziskus selber für seinen Orden der Minderbrüder gesehen: „Wenn jemand auf Gottes Eingebung hin dieses Leben annehmen will..." (NbReg 2, 1). Schon bei seinen ersten Gefährten war das so. Als Bruder Ägidius sich der jungen Gemeinschaft um Franziskus anschloß, sagte der Heilige zu Bruder Bernhard: „Einen guten Bruder hat der Herr uns geschickt" (QuSchr III 34).

In einer Berufung ist Gott am Werk

Die Lebensentscheidung eines Bruders, in den Orden einzutreten, sieht der Heilige also in der gleichen gläubigen Art, wie er die entscheidende Phase seines eigenen Lebens gesehen hat: Gott war da am Werk. Gott hatte es ihm eingegeben. Diese Auffassung des hl. Franziskus zieht sich in immer neuem Bekenntnis durch sein Testament: „So hat der Herr mir, dem Bruder Franziskus, gegeben, das Leben der Buße zu beginnen" (1). „Und der Herr selbst hat mich unter sie (die Aussätzigen) geführt" (2). „Und der Herr gab mir in den Kirchen einen solchen Glauben" (4). „Danach gab und gibt mir der Herr einen so großen Glauben zu den Priestern" (6). „Und nachdem mir der Herr Brüder gegeben hat, zeigte mir niemand, was ich zu tun hätte, sondern der Höchste selbst hat mir geoffenbart, daß ich nach der Vorschrift des heiligen Evangeliums leben sollte" (14). „Der Herr hat mir geoffenbart, daß wir als Gruß sagen sollten: Der Herr gebe dir den Frieden" (23).

Durch all diese Worte des hl. Franziskus klingt durch, wie gläubig tief das auch von uns oft gebrauchte Wort „Berufung" genommen werden muß. Gott hat sich dem Menschen, den er beruft, ganz persönlich zugewandt. Der Entschluß, sich einer geistlichen Gemeinschaft anzuschließen und ihr Leben zu teilen, ist von Gott im Menschen geweckt worden. Ein solcher Mensch steht im Bereich des göttlichen Wirkens. Deshalb muß ihm Ehrfurcht entgegengebracht werden.

Davon sollten wir in der Begegnung mit denen ausgehen, die mit uns zur gleichen Ordensgemeinschaft gehören oder die ihre Bereitschaft erklären, mit uns das Leben in dieser geistlichen Gemeinschaft zu teilen. „Nachdem mir der Herr Brüder — Schwestern — gegeben hat" (Test 14), dieses Wort des hl. Franziskus sollte die ganze Art bestimmen und prägen, wie wir unseren Schwestern und Brüdern begegnen.

Denn diejenigen, die da kommen, werden ja nicht zuerst mit einer Norm, mit einer Vorschriftensammlung konfrontiert, sondern mit einem Leben, eben mit jenem Leben, wie wir es konkret in unserer Gemeinschaft führen. Für jedes Zusammenleben in einer christlich bestimmten Gemeinschaft aber gilt das Wort Christi: „Ihr alle aber seid Brüder" (Mt 23,8). Dies müßte jeder spüren können, der sich unserer Gemeinschaft anschließen will. Darum fordert die Ordensregel, er solle „liebevoll aufgenommen werden".

Nun geht es bei einem Ordenseintritt aber nicht darum, daß jemand sich nur einem einzelnen Ordensmitglied in Treue verbinden will. Er begegnet der Gemeinschaft und muß von dieser Gemeinschaft angenommen werden. Im Namen der Gemeinschaft können hier jedoch nur jene handeln, welche die entsprechende Vollmacht dazu haben. Und das sind die leitenden Oberen, denen durch die Satzungen diese Vollmacht zugesprochen ist.

Im lateinischen Text steht hier „ministri", was wörtlich „Diener" bedeutet. Wir können jedoch an dieser Stelle in der deutschen Sprache nicht gut sagen: „Sie sollen den Dienenden vorgestellt werden". Das Wort „ministri - Diener" behält jedoch seine Bedeutung, wenn es darum geht, in welcher Weise ein Leitungsamt im franziskanischen Sinne ausgeübt werden soll (vgl. Artikel 25-28 dieser Ordensregel).

5) Die leitenden Oberen sollen sich vergewissern, ob die, welche sich um die Aufnahme bewerben, wirklich zum katholischen Glauben stehen sowie zu den Sakramenten der Kirche. Wenn sie geeignet sind, mögen sie in das Leben der Schwestern- oder Brüder-Gemeinschaft aufgenommen werden. Und alles, was zu diesem Leben nach dem Evangelium gehört, werde ihnen sorgfältig dargelegt, vor allem diese Worte des Herrn: *Wenn du vollkommen sein willst, dann geh und verkaufe alles, was du hast, und gib es den Armen, und du wirst einen Schatz im Himmel haben, und komm, folge mir.* Und: *Wenn einer mir nachfolgen will, verleugne er sich selbst und nehme sein Kreuz auf sich und folge mir.*

vgl. BReg 2, 2
vgl. RegKlara 2, 2

vgl. Lk 18, 22
Mt 19, 21
Mt 16, 24
NbReg 1, 2-3
vgl. RegKlara 2, 3-4

Bereits in Artikel 3 der Regel wurde als entscheidender Grundsatz franziskanischen Ordenslebens ausgesprochen, daß die Brüder und Schwestern dem Papst und der katholischen Kirche Gehorsam und Ehrerbietung erweisen. *Br. Julian von Speyer* († um 1250) eröffnete sein Reimoffizium zur Ehre des hl. Franziskus mit der ersten Antiphon zur ersten Vesper mit den Worten: „Franziskus, der katholische und ganz apostolische Mann, hat gelehrt, am Glauben der römischen Kirche festzuhalten".

Unbedingtes Stehen zur katholischen Kirche und zu dem von ihr gelehrten Glauben, dieses Prinzip echten franziskanischen Lebens, hat Franziskus in seiner Ordensregel nicht nur dort ausgesprochen, wo er eine entsprechende Prüfung der Ordenskandidaten vorschreibt (BReg 2, 2-3). Er sagt am Beginn der Regel: „Bruder Franziskus verspricht Gehorsam und Ehrerbietung dem Herrn Papst Honorius und seinen rechtmäßigen Nachfolgern sowie der Römischen Kirche" (BReg 1, 2). Und er beschließt die Regel mit den Worten: „Außerdem befehle ich den Ministern im Gehorsam, vom Herrn Papst einen aus den Kardinälen der heiligen Römischen Kirche zu erbitten, der diese Brüderschaft lenke, in Schutz und Zucht nehme, auf daß wir, allezeit den Füßen dieser heiligen Kirche untertan und unterworfen, feststehend im katholischen Glauben, die Armut und Demut unseres Herrn Jesus Christus beobachten, was wir fest versprochen haben" (BReg 12, 3-4).

Enge Bindung an die Kirche

Um seinen Orden auch in der religiösen Praxis ganz eng an das Leben der Kirche zu binden, wollte er, daß seine Brüder „das Göttliche Offizium nach der Anordnung der heiligen Kirche von Rom verrichten" sollten (BReg 3, 1; vgl. Test 29-31). Seine Bindung an das Glaubensleben der Kirche war jedoch nicht passiv empfangend. Er nahm die Anliegen der Kirche seiner Zeit lebendig auf. Das zeigt sich besonders deutlich in seinen Sendschreiben, durch die er die Verehrung des Eucharistie-Sakramentes zu fördern suchte (vgl. BrKl I und II, BrKust I und II, BrLenk, BrOrd).

Er griff hier die Impulse auf, die das *IV. Laterankonzil* sowie die Päpste *Innozenz III.* und *Honorius III.* gegeben hatten; er setzte seine persönliche Autorität dafür ein und suchte seine zahlreich gewordenen Brüder zu aktivem Einsatz für dieses wichtige kirchliche Anliegen zu motivieren.

„Wir müssen katholisch sein" (BrGl II 32), diese Forderung des hl. Franziskus gilt auch für unsere Zeit. Auch heute ist echtes franziskanisches Ordensleben nur möglich als ein Leben in Treue zum katholischen Glauben. Diese Treue zum katholischen Glauben darf sich nicht darin erschöpfen, daß jemand das Glaubensbekenntnis der katholischen Kirche fehlerfrei aufsagen kann. Es kommt darauf an, daß Christen, die sich katholisch nennen wollen, auch lebendig bei den Glaubensvollzügen der Kirche mitgehen, wie sie in den der Kirche geschenkten Sakramenten geschehen.

Aber der Glaubensvollzug der Sakramente als der heiligen „Zeichen des Himmels und der Erde" (BrKust I 1) ist nicht ein für ewige Zeiten erstarrter Vorgang. Weil die Sakramente in ihrem Vollzug zugleich auch Verkündigung sein müssen, ist es erforderlich, daß die „Sprache" der Verkündigung sich auf die jeweiligen Zeiten und Situationen einstellt. Die Treue zum katholischen Glauben und zu den Sakramenten der Kirche wird sich heute darin beweisen müssen, wie lebendig man mitgeht bei der „sprachlich" wechselnden Aussage des einen Glaubens. Starre Konservierung der gewohnten Glaubensaussage oder lebendig mitgehende Aussage des einen Glaubens, das ist die Entscheidung, die stets neu zu treffen ist, in lebendigem Mitgehen mit dem, was die Kirche in den verschiedenen Zeiten und Situationen will und sagen muß.

Wenn sie geeignet sind, mögen sie in das Leben der Schwestern- oder Brüdergemeinschaft aufgenommen werden.

Was die Eignung angeht, wird man prüfen müssen, ob wirklich eine „Eingebung des Herrn" vorliegt, von der in Artikel 4 gesprochen wurde, oder ob vielleicht ungute Motive vorherrschen. Zwar wird man angesichts der menschlichen Irrtumsfähigkeit weder im Positiven noch im Negativen kaum ein absolut unfehlbares Urteil gewinnen können. Es sollte jedoch im vollen Ernst bedacht werden, daß es sich bei dieser Entscheidung um das Lebensgeschick eines Menschen und auch um die Zukunft der Gemeinschaft handelt.

Sicher nicht geeignet wäre jemand, der die Treue zum Glauben der katholischen Kirche nicht aufbringt, der nicht gemeinschaftsfähig ist, der nur seinen eigenen Liebhabereien und nicht den Zielen der Gemeinschaft dienen will, der in anderer Weise bereits gebunden ist und zwar so, daß es der Bindung an diese Gemeinschaft des Ordens widerstreitet. Das kirchliche Gesetzbuch hat diesbezüglich klare Normen aufgestellt.

Wer bereit ist, in eine Ordensgemeinschaft aufgenommen zu werden und ihr Leben mitzutragen, hat das Recht, genau zu erfahren, was nach der Eigenart dieser Ordensgemeinschaft zu einem Leben nach dem Evangelium gehört.

Der hl. Franziskus hat es als unabdingbar für den Ordenschristen betrachtet, daß der zum Eintritt Entschlossene sich dem Wort Christi an den reichen Jüngling stellt: „Wenn du vollkommen sein willst, dann geh, und verkaufe alles, was du hast, und gib es den Armen, und du wirst einen Schatz im Himmel haben" (Mt 19,21; Mk 10,21; Lk 18,22).

„Verkaufe, was du hast, gib es den Armen"

In seiner Ordensregel hat Franziskus vorgeschrieben, daß dies Verkaufen des Besitzes und das Austeilen des Erlöses an die Armen *vor* dem eigentlichen Ordenseintritt tatsächlich geschehen soll (vgl. BReg 2,5-8; NbReg 2,4-7). Heute stehen diesem Handeln kirchenrechtliche Normen im Wege: beim I. Orden ist der völlige Verzicht auf Vermögen erst vor Ablegung der Ewigen Profeß vorgesehen, bei den Schwestern und Brüdern des Regulierten III. Ordens ist dieser Verzicht auf Besitz nur möglich, wenn die Satzungen der betreffenden Ordensgemeinschaft dies erlauben.

Dennoch behält dieses Wort Jesu für uns alle seine fordernde Gültigkeit. Wer die enge Bindung der Nachfolge Jesu will, muß bereit sein, alle Bindungen aufzugeben, die mit dieser Bindung der Nachfolge nicht vereinbar sind. Im Sinne der Worte Jesu reicht es somit nicht aus, seinen Besitz einfach wegzugeben, um fortan arm, besitzlos zu sein. „Gib es den Armen", das gehört entscheidend zur Armut hinzu, wie sie Jesus versteht. Die evangelische Armut neigt sich zu den Armen, um ihnen zu helfen; sie muß Liebe werden. Dies war ja auch bei IHM so, dem die Nachfolge gilt: „Ihr wißt, was Jesus Christus, unser Herr, in seiner Liebe getan hat: Er, der reich war, wurde euretwegen arm, um euch durch seine Armut reich zu machen" (2 Kor 8,9). Alles weggeben; einen Schatz im Himmel haben; Christus nachfolgen; die Lebensgemeinschaft mit Christus gewinnen. – Das sind die entscheidenden Gedanken in Jesu Forderung zur Armut.

Nichts für sich zurückbehalten

Den gleichen Gedankengang finden wir auch in diesen Worten des hl. Franziskus: „Behaltet darum nichts von euch für euch zurück, damit euch als Ganze aufnehme, der sich euch ganz hingibt" (BrOrd 29). Nichts für sich so zurückbehalten, daß es nur einem selber nützt und keinem anderen zugutekommt. Wir sollen auf dem, was uns zur Verfügung steht, nicht sitzen wie die Drachen im Märchen, die einen Schatz bewachen und jeden zu vernichten drohen, der nach diesem Schatz zu greifen wagt.
Das, was wir besitzen, was uns zur Verfügung steht, umgreift nicht nur materielle Dinge. Zu denken ist auch an einen nicht materiellen Besitz: unser Wissen, unser Können, unsere gesamte Lebenserfahrung und – unsere Zeit. Wenn wir all dies nicht einzig für uns und unser Ansehen einsetzen, um anderen überlegen zu bleiben, wenn wir anderen von unserem Wissen, unserem Können, unserer gesamten Lebenserfahrung mitteilen, wenn wir unsere Zeit auch für sie haben, dann werden wir die tiefe Lebenseinigung mit Christus haben, der uns als Ganze aufnimmt, wie er sich uns ganz hingibt (BrOrd 29). Einen größeren „Schatz im Himmel" gibt es nicht als diese personale Einigung mit Christus. Sie wird dem geschenkt, der die gleiche Einstellung hat wie Christus Jesus, von dem Paulus sagt, daß er uns durch seine Armut reich machen wollte.

Sein Kreuz auf sich nehmen

Ein zweites Schriftwort wird in der Regel genannt, dessen Konsequenzen den Eintrittswilligen dargelegt werden sollen: „Wenn einer mir nachfolgen will, verleugne er sich selbst und nehme sein Kreuz auf sich und folge mir" (Mt 16,24).

Dieser Nachfolgeruf des Herrn gehört zu den Worten des Herrn, die Franziskus beim Aufschlagen der Heiligen Schrift fand, als er gemeinsam mit Br. Bernhard von Quintavalle sich „von Christus Rat holen" wollte für den weiteren Lebensweg (vgl. 2 Celano 15).

Diese Worte des Herrn haben nach allem Eingang gefunden in die franziskanische Ur-Regel vom Jahre 1209, und sie standen auch im Regeltext des Jahres 1221 (vgl. NbReg 1, 3). Dieser Nachfolgeruf zur Selbstverleugnung und zum Kreuztragen bindet den Nachfolgewilligen ganz eng an den Erlöserweg Jesu Christi. Wer ein Leben nach den Prinzipien des hl. Franziskus führen will, muß sich diesem Nachfolgeruf des Erlösers stellen.

Welche Konsequenzen das hat, sagt uns Franziskus in seinen Ermahnungen: „Geben wir acht, wir Brüder alle, auf den guten Hirten, der, um seine Schafe zu retten, die Marter des Kreuzes erlitten hat. Die Schafe des Herrn sind ihm gefolgt in Drangsal und Verfolgung, Schmach und Hunger, in Schwachheit und Anfechtung und in allem übrigen, und sie haben deshalb vom Herrn das ewige Leben erhalten" (Erm 6,1-2). Nicht große, bewundernswerte Leistungen, wie sie das Ich des Menschen anstrebt, machen das Entscheidende für den Heilsweg der Nachfolge des Gekreuzigten aus. Es gilt vielmehr, dem Herrn in all den Niederungen des menschlichen Lebens zu folgen, die so deprimierend, so kleinformatig sind. Es sind gerade unsere Schwachheiten, in denen wir „täglich das heilige Kreuz unseres Herrn Jesus Christus tragen können" (vgl. Lk 14,27; 2 Kor 12,5; Erm 5,8).

Zu diesem Weg der Demut des Gottessohnes muß sich bekennen, wer den franziskanischen Weg der Nachfolge Jesu Christi gehen will.

6) So sollen sie unter der Führung des Herrn das
Leben der Buße beginnen und wissen, daß wir alle
uns beständig bekehren müssen. Zum Zeichen,
daß sie sich zum Leben nach dem Evangelium bekehrt und geweiht haben, sollen sie gewöhnliche
Kleidung tragen und ein einfaches Leben führen. vgl. NbReg 2, 14

„Unter der Führung des Herrn das Leben der Buße beginnen", das schließt unmittelbar an das an, was im voraufgehenden Text gesagt wurde. Dort steht zweimal der Ruf des Herrn Jesus Christus, ihm nachzufolgen. Christus ruft dort zu seiner Nachfolge in Armut, in Selbstverleugnung und im Kreuztragen. Und dies wird nun zusammenfassend als Leben in Buße unter der Führung des Herrn gekennzeichnet.

Auf den Herrn ausgerichtet

Der Herr spricht nicht nur von diesem Lebensweg in Armut, Selbstverleugnung und Kreuztragen. Er selbst ist diesen Weg gegangen. Er führt uns auf diesem seinem Weg. Denn von ihm wird gesagt: „Seid so gesinnt, wie es dem Leben in Christus Jesus entspricht: Er war Gott gleich, hielt aber nicht daran fest, wie Gott zu sein, sondern entäußerte sich und wurde wie ein Sklave und den Menschen gleich. Sein Leben war das eines Menschen, er erniedrigte sich und war gehorsam bis zum Tod, bis zum Tod am Kreuz" (Phil 2, 5-8).

„Er, der reich war, wurde euretwegen arm, um euch durch seine Armut reich zu machen" (2 Kor 8, 9). – Und über die Kreuzesnachfolge sagt Paulus: „Immer tragen wir das Todesleiden Jesu an unserem Leib, damit auch das Leben Jesu an unserem Leib sichtbar wird". (2 Kor 4, 10).

Das aber ist das Leben der Buße unter Führung des Herrn: Es geht nicht so sehr darum, eigene heilige Haltungen im Leben zu verwirklichen. Sondern dies ist die tiefste Bedeutung des Lebens in Buße unter Führung des Herrn: Jesu Christi Armut, Selbstentäußerung und Kreuztragen in unserem eigenen Sein und Leben weiterzutragen.

Franziskus der „zweite Christus"

Genau so hat es Franziskus gesehen und gesagt. Seinen Brüdern hat er in der Ordensregel geschrieben, der Sinn ihres Ordenslebens sei, „die Armut und Demut unseres Herrn Jesus Christus zu beobachten" (BReg 12, 4).

Der hl. Klara und ihren Schwestern hat er geschrieben: „Ich, der ganz kleine Bruder Franzsikus, will dem Leben und der Armut unseres höchsten Herrn Jesus Christus und seiner heiligsten Mutter nachfolgen und darin bis zum Ende des Lebens verharren" (VermKlara 1).

Nicht seine eigene Armut und Demut will Franziskus also leben, sondern die Armut und Demut Jesu Christi. Er strebte das an, was der Apostel Paulus mit den Worten bekannte: „Ich bin mit Christus gekreuzigt worden; nicht mehr ich lebe, sondern Christus lebt in mir" (Gal 2, 19-20). Genau das sind der Weg und das Ziel des Lebens in Buße: Der Mensch mit seinem sich selbst behauptenden Ich muß sich so zurücknehmen, daß Christus ihn ganz erfüllen kann. Im Grunde geht es darum, daß wir uns ganz von dem beleben und leiten lassen, was uns in der Taufe von Gott geschenkt wurde, wo wir in Christus und sein Leben hineingenommen wurden.

Franziskus hat sich so total von Christus führen lassen, daß Papst *Pius XI.* ihn einen „zweiten Christus" nennen konnte. Was Gott an Franziskus verdeutlicht hat, ist allen, die sich „franziskanisch" nennen, Weisung und erfüllendes Ziel.

Diesem Ziel müssen wir uns beständig zuwenden. Das ist der Sinn der Worte in der Regel, „daß wir alle uns beständig bekehren müssen". Noch einmal sei es gesagt: Bei dieser „Bekehrung" geht es nicht so sehr darum, wovon der Mensch sich abkehren muß, sondern wem der Mensch sich zukehren muß, einer Person: Jesus Christus.

In der Regel folgt nun ein Satz, der auf Konsequenzen aus dem bisher Gesagten drängt, diese Konsequenz aber nur auf einer allgemeinen Linie anfordert, die von den einzelnen Ordensgemeinschaften ins Konkrete hinein zu verwirklichen ist:

Zum Zeichen, daß sie sich zum Leben nach dem Evangelium bekehrt und geweiht haben, sollen sie gewöhnliche Kleidung tragen und ein einfaches Leben führen.

Wer sich zum Leben nach dem Evangelium bekennt − und das tun die Mitglieder des Regulierten Dritten Ordens des hl. Vaters Franziskus gemäß Nr. 1 ihrer Ordensregel −, der wird dieses Bekenntnis nicht nur still und unauffällig im eigenen Leben zu verwirklichen suchen. Er wird sein Bekenntnis zum Zeugnis nach außen werden lassen, damit es andere ruft. Andere rufen und ihnen Zeichen sein, das kann nur über augenfällige Besonderheiten − nicht Absonderlichkeiten − geschehen.

Die Ordensregel spricht in diesem Zusammenhang die Kleidung an. Und da beginnt die Vieldeutigkeit, nicht nur für die Übersetzung.

„Vilibus vestibus induantur" heißt es im lateinischen Text. „Gewöhnliche Kleidung" wurde in unserer Übersetzung gewählt. „Vilis", dieses Eigenschaftswort kann bedeuten: wohlfeil, wertlos, gering, unbedeutend, gleichgültig, verachtet, niedrig, gewöhnlich. Wie es auch sei. Wenn die Kleidung in ihrer Art ein Zeichen sein soll für ein Leben nach dem Evangelium, dann muß sich das auch sichtbar zeigen. Aber in welcher Weise? Detaillierte Angaben oder Vorschriften lassen sich dazu kaum machen.*

Da hier aber die Kleidung im Sinne eines Zeichens für das evangelische Leben genannt wird, sollte bei diesem Gedanken auch direkt auf das Evangelium zurückgegriffen werden. Denn von dort hat Franziskus selbst für diesen Zusammenhang deutliche Impulse erhalten. Als er in der Portiunkula-Kapelle das Evangelium von der Aussendung der Jünger gehört hatte, zog er sofort die Konsequenzen auch hinsichtlich seiner Kleidung, entsprechend den Worten Christi: „Steckt nicht Gold, Silber und Kupfermünzen in euren Gürtel. Nehmt keine Vorratstasche mit auf den Weg, kein zweites Hemd, keine Schuhe, keinen Wanderstab" (Mt 10, 9-10; vgl. Mk 6, 8-9; Lk 9, 3).

Dieser Text des Evangeliums ist natürlich nicht so aufzufassen, als wäre es ein Gesetzestext, der buchstabengerecht erfüllt werden müßte. So hat auch Franziskus diese Weisung Jesu nicht aufgefaßt. Zwar begann er damit, sich selbst und seinen Brüdern ein zweites Gewand und Schuhwerk nicht zu gestatten. Aber die Lebenspraxis ließ ihn erkennen, daß Christi Weisung nicht dem Buchstaben nach gelten sollte, sondern als grundsätzliche Weisung zu bescheidener, ja von der Armut geprägter Lebensweise gemeint sei. So gestattete er zwei Habite und bei Notwendigkeit auch Schuhwerk (vgl. BReg 2, 14-15), ohne dem Geist des Evangeliums untreu zu werden. So müßte es allen, die Franziskus in der Beobachtung des hl. Evangeliums ehrlich folgen wollen, ein Anliegen sein, das Evangelium immer wieder zu meditieren, um die von Christus geforderte Lebensweise dann in einer auf die eigene Zeit und das soziale Umfeld ausgerichteten Form zu realisieren.

---

* Möglich wäre auch, in der deutschen Übersetzung anstelle von „gewöhnliche Kleidung" zu setzen: „geringwertige Kleidung".

7) Ist die Probezeit beendet, mögen sie zum Gehorsam angenommen werden, indem sie versprechen, dieses Leben und diese Regel immer zu befolgen. Und alle Sorge und Besorgnis sollen sie hintanstellen und sich darum bemühen, wie sie immer besser, mit geläutertem Herzen und reinem Sinn Gott dem Herrn dienen, ihn lieben, ehren und anbeten können.

BReg 2, 11
vgl. RegKlara 2, 8
NbReg 21, 26
vgl. Erm 16

„Zum Gehorsam angenommen werden", diese Formulierung des hl. Franziskus (vgl. BReg 2, 11) ist ungewohnt. Sie zwingt zum Nachdenken, was Franziskus damit aussagen wollte. Denn so wird sonst über den Gehorsam nicht gesprochen. Ist Gehorsam nicht eine Opferleistung, die der Mensch erbringt, indem er auf den eigenen Willen verzichtet, um ihn dem Willen Gottes – und dem Willen eines Oberen – unterzuordnen? Ist Gehorsam nicht etwas, was vom Menschen nur behutsam verlangt werden darf, um ihn in seinem Personwert nicht sich selbst zu entfremden?

Gehorsam als Weihe an Gott

„Zum Gehorsam angenommen werden", das klingt doch so, als sei der Gehorsam ein Bereich, in den man sich nicht nach eigenem Entschluß hineinbegeben kann und darf. „Zum Gehorsam angenommen werden", das klingt so, als wenn es eine Gnade ist, gehorchen zu dürfen.
Eine Aussage des Zweiten Vatikanischen Konzils im Ordensdekret „Perfectae caritatis" (Nr. 14) kann uns in guter Weise helfen, das Wort des hl. Franziskus in seiner Aussage-Tiefe zu erfassen. Das Konzil sagt zum Gehorsam der Ordensleute wörtlich – und man muß hier schon genau übersetzen: „Durch die Profeß des Gehorsams bringen die Ordensleute die volle Weihe ihres eigenen Willens gleichsam als Opfer ihrer selbst Gott dar".
In dieser Übersetzung ist mit „Weihe" das lateinische Wort „dedicatio" wiedergegeben. Das gleiche Wort „dedicatio" wird verwendet für die Weihe einer Kirche.
„Dedicatio = Weihe" an Gott bedeutet nicht, daß das Geweihte völlig untergehen oder zurückgenommen werden muß. Im Gegenteil: Wie

eine zu weihende Kirche möglichst vollendet und ausgestaltet sein soll, wenn sie Gott und seinem Dienst geweiht wird, so sollte es auch bei dem Gott zu weihenden Willen des gehorsamen Menschen sein. Eine Kirche wird nicht zunächst zerstört und beseitigt, wenn sie Gott geweiht werden soll. Und so soll es auch bei der „dedicatio", der Weihe des menschlichen Willens an Gott im Gehorsam sein. Der Wille des Menschen soll bei dieser Weihe nicht beseitigt oder aufgegeben werden. Er soll sich vielmehr mit seiner ganzen Kraft dazu bereit finden, in allem den gleichen Rhythmus des Wollens einzuhalten wie Gott selbst.

Gewiß ist diese Weihe an Gott auch als Opfer zu sehen. Der Sinn unserer persönlichen Opfer im Neuen Bund ist aber nicht in der Zerstörung der Opfergabe, hier: unseres Willens, zu sehen, sondern darin, daß die Opfergabe in der Weihe ganz, möglichst makellos und funktionsfähig in den Bereich des allheiligen Gottes hineingegeben wird. Gerade vom Gehorsam gilt, daß er im Beispiel unseres Herrn Jesu Christi gegründet ist (Lumen gentium 43). Franziskus hat sogar gesagt: Wenn wir „durch die Liebe des Geistes einander willig dienen und gehorchen", so „ist das der wahre und heilige Gehorsam unseres Herrn Jesus Christus" (NbReg 5, 14-15).

Christi Erlösergehorsam weitertragen

Da es also die Bestimmung des Ordensgehorsams ist, den heilenden und heiligenden Erlösergehorsam Christi lebendig und wirkend weiterzutragen, deshalb wird unser freier Wille Gott für diesen Dienst geweiht und zur Verfügung gestellt. In diesen heiligen Bereich kann man sich aber nicht hineindrängen. Der Mensch muß zu dieser geweihten Opfergabe angenommen werden. Es wird ihm geschenkt, daß er mit Christus zur Ehre Gottes und zum Heil der Welt gehorchen darf.

Niemand wird dazu von Gott gezwungen. Es liegt in der freien Entscheidung des Menschen, das Angebot Gottes anzunehmen und sich dazu verpflichtend zu bekennen. Das geschieht durch die Profeß. Sie wird heute durch Gelübde abgelegt; zur Zeit des hl. Franziskus geschah das durch Versprechen (vgl. BReg 2, 11; NbReg 2, 13).

Wer sich in dieser Weise zu einem umfassend von Gott bestimmten Leben bekennt, wird den umfassenden Charakter seiner Entscheidung auch in der zeitlichen Dimension befolgen: „... dieses Leben und diese Regel *immer* befolgen". Zwar sieht das Ordensrecht vor, daß der Profeß für die ganze Lebenszeit kürzere Zeiten der Verpflichtung vorgeschaltet werden. Aber schon bei Eingehen der ersten, zeitlich begrenzten Profeß muß der Ordenschrist den Willen haben, die Verpflichtung auf Lebenszeit anzustreben. Die zeitliche Profeß ist als ernste Erprobung dafür angelegt, ob nach menschlichem Ermessen eine Bindung auf Lebenszeit eingegangen und durchgehalten werden kann (Vgl. zu Nr. 25).

Und alle Sorge und Besorgnis sollen sie hintanstellen.

Niemand kann für sich selber garantieren, daß seine heute vorhandene Bereitschaft so stark ist, um aus eigener Kraft durch alle Lebenstagen und Lebenskrisen unverbrüchlich durchzuhalten. Diese Selbstgarantie wird auch bei der Profeß auf Lebenszeit nicht verlangt. Die Bindung „für die ganze Zeit meines Lebens" kann nur gewagt werden im Vertrauen auf die barmherzige Treue Gottes, der unser menschliches Versprechen der Treue mit seiner göttlichen Treue beantworten wird. Zwar mögen Zeiten der „Sorge und Besorgnis" kommen, ob wir durchhalten werden. Wenn wir aber in dieser Erkenntnis unserer menschlichen Anfälligkeit unsere gute Zukunft ganz in Gottes Treue setzen, wird er uns seine Treue nicht versagen.

Ganz auf Gottes Güte und Treue setzen, das ist denn auch der Sinn des Regeltextes, der die Schwestern und Brüder auffordert, sich darum zu bemühen, „wie sie immer besser, mit geläutertem Herzen und reinem Sinn Gott dem Herrn dienen, ihn lieben, ehren und anbeten können".

Wer sich um diese von der Liebe durchseelte Hingabe an Gott bemüht, in dem wirkt sich die höchste Kraft der Treue aus: die Liebe. Und er wird in seiner Weise das Wort Jesu erfahren: „Sucht zuerst das Reich Gottes und seine Gerechtigkeit, dann wird euch alles andere dazugegeben werden" (Mt 6,33).

Von diesem Bemühen um das Reich Gottes und von dem, was uns dazugegeben wird, wenn Gott und sein Reich unser erstes Anliegen ist, spricht nun der folgende Text:

8) Immer sollen sie in sich selbst Wohnung und   vgl. Joh 14,23
Bleibe bereiten ihm, der da ist der Herr, der all-   NbReg 22,27
mächtige Gott, der Vater und der Sohn und der

Heilige Geist, auf daß sie mit ungeteiltem Herzen
in die alles umfassende Liebe hineinwachsen und
sich beständig zu Gott und zum Nächsten bekeh- vgl. BrGl I 1, 5-10
ren. vgl. BrGl II 48-53

Jesus Christus, der Sohn Gottes, hat uns verheißen: „Wenn jemand mich liebt, wird er an meinem Wort festhalten; mein Vater wird ihn lieben, und wir werden kommen und bei ihm wohnen" (Joh 14, 23). Wir haben in diesem Wort Jesu die Zusicherung vor uns, daß Gott uns in einer Weise liebt, die über unsere menschlichen Vorstellungen hinausgeht. Gott will unsere Nähe, er will bei uns wohnen. Eine Zusage der Nähe zwischen Gott und uns, die wir immer wieder mit dem Herzen meditieren sollten.
Denn hier ist das Herz gefordert, das Herz, das lieben kann, das bereit ist, im Gehorsam an Gottes Wort festzuhalten. Wer an Gott mit ungeteiltem Herzen festhält, der bereitet in sich die „Wohnung und Bleibe" für Gott.
Wer so Gott liebt und sich von Gott lieben läßt, kann „in die alles umfassende Liebe hineinwachsen". Nur Gottes Liebe ist alles umfassend. Wie sehr wir von Gottes Liebe zur Liebe beschenkt werden, ist uns gekündet in den „Worten des hl. Franziskus an alle, die ihm folgen". Sie sind dieser Regel vorangestellt (vgl. BrGl I 1, 5-10; BrGl II 48-53).
Hineinwachsen „in die alles umfassende Liebe" Gottes werden wir dann, wenn wir uns total von IHM lieben lassen, wenn wir die Unbegreifbarkeit SEINER Liebe uns immer wieder vor Augen und vor das Herz halten. Auf diesem Weg wird dann auch die echte „Bekehrung" geschehen, die Hinkehr zu Gottes Liebe und von Gottes Liebe her die Hinkehr zum Nächsten.

Rückblick auf die beiden ersten Kapitel

Die beiden ersten Kapitel der erneuerten Regel des Regulierten Dritten Ordens des heiligen Franziskus, die wir bisher bedacht haben, behandeln grundsätzliche Fragen des Lebens in diesem Orden. Es geht um die Ausrichtung auf Jesus Christus und sein heiliges Evangelium. Franziskus wollte „die Armut und Demut und das heilige Evangelium unseres Herrn Jesus Christus" beobachten. Aber er war sich auch bewußt, daß das nicht außerhalb der katholischen Kirche oder an ihr vorbei gelingen konnte. Darum band er seinen Orden als der erste der Ordensgründer ganz eng an die Römische Kirche. Das geschah auch dadurch, daß er seine Brüder verpflichtete, „vom Herrn Papst einen aus den Kardinälen der heiligen Römischen Kirche zu erbitten, der diese Brüderschaft in Schutz und Zucht nehme" (BReg 12, 3-4).

In franziskanischer Konsequenz bekennt sich deshalb auch die erneuerte Ordensregel dazu, daß das Leben der Brüder und Schwestern vom Regulierten Dritten Orden des hl. Franziskus sich einfügen soll in das Leben aller, „die in der heiligen katholischen und apostolischen Kirche Gott, dem Herrn, dienen wollen" (Nr. 2). Dazu gehört auch das Bekenntnis, zum „Gehorsam und zur Ehrerbietung" gegenüber „dem Papst und der katholischen Kirche" (Nr. 3).

Das 2. Kapitel „Von der Annahme dieses Lebens" spricht von dem inneren, geistlichen Weg derer, die sich „auf Eingebung des Herrn" hin (Nr. 4) zum Eintritt in diese Ordensgemeinschaft entschließen. Aber das, was für den Beginn bestimmend ist, behält seine Gültigkeit für das gesamte Ordensleben. Die immer neu zu erbringende Hinwendung in Buße zum Guten, zu Gott, wird vom franziskanischen Ordenschristen bis ans Lebensende immer neu zu erbringen sein.

Nach diesen beiden ersten Eröffnungskapiteln kommt die Ordensregel thematisch auf die drei evangelischen Räte zu sprechen. Das geschieht in der Reihenfolge: Keuschheit-Ehelosigkeit, Armut, Gehorsam. Das entspricht genau dem Entwicklungsgang bis zum eigentlichen Ordensleben. Am Beginn standen die gottgeweihten Jungfrauen, denen die frühe Kirche besondere Beachtung schenkte. Die Asketen und vor allem die Anachoreten, die Einsiedler in Ägypten formten in ihrer Weise das Bekenntnis zum evangelischen Rat der Armut aus. Das Zönobitentum mit Pachomius und Basilius dem Großen brachte in Konsequenz des gemeinsamen Lebens den evangelischen Rat des Gehorsams in die Praxis des asketischen Lebens ein. Die drei evangelischen Räte werden in der Ordensregel nun so dargestellt, daß jeweils zwei Kapitel sich einem der Räte zuwenden.

So wird „Vom Leben in Keuschheit um des Himmelreiches willen" (Kap. 4) ins Grundsätzliche hineingeordnet durch das vorangestellte Kapitel 3 „Vom Geist des Gebetes". Das Kapitel 6 „Vom Leben in Armut" wird spirituell eingeordnet durch Kapitel 5 „Von der Art zu dienen und zu arbeiten". Gleiches gilt von Kapitel 8 „Vom liebenden Gehorsam", dem mit Kapitel 7 die Thematik „Vom schwesterlichen und brüderlichen Leben" vorgeordnet ist.

Gehen wir nun dem in der Ordensregel angebotenen Text weiter nach, wie er sich uns anbietet.

3. Kapitel

Vom Geist des Gebetes

9) Überall, an jedem Ort, zu jeder Stunde und zu jeder Zeit sollen die Brüder und Schwestern wahrhaftig und demütig an ihn glauben und an ihm in ihrem Herzen festhalten und ihn lieben, ehren, anbeten, ihm dienen, ihn loben, benedeien und verherrlichen, den erhabensten und höchsten ewigen Gott, den Vater und den Sohn und den Heiligen Geist. Und sie sollen ihn anbeten mit reinem Herzen, denn man muß immer beten und nicht nachlassen; denn der Vater sucht solche Anbeter. Im gleichen Geist mögen sie das Göttliche Offizium verrichten in Vereinigung mit der gesamten Kirche.
NbReg 23, 11
Lk 18, 1; Joh 4, 23-24
NbReg 22, 29-30
NbReg 23, 8
Mk 6, 31

Jene, die der Herr zum Leben der Beschaulichkeit berufen hat, sollen mit täglich erneuerter Freude ihre Weihe an Gott kundtun und die Liebe preisen, die der Vater zur Welt hat, er, der uns erschaffen und erlöst hat und uns einzig durch sein Erbarmen retten wird.
NbReg 23, 8

Dieser Abschnitt gibt zunächst spirituelle Weisungen zum Gebet und spricht dann von jenen Ordensleuten und Ordensgemeinschaften, die sich betont dem beschaulichen Leben widmen. Es gibt ja im Rahmen des Regulierten Dritten Ordens des hl. Franziskus auch einige Ordensgemeinschaften, die in der Pflege des beschaulichen Lebens ihre wesentliche Aufgabe sehen.

Innere Ausrichtung auf Gott

Bei diesem 3. Kapitel der Ordensregel ist zu beachten, daß es – der Überschrift entsprechend – „Vom Geist des Gebetes" handelt. Es geht hier also nicht so sehr um bestimmte Formen, in denen das Gebet vollzogen wird. Vielmehr geht es um die geistliche, innere Ausrichtung des Menschen auf Gott, die im Gebet ihren Ausdruck findet und durch das Gebet gefördert wird.

Aus welchen Quellen speist sich der Text vom Artikel 9 der Ordensregel? Es sind zunächst die Worte des hl. Franziskus aus der nicht bullierten Regel (23, 11; 22, 29-30; 23, 8). Die Worte des hl. Franziskus gehen ihrerseits von Worten der Hl. Schrift aus, die wir bedenken müssen, um die Tragweite der Gedanken zu erfassen.

Da ist zunächst der Hinweis auf das Lukas-Evangelium. Er steht zu dem Satz: „Denn man muß immer beten und nicht nachlassen". Dazu ist anzumerken, daß dieser Satz im Evangelium nicht als Wort Jesu selbst überliefert ist. Er steht vielmehr in einer erklärenden Einleitung des Evangelisten zu einem Gleichnis Jesu: „Jesus sagte ihnen durch ein Gleichnis, daß sie allezeit beten und darin nicht nachlassen sollten: In einer Stadt lebte ein Richter, der Gott nicht fürchtete und auf keinen Menschen Rücksicht nahm. In der gleichen Stadt lebte auch eine Witwe, die immer wieder zu ihm kam und sagte: Verschaff mir Recht gegen meinen Feind! Lange wollte er nichts davon wissen. Dann aber sagte er sich: Ich fürchte zwar Gott nicht und nehme auch auf keinen Menschen Rücksicht; trotzdem will ich dieser Witwe zu ihrem Recht verhelfen, denn sie läßt mich nicht in Ruhe. Sonst kommt sie am Ende noch und schlägt mich in Gesicht. Und der Herr fügte hinzu: Bedenkt, was der ungerechte Richter sagt. Sollte Gott seinen Auserwählten, die Tag und Nacht zu ihm schreien, nicht zu ihrem Recht verhelfen, sondern zögern? Ich sage euch: Er wird ihnen unverzüglich Recht verschaffen" (Lk 18, 1-8).

Der Evangelist deutet dieses Gleichnis Jesu auf das Gebet hin. Er sagt, mit diesem Gleichnis habe Jesus die Seinen auffordern wollen, „daß sie allezeit beten und nicht nachlassen sollten". Diese Aufforderung hat, vom Gleichnis her gesehen, den Sinn, daß wir nie das Vertrauen auf Gottes Hilfe aufgeben sollen, auch wenn wir den Eindruck haben, Gott hörte uns nicht oder lasse uns warten. Das Gleichnis ist von Gott her zu sehen: Er gibt seine Güte und sein Erbarmen nicht auf. Daran müssen wir festhalten. Dieses Vertrauen auf die Güte ist es, das als Quellgrund und Basis des Betens immer da sein muß. Und in diesem Vertrauen dürfen wir nicht nachlassen. Es ist die Grundform der immerwährenden Gebetsausrichtung auf Gott. Wer sich so auf Gott einstellt, hat immerdar den Geist des Gebetes, auch in den Zeiten, wo dieser Geist des Gebetes sich nicht in Gebetsworten ausdrückt. Es gibt ja auch ein wortloses Beten, das noch tiefer dringen kann als Gebetsworte.

Anbetung im Geist und in der Wahrheit

Als zweites Schriftwort klingt in den Worten des hl. Franziskus an: „Aber die Stunde kommt, und sie ist schon da, zu der die wahren Beter den Vater anbeten werden im Geist und in der Wahrheit; denn der Vater sucht solche Anbeter. Gott ist Geist, und alle, die ihn anbeten, müssen im Geiste und in der Wahrheit anbeten" (Joh 4, 23-24).

Der beherrschende Begriff in diesen Worten Jesu ist: anbeten. Die Anbetung als die einzig entsprechende Art, wenn der Mensch Gott begegnen will! Das wird insbesondere darin deutlich, daß es heißt: „Der Vater sucht solche Anbeter". Der Vater schaut aus nach Menschen, die ihn „im Geist und in der Wahrheit anbeten", weil solche Menschen es sind, denen er mit dem ganzen Reichtum seiner schenkenden Güte begegnen kann.

Über das, was in der Anbetung geschieht, hat der hl. Franziskus gesagt: „Wahrhaft reinen Herzens sind jene, die das Irdische gering achten, das Himmlische suchen und nicht nachlassen, immer mit reinem Herzen und reiner Seele den Herrn, den lebendigen und wahren Gott, anzubeten und zu schauen" (Erm 16). Anbetung bedeutet also mehr, als Worte der Anbetung zu sagen. Wahre Anbetung ordnet das Leben des Menschen in der Weise, daß die Werte, die der Mensch anstrebt, ihre richtige Reihenfolge erhalten. Es geht darum, „das Himmlische" – Gott – an die erste Stelle der menschlichen Sehnsucht zu setzen, alles Suchen vor allem auf Gott zu richten, ihm jedes andere unterzuordnen, es in der Skala der Werte tiefer zu setzen.

In der Anbetung begegnet der Gott suchende Mensch dem Vater, der den Menschen sucht. Anbetung Gottes bedeutet nicht, daß wir von Gottes Wesen und Allmacht vor seinem Thron gleichsam in den Staub geworfen werden. Gewiß bekennen wir anbetend, daß wir uns als kleine, schwache Wesen betrachten vor dem „erhabensten und höchsten ewigen Gott", daß wir ohne ihn nicht leben können und wollen. Zugleich aber wird uns in der Anbetung geschenkt, daß wir seiner allmächtigen Güte begegnen. Das sagt der Regeltext mit Worten des hl. Franziskus in Begriffen, die von Nähe, von Vereinigung sprechen. In wahrhaft demütigem Glauben dürfen wir an Gott in unserem „Herzen festhalten und ihn lieben, ehren, anbeten, ihm dienen, ihn loben, benedeien und verherrlichen". Daß wir uns in unserem Beten und Anbeten Gott so sehr nähern dürfen, ist ja keine uns zustehende Selbstverständlichkeit. Es ist ein Geschenk Gottes, der uns sucht, der uns begegnen will.

All das, was uns anhand des Regeltextes über Gebet und Anbetung gesagt wurde, wird in einer Hochform verwirklicht durch den Vollzug des Göttlichen Offiziums. Deshalb sagt die Ordensregel:

Im gleichen Geist mögen sie das Göttliche Offizium verrichten in Vereinigung mit der gesamten Kirche.

Mit diesen Worten wird auf den hohen Rang des Göttlichen Offiziums verwiesen. Dazu hat das *Zweite Vatikanische Konzil* Aussagen getroffen, die gerade von Ordenschristen immer wieder meditiert werden sollten. Denn sie sind von der Kirche beauftragt, das Göttliche Offizium als das Öffentliche Gebet der Kirche zu vollziehen.

Das Konzil sagt:
„Als der Hohepriester des Neuen und Ewigen Bundes, Christus Jesus, Menschennatur annahm, hat er in die Verbannung dieser Erde jenen Hymnus mitgebracht, der in den himmlischen Wohnungen durch alle Ewigkeit erklingt. Die gesamte Menschengemeinschaft schart er um sich, um gemeinsam mit ihr diesen göttlichen Lobgesang zu singen. Diese priesterliche Aufgabe setzt er nämlich durch seine Kirche fort; sie lobt den Herrn ohne Unterlaß und tritt bei ihm für das Heil der ganzen Welt ein nicht nur in der Feier der Eucharistie, sondern auch in anderen Formen, besonders im Vollzug des Stundengebetes".

Dies ist „wahrhaft die Stimme der Braut, die zum Bräutigam spricht, ja es ist das Gebet, das Christus vereint mit seinem Leibe an seinen Vater richtet. Alle, die das vollbringen, erfüllen eine der Kirche obliegende Pflicht und haben zugleich Anteil an der höchsten Ehre der Braut Christi; denn indem sie Gott das Lob darbringen, stehen sie im Namen der Mutter Kirche vor dem Thron Gottes" (Liturgie-Konstitution, Nr. 83-84)

Franziskus als weisendes Vorbild

Der hl. Franziskus leitet uns in hervorragender Weise an, diesem hl. Auftrag voll zu entsprechen. Es war ihm ein Anliegen, seinen Orden auch dadurch in den inneren Lebensvollzug der Kirche einzufügen, daß er „das Göttliche Offizium nach der Anordnung der heiligen Kirche von Rom" verrichtet wissen wollte (BReg 3,1; vgl. BrOrd 43-44; Test 29-31). Er übernahm das Göttliche Offizium in der Art, wie es in der päpstlichen Kapelle in Rom verrichtet wurde.

Er hat seine Brüder angewiesen, sie sollten „das Stundengebet mit Hingabe vor Gott verrichten, wobei sie nicht auf den Wohllaut der Stimme, sondern auf den Gleichklang des Geistes achten sollen, auf daß die Stimme mit dem Geist gleichklinge, der Geist aber mit Gott gleichklinge" (BrOrd 41).

Franziskus ist uns leuchtendes Vorbild für die Haltung der Hingabe, die der Würde des Göttlichen Offiziums entspricht. Von ihm berichtet *Thomas von Celano:* „Die kirchlichen Tagzeiten verrichtete er ebenso ehrfürchtig wie gesammelt. Wenngleich er an einer Augen-, Magen-, Milz- und Leberkrankheit litt, wollte er sich doch beim Psalmenbeten nicht an die Mauer oder Wand lehnen. Immer aufrecht stehend und ohne Kapuze verrichtete er das Stundengebet, ohne dabei die Augen herumschweifen zu lassen und ohne zu unterbrechen. Wenn er zu Fuß durch die Welt zog, blieb er immer zum Stundengebet stehen; wenn er aber zu Pferd war, stieg er ab. – Als er eines Tages bei anhaltendem Regen von Rom zurückkehrte, stieg er zum Beten des Offiziums vom Pferde. Lange stand er so da, vollständig vom Regen durchnäßt. Er pflegte nämlich manchmal zu sagen: ‚Wenn der Leib in Ruhe seine Speise ißt, die doch einmal mit ihm zusammen ein Fraß der Würmer sein wird, mit welchem Frieden und welcher Ungestörtheit muß dann erst die Seele ihre Speise, die doch ihr Gott ist, zu sich nehmen!'" (2 Celano 96).

Wer sich „franziskanisch" nennt, sollte sich durch dieses Vorbild des hl. Franziskus gerufen wissen, in der eigenen Situation und nach seinen persönlichen Möglichkeiten dem „Geist des heiligen Gebetes und der Hingabe" (BReg 5,2; vgl. BrAnt 2) entsprechend Ausdruck zu verleihen.

Dann wendet sich der Text der Regel den beschaulich Lebenden zu: *Jene, die der Herr zum Leben der Beschaulichkeit berufen hat, sollen mit täglich erneuerter Freude ihre Weihe an Gott kundtun und die Liebe preisen, die der Vater zur Welt hat, er, der uns erschaffen und erlöst hat und uns einzig durch sein Erbarmen retten will.*

Was dieser Text denen zudenkt, die beschaulich ausgerichtet leben, unterscheidet sich inhaltlich nicht von dem, was allen Ordenschristen spirituelle Ausrichtung ist: der Lobpreis des uns liebenden Vaters. Die Beschaulichen sollen es in ihrer Art tun.

Ihr Leben will ein Zeichen sein, daß der Mensch es wagen kann, sein Leben restlos anbetend auf Gott zu setzen. Sie ziehen die Konsequenz ihrer Weihe an Gott, indem sie die Trennung von der Welt, von der Franziskus in seinem Testament spricht (Test 3), auch äußerlich durch ihre Zurückgezogenheit sichtbar machen. Sie üben zwar kein äußeres Apostolat aus. Dennoch hat ihr Leben einen tiefen apostolischen Sinn.

Ihre spezielle Berufung ist darin gegeben, daß die Kirche durch sie „von Tag zu Tag mehr den Gläubigen wie den Ungläubigen Christus sichtbar machen kann, wie er auf dem Berg in der Beschauung weilt" (Lumen gentium, Nr. 46). Sie sondern sich nicht ab von den andern, die mit ihnen zu der einen Kirche gehören. Für ihre Lebensart gilt ja auch, was der Römerbrief mit den Worten sagt: „Denn wie wir an dem einen Leib viele Glieder haben, aber nicht alle Glieder denselben Dienst leisten, so sind wir, die vielen, ein Leib in Christus, als einzelne aber sind wir Glieder, die zueinander gehören" (Röm 12, 4-5).

In der voraufgehenden Nr. 9 der Ordensregel wurde ausführlich darüber gesprochen, wie sich „der Geist des Gebetes" äußert, was ihn befruchtet. Als konkrete Form des Betens wurde das Göttliche Offizium genannt, weil sich in diesem Lobpreis Gottes die Einheit „mit der gesamten Kirche", dem geheimnisvollen Leib Christi, verwirklicht. Nr. 9 endete mit dem Gedanken an jene, die in einem beschaulich bestimmten Leben ihre Weihe an Gott verdeutlichen.

Die weiteren Ausführungen von Kap. 3 nennen dann einige konkrete Inhalte, die den „Geist des Gebetes" in der franziskanischen Art besonders kennzeichnen.

10) Den Herrn, den König des Himmels und der Erde sollen die Brüder und Schwestern mit allen seinen Geschöpfen loben und ihm Dank sagen, weil er durch seinen heiligen Willen und durch seinen einzigen Sohn mit dem Heiligen Geiste alles Geistige und Körperliche sowie uns nach seinem Bild und seiner Ähnlichkeit geschaffen hat.

Mt 11, 25
vgl. NbReg 23, 1
vgl. Sonn 3

NbReg 23, 1

Der „Geist des Gebetes" wird zur lobpreisenden, dankenden Antwort auf das von Gott gesetzte Grundgeschehen, dem wir Menschen wie alle Wesen die Existenz verdanken: das Werk der Schöpfung. Daß wir da sind, daß es uns gibt, ist ja keine Selbstverständlichkeit. Es hat seinen Grund auch nicht in uns, sondern einzig in Gottes Güte. Gott, der sich dem Mose geoffenbart hat als der „Ich-bin-da" (Ex 3, 14), hat gewollt, daß durch ihn auch andere Wesen in ihrer Art dieses „Ich bin da" sagen könnten.

Gott-Prägung des von Gott Geschaffenen

Aber Gott hat uns und die anderen Wesen nicht so geschaffen, daß wir nur durch die Tatsache der Erschaffung mit ihm Verbindung haben, in unserem Dasein aber sonst nichts von ihm spricht. Für uns Menschen gilt das Wort des Schöpfers: „Laßt uns Menschen machen als unser Abbild, uns ähnlich" (Gen 1, 25). So haben wir Menschen durch unser Geschaffensein eine Gott-Prägung. Das hebt auch Franziskus heraus in den Worten, die in dem vor uns stehenden Text der Ordensregel zum Lobpreis des Schöpfers rufen wollen.
Vom Worte Gottes in der Hl. Schrift erleuchtet, sieht Franziskus aber auch alle anderen Wesen in ihrer Erschaffung durch Gott geprägt. „Alles ist durch das Wort geworden, und ohne das Wort wurde nichts, was geworden ist" (Joh 1, 3). Christus „ist das Ebenbild des unsichtbaren Gottes, der Erstgeborene der ganzen Schöpfung. Denn in ihm wurde alles erschaffen im Himmel und auf Erden, das Sichtbare und das Unsichtbare, Throne und Herrschaften, Mächte und Gewalten; alles ist durch ihn und auf ihn geschaffen. Er ist vor aller Schöpfung, in ihm hat alles Bestand" (Kol 1, 15-17).
Diese Worte der Hl. Schrift sagen uns, daß alle Geschöpfe eine Christusprägung in ihrer Erschaffung erhalten haben, daß sie auf Christus hin angelegt sind und in ihm Bestand haben. Hier ist der Grund dafür gegeben, daß Franziskus die Wesen als seine Brüder und Schwestern anerkannt und angenommen hat, wie er es in seinem Sonnengesang bekennend und Gott lobpreisend singt. Nicht nur der Mensch erinnert als Abbild an Gott. Auch jene Geschöpfe, die wir vernunftlos nennen, tragen Gottes Sinnbild (Sonn 4).
Christus ist in seiner Verkündigung des Reiches Gottes davon ausgegangen, daß auch die Wesen dieser unserer Erde als Sinnbild Gottes in ihrer Art eine Botschaft vom Reiche Gottes sind. Um uns eine Botschaft konkret zu verdeutlichen, greift er zu den Dingen und Wesen dieser Welt, hebt sie uns entgegen und sagt uns: „Schaut genau hin zum Salz, zum Licht, zum Sauerteig, zum Weinstock, zum Hirten und zu all dem anderen, das ihr zu kennen meint! Wenn ihr das sorgfältig

betrachet, dann sagt es euch etwas von dem, was es um das Reich Gottes, um mich, um Gott ist".

Lobpreis Gottes durch die Geschöpfe

Gott hat die Wesen so geschaffen, daß sie von ihm Kunde geben. Bei den Wesen, die keine Willensentscheidung gegen Gott treffen können, liegen ihre Verherrlichung Gottes und ihr Lobpreis darin, daß sie so sind und sich so regen, wie Gott es ihnen in der Erschaffung gegeben hat. Und wir Menschen, denen Gott „die Sorge für die ganze Welt anvertraut" hat (4. Meßkanon), sollten die Wesen nicht von dieser ihrer Seinsbestimmung abzubringen suchen, indem wir sie auf uns allein beziehen.

Franziskus ist den Wesen so begegnet, daß er ihre Seinsbestimmung zum Lobpreis Gottes nicht durch Eigentumsansprüche verbog. Er forderte deshalb die Geschöpfe immer wieder auf, ihre Wesensaufgabe zu erfüllen und Gott zu lobpreisen. Als Mensch, der sich für die Geschöpfe verantwortlich wußte, sprach er es im Namen der Geschöpfe aus: „Gepriesen seist du, mein Herr, mit allen deinen Geschöpfen..., durch Bruder Mond und die Sterne..., durch Bruder Wind..., durch Schwester Wasser..., durch Bruder Feuer..., durch unsere Schwester, Mutter Erde" (Sonn 3-9). So schenkte er den stummen Geschöpfen auch das Wort des Lobpreises, das sie von sich aus nicht hatten.

Diese Haltung des Heiligen veranlaßte seinen Biographen *Thomas von Celano,* über Franziskus zu schreiben: „In jedem Kunstwerk lobte er den Künstler; was er in der geschaffenen Welt fand, führte er zurück auf den Schöpfer. Er frohlockte in allen Werken der Hände des Herrn, und durch das, was sich seinem Auge an Lieblichem bot, schaute er hindurch auf den lebenspendenden Urgrund der Dinge. Er erkannte im Schönen den Schönsten selbst; alles Gute rief ihm zu: ‚Der uns erschaffen, ist der Beste!' Auf den Spuren, die den Dingen eingeprägt sind, folgte er überall dem Geliebten nach und machte alles zu einer Leiter, um auf ihr zu seinem Thron zu gelangen.

Mit unerhörter Hingabe und Liebe umfaßte er alle Dinge, redete zu ihnen vom Herrn und forderte sie auf zu seinem Lobe" (2 Celano 165).

„So erinnerte er auch Saatfelder und Weinberge, Steine und Wälder und die ganze liebliche Flur, die rieselnden Quellen und alles Grüne der Gärten, Erde und Feuer, Luft und Wind in lauterster Reinheit an

die Liebe Gottes und mahnte sie zu freudigem Gehorsam (1 Celano 81).
Zwar wird im Text der Regel nicht von dem rechten, verantwortungsbewußten Umgang mit den Kräften und Wesen der Natur gesprochen. Aber es dürfte klar sein: Wer so wie Franziskus im Geist des lobpreisenden und dankenden Gebetes sich den Kräften und Wesen der Natur verbunden weiß, der wird die richtige Einstellung allem Geschaffenen gegenüber finden, dessen Beten wird sich in seiner Lebenspraxis auswirken.

11) Indem die Brüder und Schwestern sich gänzlich nach dem heiligen Evangelium ausrichten, werden sie in ihrem Geiste die Worte unseres Herrn Jesus Christus bedenken und bewahren, der das Wort des Vaters ist, und die Worte des Heiligen Geistes, die Geist und Leben sind.

Joh 6, 63
vgl. BrGl II 3

Hier wird der Leitgedanke franziskanischen Lebens ausgesprochen, der schon am Beginn dieser Ordensregel steht: „Die Lebensform der Brüder und Schwestern vom Regulierten Dritten Orden des heiligen Franziskus ist diese: unseres Herrn Jesu Christi heiliges Evangelium beobachten".
Dies sind die gleichen Worte, die auch Franziskus an den Beginn der bullierten Regel gesetzt hat (BReg 1, 1). Die nicht bullierte Regel sagt am Beginn, es komme darauf an, „unseres Herrn Jesu Christi Lehre und Fußspuren zu folgen" (NbReg 1, 1). Dadurch wird konkretisiert, was es um die Beobachtung des hl. Evangeliums ist: Es kommt darauf an, der für uns ausgesprochenen Lehre Jesu Christi und der Art Jesu Christi selbst zu folgen, beides als die eine formende Kraft in das eigene Leben zu übernehmen.

Das hl. Evangelium als Lebensmitte

Weil Franziskus die Seinen so ausrichten wollte, daß sie der Lehre und den Fußspuren Christi folgten, daß sie das hl. Evangelium lebendig und ganz beobachteten, deshalb konnte Bonaventura sagen, Franziskus habe schon allein „durch die Gründung seines Ordens das Evangelium verkündet" (Legmaj II 8).

Für den Heiligen selbst stand die bewußte Begegnung mit dem hl. Evangelium am Beginn seines neuen Lebens. Als er am Fest des hl. Matthias des Jahres 1208 in der Portiunkula-Kapelle die Weisungen hörte, mit denen Jesus seine Jünger aussandte, reagierte er mit den Worten: „Das ist es, was ich will, das ist es, was ich suche, das verlange ich aus Herzensgrund zu tun". So vom Evangelium getroffen, macht er sich, „von Freude überströmend, eilig an die Ausführung der heilsamen Mahnung und duldet keine Verzögerung mehr, mit ganzer Hingabe die Verwirklichung dessen zu beginnen, was er eben gehört". „Er war ja kein tauber Hörer des Evangeliums, sondern behielt alles, was er hörte, in seinem rühmenswerten Gedächtnis und mühte sich, es auf den Buchstaben sorgfältig zu erfüllen" (1 Celano 22).
In diesem Bericht über Franziskus können wir das ins Leben übersetzt wiederfinden, was in Nr. 11 der Ordensregel als Weisungen für uns steht: „sich gänzlich nach dem Evangelium ausrichten", „in ihrem Geiste die Worte unseres Herrn Jesus Christus bedenken und bewahren".
Diese Weisungen durchdringen sich gegenseitig. Wer die Worte Jesu Christi, in denen auch der Vater und der Heilige Geist uns ansprechen, glaubend als „Geist und Leben" aufnimmt, der bedenkt und durchdenkt sie in ihrer reichen Fülle. Er läßt sie nicht wie irgendeinen Ton nur an sein Ohr kommen. Er bewahrt sie im Herzen, wie Maria es getan hat (vgl. Lk 2, 19.51), damit sie in sein Verstehen hineinreifen und in seinem Leben Frucht tragen. Und indem er sich ganz von den Worten des Herrn im Evangelium ausrichten läßt, wird er zu tieferem Begreifen geführt werden. Durch das Tun des Evangeliums wächst die Erkenntnis des Evangeliums. Denn: „Das Wort ist nicht bei seinem Hörer oder Redner, sondern bei seinem Vollbringer" (Br. Ägidius: QuSchr III 91).
Als Franziskus sah, wie, beginnend mit Bernhard von Quintavalle, andere sich ihm zu gemeinsamem Leben anschlossen, war es ihm das wichtigste Anliegen, diese werdende Gemeinschaft von Beginn an auf das hl. Evangelium auszurichten. Bernhard hatte dem Heiligen seine Bereitschaft erklärt, Christus in Armut zu folgen. Daraufhin sagte ihm Franziskus: „Wenn du dein Wort durch die Tat beweisen willst, wollen wir in aller Frühe in die Kirche gehen, das Evangelienbuch zur Hand nehmen und uns von Christus Rat holen". „Und Christus tat darin (im Evangelienbuch) seinen Rat also kund" (2 Celano 15): Sie

fanden drei Worte des Herrn, die von seiner radikalen Nachfolge in Armut sprechen (Mt 19,21; Lk 9,3; Mt 16,24).

Sich von Christus Rat holen

Diese drei Worte des Herrn bildeten mit weiteren Worten der Hl. Schrift dann auch den Text der ersten Ordensregel. Sie war „eine Form des Lebens, bei der er die Befolgung des heiligen Evangeliums zur unumstößlichen Grundlage machte und nur weniges hinzufügte, was für eine einheitliche Lebensweise unerläßlich schien" (Bonaventura, Legmaj III 8).

Mochte der Text der Regel auch verschiedene Entwicklungsstufen erleben, bis zu ihrer endgültigen Form blieb das hl. Evangelium die entscheidende Ausrichtung. Darum beginnt die Regel vom Jahre 1223 mit der Erklärung, Regel und Leben der Minderbrüder sei es, „unseres Herrn Jesu Christi heiliges Evangelium zu beobachten" (BReg 1,1). Und die gleiche Regel endet mit den Worten, die Brüder wollten in Treue „das heilige Evangelium unseres Herrn Jesus Christus beobachten" (BReg 12,4).

Wie Franziskus am Beginn seines neuen Lebens vom hl. Evangelium auf den Weg gewiesen wurde, so verwies er im Sterben noch einmal seine Brüder an die lebendige Botschaft der Lehre und des Lebens unseres Herrn Jesus Christus.

Er sprach zu ihnen „von der Geduld, der Armut und dem Glauben der Heiligen Römischen Kirche und gab dem heiligen Evangelium vor allen übrigen Verordnungen den Vorzug" (Bonaventura, Legmaj XIV 5).

Das Evangelium Jesu Christi steht eben nicht gleichgeordnet unter anderen menschlichen Verordnungen, auch nicht den Verordnungen der Kirche. Weil es „Geist und Leben" ist, muß es als bleibend gültige Botschaft Gottes für uns immer den ersten Rang haben. Nach ihm muß sich alles andere ausrichten. Diese Frohbotschaft fortschreitend tiefer zu erfassen, muß deshalb unser beständiges Bemühen sein.

12) Sie sollen am Opfer unseres Herrn Jesus Christus teilnehmen und seinen Leib und sein Blut mit großer Demut und Verehrung empfangen, eingedenk, daß der Herr sagt: *Wer mein Fleisch ißt und mein Blut trinkt, hat das ewige Leben.*

Joh 6,54
NbReg 20,5

Die Ordensregel spricht hier einen Gedankenkreis an, der im Leben des hl. Franziskus eine herausragende Bedeutung hat: Die Mitfeier des Opfers Christi und der Empfang der hl. Eucharistie. In seinen Schriften, vor allem in seinen Briefen, hat er der Verehrung und der würdigen Feier der Eucharistie den weitaus größten Raum gewidmet. Er hat damit ein Anliegen aufgegriffen, das die Kirche in seiner Zeit sehr bedrückte. Das Verständnis für die Eucharistie als das Opfer Jesu Christi war in weiten Kreisen fast erloschen, und der Empfang der hl. Kommunion war in bestürzender Weise zurückgegangen. Das 4. Lateranskonzil vom Jahre 1215 hatte es deshalb als notwendig erkannt, durch Kirchengebote wenigstens Minimalforderungen für die Mitfeier und den Empfang der hl. Eucharistie zu erlassen.

Dieser Niedergang der eucharistischen Frömmigkeit war weitgehend durch das Verschulden und Versagen der Seelsorgsgeistlichen bedingt, denen oft eine gute theologische Ausbildung fehlte. An sie wandte sich deshalb Franziskus besonders eindringlich in seinen beiden Briefen an die „Kleriker" – die Seelsorgsgeistlichen.

Vor allem seine eigenen Brüder suchte er für dieses zentrale Anliegen zu mobilisieren. In seinen beiden Briefen an die Kustoden rief er die verantwortlichen Oberen seines Ordens auf, sie möchten sich bei den Seelsorgsgeistlichen für die rechte Verehrung des eucharistischen Sakramentes einsetzen. Und in seinem Brief an den gesamten Orden der Minderen Brüder sind es vor allem die Priester, an die er sich wendet, um ihnen die Pflichten einzuschärfen, die sich für sie aus ihrer Weihe ergeben.

Der Heilige konnte andere vor allem deshalb dazu rufen, dem Mysterium der Eucharistie recht zu begegnen, weil er selbst mit tiefer Gläubigkeit in die Tiefen dieses Mysteriums eingedrungen war und hier die Kraft seines Lebens fand.

Rechte Mitfeier der hl. Eucharistie

In welcher Haltung und Bereitschaft wir das Opfer Christi mitfeiern sollen, sagt uns heute die Kirche im vierten Meßkanon: „Sieh her auf die Opfergabe, die du selbst deiner Kirche bereitet hast, und gib, daß alle, die Anteil erhalten an dem einen Brot und dem einen Kelch, ein Leib werden im Heiligen Geist, eine lebendige Opfergabe in Christus zum Lob deiner Herrlichkeit".

Die Kirche sieht es also als Sinn der Mitfeier des hl. Opfers, daß alle, die hieran Anteil erhalten, „eine lebendige Opfergabe" zum Lobpreis des Herrn werden. Genau auf der Linie dieses kirchlichen Gebetes liegt die Art, in der Franziskus das hl. Meßopfer mitfeierte. Von ihm wird berichtet:
„Gegen das Sakrament des Leibes des Herrn war er mit allen Fasern seines Herzens glühend entbrannt. Ein übergroßes Staunen hatte er für jene liebevolle Herablassung und so herablassende Liebe. Auch nur eine einzige Messe täglich nicht zu hören, wenn er konnte, hielt er für nicht geringe Verachtung. Häufig empfing er den Leib des Herrn, und zwar mit solcher Hingabe, daß er auch andere zur Hingabe hinriß. Jener ehrfurchtgebietenden Handlung folgte er mit aller Ehrfurcht, indem er alle seine Glieder zum Opfer brachte; und wenn er das geopferte Lamm empfing, opferte er seinen Geist mit jenem Feuer, das immer auf dem Altare seines Herzens brannte" (2 Celano 201).
In der Mitfeier der Eucharistie wurde Franziskus selbst zu einer lebendigen Opfergabe in Christus. Der Geist des Herrn erfüllte ihn so sehr, daß er seine Ganzhingabe nicht nur im Herzen, in bloßer Innerlichkeit vollzog. Er ließ seine Ganzhingabe ausgreifen auch auf seinen Leib; sie umfaßte den ganzen Menschen als Leib-Seele-Wesen und wurde so ganzheitlicher Ausdruck der Ehrfurcht.
Weil er sich in dieser Weise ganz in die Selbstdarbringung Christi im hl. Opfer hineinnehmen und die Einigung mit Christus im Empfang des Sakramentes voll zur Wirkung kommen ließ, wurde er zu tiefer Erkenntnis dieses Mysteriums geführt. Der Herr selbst führte ihn dabei, der ja in der hl. Eucharistie gegenwärtig ist und wirkt. Und diese in der lebendigen Vereinigung mit Christus geschenkte Glaubenserkenntnis gab er an seine Brüder weiter.

Vom Tun zur Erkenntnis

So sagt er in seinen Ermahnungen über die hl. Eucharistie, sie sei „das Sakrament, das durch die Worte des Herrn auf dem Altare durch die Hand des Priesters heilig gegenwärtig gesetzt wird in der Gestalt von Brot und Wein" (Erm 1, 9). Hier wiegt jedes einzelne Wort in seiner Fülle und will erwogen werden. Kürzer kann man alle entscheidenden Elemente, die zur Feier der Eucharistie gehören, kaum in einem Satz sagen. Der lebendige Mitvollzug hat den Heiligen diese Glaubenssicherheit und Glaubensfülle gewinnen lassen.

Während sonst über das Geschehen des eucharistischen Opfers nur gesagt wird, es sei die Erneuerung des Kreuzesopfers, weiß Franziskus, daß hier der lebendig gegenwärtig ist, „der nicht mehr sterben wird, sondern ewig leben und verherrlicht sein wird" (BrOrd 22). Es ist der durch sein Leiden und seinen Tod hindurchgegangene, der erhöhte Herr, der in seiner Kirche und mit ihr sein Opfer des Neuen Bundes darbringt. Genau dieses spricht die mitfeiernde Gemeinde in ihrer Akklamation nach der Konsekration aus: „Deinen Tod, o Herr, verkünden wir, und deine Auferstehung preisen wir, bis du kommst in Herrlichkeit".

Franziskus mahnt uns alle zu gleicher alles umfassender, erleuchtender Hingabe, wenn er sagt: „Behaltet darum nichts von euch für euch zurück, damit euch als Ganze aufnehme, der sich euch ganz hingibt" (BrOrd 29).

Nichts von dem, was wir haben, was wir können und wissen, worüber wir verfügen, so für uns in egoistischer Weise zurückbehalten, daß nur wir allein etwas davon haben, daß es nur uns allein nützt, all das vielmehr einsetzen zur Verherrlichung Gottes und zum Wohl des Nächsten, das ist die Haltung des wahrhaft Armen. Und diese umfassende Armut macht uns fähig, von Dem aufgenommen und empfangen zu werden, der sich uns ganz hingibt im hl. Sakrament. Der Arme wird die Tiefen der Liebe erfahren, die sich in der hl. Eucharistie auftun durch einen heiligen Austausch zwischen Gott und Mensch. Wer etwas von sich für sich selbst egoistisch zurückbehält, blockiert die Möglichkeiten der wechselseitigen Liebe, die sich hier auftut.

Sie mögen alle Ehrfurcht und alle Ehre, soviel immer sie können, dem heiligsten Leib und Blut unseres Herrn Jesus Christus und seinen hochheiligen niedergeschriebenen Namen und Worten erweisen, in dem alles, was im Himmel und auf Erden ist, befriedet und mit dem allmächtigen Gott versöhnt wurde.

vgl. Kol 1, 20
BrOrd 12-13
BrKl 1
Test 12

Die in diesen Worten ausgesprochenen Gedanken sind ein wertvolles Zeugnis vom tiefen Glaubenswissen des hl. Franziskus. Die Ordensregel ruft uns hier alle zu lebendiger Glaubenskonsequenz. Wir finden bei Franziskus den gelebten Glauben an die wirkende Gegen-

wart Jesu Christi sowohl im eucharistischen Sakrament als auch im Wort der Hl. Schrift. Zwar spricht er dies nicht in der direkten Form etwa eines Glaubenssatzes aus. Es wird aber deutlich in der religiösen Praxis des Heiligen. In seinem Testament und in mehreren seiner Briefe (BrKl I und II, BrKust I und II, BrOrd) hat er sich bemüht, die Ehrfurcht vor der hl. Eucharistie zu fördern. Aber er spricht nie über die Ehrfurcht vor der hl. Eucharistie, ohne buchstäblich im gleichen Atemzug die Ehrfurcht vor den Worten des Herrn zu betonen:
„Und wo immer der heiligste Leib unseres Herrn Jesus Christus in nicht statthafter Weise aufbewahrt und liegengelassen ist, soll er von jener Stelle fortgenommen und an einen kostbar ausgestatteten Platz hingelegt und verschlossen werden. Ebenso sollen auch die geschriebenen Namen und Worte des Herrn, wo immer sie an unsauberen Stellen gefunden werden, aufgesammelt und an ehrenvoller Stelle hingelegt werden" (BrKl II 11-12).
Den Grund für diese Haltung spricht Franziskus mit den Worten aus: „Nichts haben und sehen wir nämlich leiblich in dieser Weltzeit von ihm, dem Allerhöchsten selbst, als den Leib und das Blut, die Namen und Worte, durch die wir geschaffen und ‚vom Tode zum Leben' (1 Joh 3, 14) erlöst sind" (BrKl II 3).
Nicht nur in seinem Sakrament, sondern auch in seinem Wort begegnet Franziskus dem Herrn in lebendiger Gegenwart. Wenn er in seinen Schriften Worte des Herrn erwähnt, sagt er deshalb nicht: „Der Herr hat gesagt", sondern: „Der Herr sagt". Das Wort des Herrn ist ihm nicht Vergangenheit, sondern hier spricht ihn der Herr in Gegenwart an.

Christus, gegenwärtig im Sakrament und Wort

Diese ehrfürchtige Begegnung mit dem Herrn in seinem Wort kennzeichnete den Heiligen schon sehr früh. Als Bernhard von Quintavalle sich ihm anschließen wollte, sagte Franziskus zu ihm: Wir „wollen in aller Frühe in die Kirche gehen, das Evangelienbuch zur Hand nehmen und uns von Christus Rat holen" (2 Celano 15).
Sich von Christus Rat holen, sich von Christus ansprechen und weisen lassen, die niedergeschriebenen Worte Christi ehrfürchtig betrachten, in all dem drückt sich der Glaube an die Gegenwart Christi in seinen heiligen Worten aus.

Franziskus hat in diesem Punkte einen Glaubensinhalt, der lange Zeit fast vergessen war und eigentlich erst in unseren Tagen von der Kirche wieder ins Bewußtsein gehoben worden ist. Das geschah insbesondere durch die Liturgie-Konstitution des Zweiten Vatikanischen Konzils im Jahre 1963. Dort wird über die verschiedenen Weisen gesprochen, in denen Christus seiner Kirche immerdar gegenwärtig ist. In diesem Zusammenhang heißt es: „Gegenwärtig ist er in seinem Wort, da er selbst spricht, wenn die heiligen Schriften in der Kirche gelesen werden" (Nr. 7).

Gewiß ist es bei der Begegnung mit Gottes lebendigem Wort von größter Wichtigkeit, das Wort aufmerksam zu hören, um es dann zu tun. Franziskus will aber, daß die Ehrfurcht vor dem Worte Gottes sich auch dem „Gefäß" gegenüber äußern sollte, „das seine heiligen Worte enthält". Ehrfurcht ist nicht allein als innere Haltung möglich. Ehrfurcht will sich äußern. Und sie braucht diese Äußerungen, um lebendig zu bleiben, „damit die Erhabenheit unseres Schöpfers und unsere Unterwerfung unter ihn tief in uns eindringe" (BrOrd 34). Echte, tiefe Ehrfurcht wird von sich aus die Formen finden, in denen sie sich äußern kann.

Die kosmische Bedeutung der Eucharistie

Der Text der Regel, den wir hier bedenken, enthält einen Aspekt, der gerade im Zusammenhang mit der Feier der Eucharistie große Bedeutung hat. Franziskus spricht vom „heiligsten Leib und Blut unseres Herrn Jesus Christus", daß es der ist, „in dem alles, was im Himmel und auf Erden ist, befriedet und mit dem allmächtigen Gott versöhnt wurde" (BrOrd 12-13).

Da wird die kosmisch ausgreifende Bedeutung und Wirkung des eucharistischen Geschehens ausgesagt. Mag die Zahl der Mitfeiernden auch klein sein, mag der äußere Rahmen ganz schlicht sein, der hier Wirkende ist Christus, von dem die Hl. Schrift sagt: „Gott wollte mit seiner ganzen Fülle in ihm wohnen, um durch ihn alles zu versöhnen. Alles im Himmel und auf Erden wollte er zu Christus führen, der Friede gestiftet hat am Kreuz durch sein Blut" (Kol 1, 19-20). Wenn auch der Vorgang der eucharistischen Feier ganz bescheiden sein sollte, so geschieht hier durch Christus doch das, worauf Himmel und Erde warten. Es wirkt sich aus zu Heil und Frieden für den ganzen Kosmos.

13) Und bei allen ihren Verfehlungen sollen die Brüder und Schwestern nicht säumen, innerlich durch die Reue und nach außen durch das Bekenntnis Buße zu tun; und sie sollen würdige Früchte der Buße bringen. Auch müssen sie fasten und sich immer bemühen, einfältig und demütig zu sein.

Erm 23, 3
vgl. BrGl II 25, 32
Erm 19
BrGl II 45

Nichts anderes sollen sie daher ersehnen als unseren Erlöser, der sich selbst durch sein eigenes Blut als Opfer und Gabe auf dem Altar des Kreuzes für unsere Sünden dargebracht hat, indem er uns ein Beispiel hinterließ, damit wir seinen Fußspuren folgen.

NbReg 23, 9
BrGl II 11-14

Der gesamte Abschnitt ist vom letzen Satz her zu begreifen. Es geht um die Nachfolge dessen, der sich am Kreuz für uns dargebracht hat, um uns von unseren Sünden zu erlösen. Wir Menschen sprechen von uns aus nicht gern von unseren Sünden und Verfehlungen. Aber um Christi, des Erlösers willen, dürfen wir von diesen dunklen Geschehnissen nicht schweigen. Er hat uns „befriedet und mit dem allmächtigen Gott versöhnt" (vgl. Nr. 12).

Der Weg der Buße

Die Botschaft des öffentlichen Wirkens Jesu beginnt mit dem Ruf: „Die Zeit ist erfüllt, das Reich Gottes ist nahe. Kehrt um – tut Buße –, und glaubt an das Evangelium" (Mk 1, 15). Wer diesem Ruf des Erlösers folgen will, muß in der Reue Nein sagen zu seiner falschen, von Gott abgewendeten Haltung. Er muß wie in einem geistlichen Sterben sein bisheriges, verkehrtes Leben verwerfen. So kann er als Sünder vor allem im Sakrament der Buße den Weg der erlösenden Nachfolge Jesu Christi gehen, der unsere Sünden auf sich genommen und vor das Gericht der Barmherzigkeit getragen hat, um uns durch seinen Tod das Leben und die Versöhnung zu schenken. Er kam zu uns, auf das Ufer der Sünder. Er, „der keine Sünden kannte", wurde „für uns zur Sünde gemacht" (2 Kor 5, 21). So ist er von unserer Seite, von der Seite der Sünder her den Kreuzweg der Erlösung gegangen. Auf diese Weise gab er uns die Möglichkeit, daß wir Sünder dem Erlöser von Sünden in seinen Fußspuren auf dem Weg zu unserem Heil folgen dürfen.

Für uns wird es darauf ankommen, daß wir so gesinnt sind, „wie es dem Leben in Christus entspricht" (Phil 2,5). Es ist genau das, wozu der Text der Ordensregel drängt: „Nichts anderes sollen sie daher ersehnen als unseren Erlöser", der „uns ein Beispiel hinterließ, damit wir seinen Fußspuren folgen".

Das Bekenntnis der Verfehlungen

Der inneren Abkehr von den sündigen Strebungen des verkehrten Ich muß das Bekenntnis entsprechen und folgen. Im Bekenntnis bleibt die Abwendung von verkehrtem Streben und Tun nicht im Innern des Herzens verborgen, sondern sie wird offen erklärt. Es geht dabei nicht allein um das Bekenntnis vor dem Priester im Sakrament der Beichte. Hat unsere Verfehlung eine Schwester, einen Bruder getroffen, dann sollte auch vor dem Menschen, den wir verletzt haben, das Bekenntnis abgelegt werden: „Ich habe mich gegen dich verfehlt und bitte dich um Verzeihung". Nur so können wir zu unserem Herrn hintreten, wie uns Jesus sagt (vgl. Mt 5, 23-24).

Franziskus hat für das Bekenntnis nach außen sogar die Möglichkeit vorgesehen, daß ein sündig gewordener Bruder seine Schuld auch vor seinem Bruder beichten kann, der nicht Priester ist (BrMin 15-20; NbReg 20, 3-4). Das setzt bei dem sündig Gewordenen den unbändigen Willen voraus, sich von seiner Schuld zu lösen. Und bei den anderen werden vorausgesetzt: die Erkenntnis eigener Sündhaftigkeit und die tragfähige Liebe zu denen, die sich selbst am meisten unglücklich gemacht haben.

Rechtes Fasten

Im Zusammenhang mit der Buße, mit der Hinwendung zu Gott nennt die Ordensregel dann auch das Fasten. Es geht beim Fasten darum, daß der Mensch bewußt seine leiblichen und geistigen Sehnsüchte und Süchte zurücknimmt, damit die Sehnsucht nach dem einzig Wichtigen und Bleibenden nicht abstirbt. Wer, wie die Regel sagt, nichts anderes ersehnt als unseren Erlöser, der wird bereit sein, alles

aufzugeben, was diese Sehnsucht blockieren könnte. Und starker Ausdruck dieser Bereitschaft kann auch das allseitige Fasten sein.
Im Grunde ist es – textlich gesehen – nicht viel, was die Regel über das Fasten sagt. Nur dies steht im Text: „Auch müssen sie fasten". Einzelheiten werden nicht genannt. Das entspricht dem Gesamtkonzept der Regel. Sie will spirituelle Leitlinien aufzeigen. Diese Leitlinien in die konkreten Einzelheiten des Lebens zu übertragen, wird den Regelungen der Gemeinschaften und dem religiösen Eifer der einzelnen Ordensleute überstellt.
So hat es übrigens auch Franziskus selber hinsichtlich des Fastens gehalten. Von ihm wissen wir, daß er oft und streng gefastet hat. Gleiches wird von seinen ersten Brüdern berichtet (vgl. 2 Celano 21). Bezüglich der Fasten-Vorschriften in seiner Ordensregel steht jedoch fest, daß er das von allen als verpflichtende Norm Geforderte vom Beginn bis zur bullierten Regel des Jahres 1223 mehr und mehr zurücknahm. Er wollte die für alle geltenden Normen so ansetzen, daß sie auch von allen eingehalten werden konnten. Mehr als das Vorgeschriebene zu tun, überstellte er dem religiösen Eifer der Einzelnen und suchte sie in diesem Eifer zu fördern.
In diesem Sinne sollten wir auch sehen, was die Ordensregel, die Anordnungen der Kirche und die Konstitutionen der Ordensgemeinschaften für das Fasten vorsehen. Es ist ein Minimum, was da von allen erwartet wird. Der Einzelne, der es kann, sollte nicht bei diesem Minimum stehen bleiben, sondern darüber hinausstreben. Denn es müßte ein Ansporn sein, was die Kirche über das Fasten sagt: „Durch das Fasten des Leibes hältst du die Sünde nieder, erhebst du den Geist, gibst uns die Kraft und den Sieg durch unseren Herrn Jesus Christus" (4. Fasten-Präfation).

4. Kapitel

Vom Leben in Keuschheit um des Himmelreiches willen

14) Die Brüder und Schwestern sollen bedenken, in welch große Würde Gott, der Herr, sie eingesetzt hat, *da er sie dem Leibe nach zum Bilde seines geliebten Sohnes und dem Geiste nach zu seiner Ähnlichkeit erschaffen und gestaltet hat.* Durch Christus und in Christus erschaffen, haben sie jene Lebensform erwählt, die in den Worten und Beispielen unseres Erlösers begründet ist.

Erm 5, 1
Kol 1, 16

Der evangelische Rat der Keuschheit ist der erste der evangelischen Räte, der in der Ordensregel thematisch behandelt wird. Deshalb werden hier in Nr. 14 Gedanken ausgebreitet, die grundsätzlich für alle evangelischen Räte gelten. Die evangelischen Räte sind nicht so zu sehen, als wenn Jesus Christus uns Menschen damit eine Lebensform vorschlägt, die als eine Möglichkeit des Heilsweges nur für uns gilt. Vielmehr haben die evangelischen Räte ihren Ansatz im Leben unseres Erlösers selbst.

Christi Art sichtbar machen

Dazu hat das *Zweite Vatikanische Konzil* in der Kirchen-Konstitution „Lumen gentium" gesagt: „Die evangelischen Räte der Gott geweihten Keuschheit, der Armut und des Gehorsams sind, in Wort und Beispiel des Herrn begründet ..., eine göttliche Gabe, welche die Kirche von ihrem Herrn empfangen hat und in seiner Gnade immer bewahrt" (Nr. 43). „Auch die Lebensform, die der Sohn Gottes annahm, als er in die Welt eintrat, um den Willen des Vaters zu tun, und die er den Jüngern, die ihm nachfolgen, vorgelegt hat, ahmt dieser Stand (der Ordensstand) nachdrücklich nach und bringt sie in der Kirche ständig zur Darstellung" (Nr. 44).

Es geht also darum, daß in der Kirche als dem mystischen Leib Christi die Lebensform des Hauptes Christi immer wieder lebendig durch

Menschen dargestellt und sichtbar gemacht wird. Das ist die tiefste Sinnbestimmung des Lebens nach den evangelischen Räten. Der Maßstab für das Leben in Keuschheit, Armut und Gehorsam ist nicht von dem Menschen her zu sehen, der die evangelischen Räte lebt, um sein ewiges Heil zu erreichen. Der Maßstab ist vielmehr in der Keuschheit, der Armut und dem Gehorsam Jesu Christi gegeben, die es in der Kirche sichtbar darzustellen gilt.

Fremdbestimmung?

Wenn das so ist – und das Konzil sagt uns, daß es so ist –, läuft das dann nicht darauf hinaus, daß man im Leben nach den evangelischen Räten die Selbstbestimmung aufgeben muß, um sich von der Art eines anderen, wenn auch eines heiligen Menschen, eben Jesu Christi, bestimmen zu lassen? Wird hier nicht die Aufgabe des eigenen Selbst gefordert?

Das Gegenteil ist der Fall. Der Kolosserbrief, an den sich der Regeltext anlehnt, sagt: „In ihm (Christus) wurde alles erschaffen, was im Himmel und auf Erden ist ... Alles ist durch ihn und auf ihn hin geschaffen" (1, 16). Nehmen wir noch hinzu, was der Prolog des Johannes-Evangliums sagt: „Alles ist durch das Wort geworden, und ohne das Wort ist nichts von dem geworden, was geworden ist" (1, 3).

Das bedeutet: Alle Wesen, die geschaffen wurden, auch und gerade wir Menschen als Ebenbilder Gottes, sind durch Christus und in ihm geschaffen, haben von vornherein eine Christus-Prägung und sind auf ihn hin ausgerichtet.

Das hat auch Franziskus so gesehen, da er in der fünften Ermahnung sagt: „Bedenke, o Mensch, in welch erhabene Würde Gott der Herr dich eingesetzt hat, da er dich dem Leibe nach zum Bilde seines geliebten Sohnes und dem Geiste nach zu seiner Ähnlichkeit erschaffen und gestaltet hat (vgl. Gen 1, 26)" (Erm 5, 1).

Es ist also keine Selbstentfremdung des Menschen, wenn er sich im Leben nach den evangelischen Räten ganz nach der Art ausrichtet, in der Jesus Christus gelebt hat. Vielmehr ist es ein konsequentes Leben nach der Grundlegung unseres Seins, das schon von Anbeginn an auf Jesus Christus angelegt ist. Bekenntnis zu Jesus Christus und seiner Art zu leben, ist also Bekenntnis des Menschen zu seiner eigenen Grundveranlagung.

15) Indem sie sich in der Profeß zur Keuschheit *um*   Mt 19, 12
des Himmelreiches willen bekennen, sind sie um die
Sache des Herrn besorgt und *sind verpflichtet,*
nichts anderes zu tun, als dem Willen des Herrn zu   1 Kor 7, 32
folgen und ihm zu gefallen. Und sie mögen alles so
tun, daß die Liebe zu Gott und zu allen Menschen
aus ihren Werken aufleuchte.   NbReg 22, 9

„Um des Himmelreiches willen", das führt uns zu den Worten zurück, mit denen Jesus zum evangelischen Rat der keuschen Ehelosigkeit gerufen hat. Matthäus berichtet uns, wie Jesus klarstellt, daß es den Männern nicht erlaubt ist, sich von ihrer Frau zu trennen. Die Jünger Jesu, die daran gewöhnt waren, daß der Mann seine Frau entlassen konnte, reagierten auf diese Worte Jesu so, daß sie äußerten: „Wenn die Sache des Mannes gegenüber der Frau so steht, dann ist es nicht gut zu heiraten" (Mt 19, 10). Pessimistisch meinen die Jünger: Wenn man als Mann nach der Heirat nicht mehr von der Frau loskommt, ist es besser, sich von vornherein nicht zu binden, also nicht zu heiraten.

Nicht alle erfassen es

Dieses Wort „nicht heiraten" greift Jesus nach Matthäus direkt auf und sagt: „Nicht alle erfassen dieses Wort, sondern nur die, denen es gegeben ist" (Mt 19, 11). Und dann spricht Jesus von den verschiedenen Gruppen, die nicht zum Heiraten kommen. Das sind zunächst solche, die von Geburt an eheunfähig sind. Sodann wird von solchen gesprochen, die von Menschen ehenunfähig gemacht wurden, etwa durch operativen Eingriff (Mt 19, 12). Aber mit dem evangelischen Rat der Ehelosigkeit meint Jesus nicht diese beiden Menschengruppen.
Von diesen zwei Gruppen deutlich unterschieden ist eine dritte Gruppe: „Manche haben sich selbst dazu gemacht – daß eine Ehe für sie nicht in Frage kommt – um des Himmelreiches willen". Dieser dritten Gruppe gilt das Wort: „Wer das erfassen kann, der erfasse es" (Mt 19, 12). Der Grund dafür, daß sie nicht heiraten, ist nicht darin gelegen, daß sie nicht heiraten können, sondern daß sie nicht heiraten wollen, weil sie sich an das Königtum des Himmelreiches hingegeben haben. Dieses Königtum des Himmelreiches ist in Jesus Christus den Menschen nahe (vgl. Mt 4, 17).

Gottes Königtum ruft den Menschen zu ganzem Einsatz. Die Forderung, sich ganz an das in Christus gekommene Himmelreich hinzugeben, kann auch den Verzicht auf Ehe und Familie umfassen, sogar den freiwilligen und dauernden Verzicht auf die Erfüllung der geschlechtlichen Kraft. Folgt der ganze Mensch mit Seele und Leib dieser Forderung, kann er seine ganze Kraft ungeschmälert in den Dienst an Gottes Königtum einbringen. Dieses Wagnis wird tatsächlich von hochherzigen Menschen aufgebracht. Das wird im Leben der Kirche durch die Jahrhunderte bezeugt. Zugleich zeigen diese Menschen auch, welche Frucht für das Königtum Gottes aus diesem Verzicht erwächst. Aber nicht nur die Frucht, die aus dem Verzicht auf Ehe und Familie erwächst, ist Zeugnis vom Königtum Gottes. Dieser Verzicht ist in sich schon ein leuchtendes Zeugnis für das in Jesus gekommene Reich Gottes. Daß jemand um des Reiches Gottes willen, das Jesus uns gebracht hat, auf die Ehe verzichtet, spricht in besonderer Stärke für das Neue der Frohbotschaft.

Der Kindersegen im Alten Bund

Im Text bei Matthäus, in dem Jesus zur Ehelosigkeit um des Himmelreiches willen ruft, wird von denen, bei denen es nicht zur Ehe kommt, sowohl in der griechischen als auch in der lateinischen Sprache gesagt, sie seien Eunuchen. „Eunuch" war einer der schwersten Vorwürfe, der gegen einen Menschen im Glaubensbereich des Alten Testamentes erhoben werden konnte. Der Vorwurf kam der Aussage gleich, dieser Mensch sei von Gott verflucht.
Der alttestamentliche Gläubige wartete auf das Kommen und den Segen des verheißenen Messias. Aber die Erfahrung zeigte, daß auch der Gerechte, ja Heilige starb, ohne die Zeit des Messias persönlich erlebt zu haben. So setzte der alttestamentliche Gläubige auf den Kindersegen als Gewähr, des messianischen Segens teilhaftig zu werden. Wenn es ihm gelang, sein eigenes Leben in seinen Kindern und Kindeskindern in die Zukunft weiterzugeben, konnte er hoffen, daß sein Leben in seinen Nachkommen noch anwesend war, wenn die Zeit des Messias kam, und er so über seine Nachkommen des messianischen Segens teilhaftig würde.
Kindersegen wurde so zur Zusicherung, den messianischen Segen zu erhalten. Das wird deutlich bei den beiden Hebammen, denen der ägyptische Pharao befohlen hatte, hebräische Knaben sofort nach der

Geburt zu töten. Die gottesfürchtigen Hebammen folgten dem Befehl des Pharao nicht. Sie erhielten den Segen Gottes: „Weil die Hebammen Gott fürchteten, schenkte er ihnen Kindersegen" (Ex 1, 21). Ihr Leben darf in breitem Strom in die messianische Zukunft weitergehen.

Keine Kinder zu haben, ist typische Strafe des Alten Testamentes für einen Menschen, der nicht die Wege Gottes geht. So wird es von der Frau Davids Michal berichtet: „Als die Lade des Herrn in die Davidsstadt kam, schaute Michal, Sauls Tochter, aus dem Fenster, und als sie sah, wie der König David vor dem Herrn hüpfte und tanzte, verachtete sie ihn in ihrem Herzen" (2 Sam 6, 16).

Die Strafe ist typisch: „Michal aber, die Tochter Sauls, bekam bis zu ihrem Tod kein Kind" (2 Sam 6, 23). Ihr Leben bricht ab, wird nicht weitergegeben in Kindern und Kindeskindern, es wird nicht bis in die Zeit des Messias reichen.

Ehelosigkeit als Zeugnis des Glaubens an Christus

Seit Jesus Christus gekommen ist, um das Reich Gottes zu bringen, ist es nicht mehr notwendig, über seine Nachkommen den messianischen Segen zu erwarten. Das von den Gläubigen des Alten Bundes ersehnte messianische Reich steht fortan im „Jetzt", es erweist sich auch als Vorausverwirklichung des kommenden Reiches in der Ewigkeit Gottes.

Wer sich zur Ehelosigkeit um des Reiches Gottes willen bekennt, vollzieht zeichenhaft den Einstieg in das Leben, in dem Gott alles in allem ist. Denn Jesus hat gesagt: „Nur in dieser Welt heiraten die Menschen. Die aber, die Gott für würdig hält, an jener Welt und an der Auferstehung von den Toten teilzuhaben, werden dann nicht mehr heiraten" (Lk 20, 34-35).

Wer sich also auf den Ruf Jesu zur Ehelosigkeit um des Himmelreiches willen einläßt, gibt ein deutliches Zeugnis seines Glaubens an Jesus Christus und das mit Christus gekommene Reich Gottes.

Jesu Ruf zur Ehelosigkeit ergeht an Menschen, die weder von Geburt an noch durch menschliche Einwirkung unfähig zur Ehe sind. Er wendet sich an Menschen, die auch in ehelicher, geschlechtlicher Beziehung gesund veranlagt sind, die genau so gut heiraten können. Diese auch in geschlechtlicher Hinsicht normal veranlagten Menschen werden ihre menschliche normale Veranlagung spüren in aufkommenden Regungen, Vorstellungen und Empfindungen. Solche gewiß sehr tief ins Persönliche hineinreichende Vorgänge sollten als das beurteilt werden, was sie sind: Zeichen, daß diese Kräfte nicht erstorben sind, auf deren gewolltes Erleben verzichtet wurde.

Wer sich in eheloser Keuschheit um des Himmelreiches willen total auf Gott, auf Christus ausrichtet, bei dem ist es die natürliche Konsequenz des Herzens, daß er sich in Liebe auf das konzentriert, was das Grundanliegen des Herrn ist: die Verherrlichung Gottes und das Heil der Menschen. Es geht um die Haltung, von der Franziskus betont gesagt hat: „Dein Wille geschehe, wie im Himmel so auf Erden: damit wir dich lieben aus ganzem Herzen (vgl. Lk 10, 27), indem wir immer an dich denken; aus ganzer Seele, indem wir immer nach dir verlangen; aus ganzem Gemüte, indem wir all unser Streben zu dir hinlenken und deine Ehre in allem suchen; und aus allen unseren Kräften, indem wir alle unsere Kräfte und Empfindungen der Seele und des Leibes zum Gehorsam gegen deine Liebe und für nichts anderes aufbieten" (ErklVat 5).

Wer Gott seine ganze Liebe entgegenbringt, wer um die Sache des Herrn besorgt ist (vgl. 1 Kor 7, 92) und dem Willen des Herrn folgen will, der wird diesen Willen Gottes auch als das Doppelgebot der Liebe zu Gott und zum Nächsten (vgl. Mt 22, 37-39) befolgen. Die im evangelischen Rat der Ehelosigkeit um des Himmelreiches willen sich offenbarende Liebe zu Gott führt in die Liebe zum Nächsten. Aber diese Liebe zum Nächsten ist nicht von der Art, daß sie den Nächsten für sich erobern und als Liebes-Eigentum für sich gewinnen will. Sie hat nicht die Ausrichtung auf den, der liebt, sondern in Selbstlosigkeit ganz auf den, der geliebt wird. So entspricht es ja auch der Art, wie der Vater im Himmel uns Menschen liebt (vgl. 5, 43-48).

16) Sie seien dessen eingedenk, daß sie durch eine außerordentliche Gnadengabe berufen sind, in ihrem Leben jenes wunderbare Geheimnis offenbar zu machen, durch das die Kirche Christus, dem vgl. Eph 5, 23-26
göttlichen Bräutigam, verbunden ist.

Dieser Text ist angelehnt an Worte des Ordensdekretes des Zweiten Vatikanischen Konzils (Nr. 12). Hier wird von der Liebe gesprochen, in der Christus mit der Kirche verbunden ist. Christus hat „die Kirche geliebt und sich für sie hingegeben, um sie im Wasser und durch das Wort rein und heilig zu machen" (Eph 5,25-26).

Die Kirche, Christi Braut

Durch seine Erlöserliebe hat der Herr die Kirche geheiligt, damit sie seiner würdig sei. Und er heiligt seine Braut, die Kirche, immer wieder in allen Generationen durch das Wasser der Taufe und durch sein göttliches Wort.
Der Bräutigam Christus hat sein Ja-Wort der Liebe zu seiner Braut, der Kirche gesprochen. Dazu sind die Ordensleute in der Kirche und von der Kirche beauftragt: Durch die Liebe der Ordensleute möchte die Kirche ihre Liebe zu Christus stets neu lebendig darbringen. Dies in der Kirche und in ihrem Namen tun zu dürfen, ist wirklich eine außerordentliche Gnadengabe, die der Mensch sich nicht selbst, nicht mit Gewalt oder List aneignen kann. Man muß zu ihr berufen sein.
Die Kirchenväter sagen, die Vermählung des Sohnes Gottes mit seiner Braut, der Kirche, sei geschehen, als der Sohn Gottes von der Jungfrau Maria empfangen wurde: „Darin hat der Vater seinem königlichen Sohn die Hochzeit bereitet, als er ihm durch das Geheimnis der Menschwerdung die heilige Kirche verband. Dieses Bräutigams Brautgemach war der Schoß der Jungfrau-Mutter" (Gregor der Große, † 604).
Der Gedanke an Christus als Bräutigam wird in der frühen Kirche aber nicht nur auf die Kirche bezogen. Es gibt eine Reihe von Zeugnissen, die in der Menschennatur die Braut des Sohnes Gottes erblicken. „Man kann auch sagen, die Braut, das sei das makellose Fleisch des Herrn, um dessentwillen er den Vater verließ und zu uns herabstieg, mit dem er sich verband und in dem er durch seine Menschwerdung Wohnung nahm" (Methodius von Olympus, † um 311).
Hier wird auf jene Ur- und Grundvermählung mit Gott hingewiesen, die der armen Menschennatur in der Menschwerdung des Sohnes Gottes gnadenhaft zuteil wurde. Christus hat die Menschennatur unlösbar mit sich verbunden. In ihm, dem Gott-Menschen, ist die Menschennatur zum ersten Male die Wege des Gotteslammes mitgegangen, wohin immer sie führten (Offb 14,4). Und dieses Nachfolgen des Gotteslammes, dieses Gehen mit ihm wird vonseiten der Men-

schennatur immer wieder vollzogen durch jene Menschen, denen der
Herr es gegeben hat, um des Himmelreiches willen ehelos, ganz auf
Christus ausgerichtet, zu leben.

17) Vor allem mögen sie sich das Beispiel der allerseligsten Jungfrau Maria, der Mutter Gottes und unseres Herrn Jesus Christus vor Augen halten. Das sollen sie tun entsprechend der Weisung des heiligen Franziskus, der die heilige Maria, die Herrin und Königin, ganz besonders verehrt hat, sie, die *zur Jungfrau Kirche gemacht* worden ist. Und sie sollen sich daran erinnern, daß die unbefleckte Jungfrau Maria sich selbst als *die Magd des Herrn* bezeichnet hat. Ihrem Beispiel mögen sie folgen. GrMar 1

Lk 1, 38

Die Ordensregel folgt in diesem Abschnitt einer Linie, die in kirchlichen Dokumenten festzustellen ist, die sich mit dem Leben nach den drei evangelischen Räten befassen. Wenn die Dokumente speziell von dem Leben in Keuschheit um des Himmelreiches willen sprechen, weisen sie mit deutlicher Vorliebe auf das Beispiel der Gottesmutter Maria hin. Darum hat Papst Johannes Paul II. auch verlangt, vor der offiziellen Bestätigung der Regel für den Regulierten Dritten Orden des hl. Franziskus müsse nicht nur ein eigenes Kapitel über die Keuschheit, sondern auch ein deutlicher Hinweis auf die Verehrung der Gottesmutter eingefügt werden.

Franziskanische Marienminne

Der Abschnitt 17 enthält im Grunde all die Lobpreisungen, die in der kirchlichen Lehre und Frömmigkeit Maria zugedacht werden: Jungfrau, Mutter Gottes, Herrin, Königin, Unbefleckte, Magd des Herrn. Dabei wird auch des hl. Franziskus gedacht, dessen Marien-Verehrung sehr lebendig ausgeprägt war und der auch seine Brüder zu inniger Marienverehrung gerufen hat. Wir sehen das neben vielen anderen Zeugnissen ja auch darin, daß er das Kirchlein Portiunkula „Maria von den Engeln" zur Mutterkirche seines Ordens bestimmt hat. Thomas von Celano berichtet über die Marien-Minne des hl. Franziskus: „Die Mutter Jesu umfing er mit unsagbarer Liebe, weil sie uns den Herren voll Majestät zum Bruder gemacht hat. Ihr widmete er besondere Lobpreisungen, an sie richtete er Bittgebete, ihr weihte er Herzensanmutungen, so zart und innig, wie sie eine menschliche Zunge gar nicht auszusprechen vermöchte. Aber, was unsere höchste Freude ist, er bestellte sie zur Schutzherrin des Ordens und vertraute ihrem Schutzmantel seine Söhne an, die er zurücklassen mußte, damit sie dieselben betreue und beschütze bis ans Ende" (2 Celano 198).

Maria, Urbild der Kirche

Mit den „besonderen Lobpreisungen", die Franziskus der Gottesmutter gewidmet hat, meint *Thomas von Celano* insbesondere den „Gruß an die selige Jungfrau Maria". Diesem Gruß an die Gottesmutter ist auch der Gedanke entnommen, der Eingang in den Regeltext gefunden hat, daß Maria „zur Jungfrau Kirche gemacht" worden ist. Was damit gesagt ist über Maria, über die Kirche und für uns, die wir ja die Kirche bilden, ist vom *Zweiten Vatikanischen Konzil* in der Konstitution über die Kirche „Lumen gentium" mit folgenden Worten ausgebreitet worden:

„Nun aber wird die Kirche, indem sie Marias geheimnisvolle Heiligkeit betrachtet, ihre Liebe nachahmt und den Willen des Vaters getreu erfüllt, durch die gläubige Annahme des Wortes Gottes auch selber Mutter: Durch Predigt und Taufe nämlich gebiert sie die vom Heiligen Geist empfangenen und aus Gott geborenen Kinder zum neuen und unsterblichen Leben. Auch sie ist Jungfrau, da sie das Treuewort, das sie dem Bräutigam gegeben hat, unversehrt und rein bewahrt und in Nachahmung der Mutter ihres Herrn in der Kraft des heiligen Geistes jungfräulich einen unversehrten Glauben, eine frohe Hoffnung, eine aufrichtige Liebe bewahrt" (Nr. 64).

„Die Kirche aber wird, um die Ehre Christi bemüht, ihrem erhabenen Typus ähnlicher durch dauerndes Wachstum in Glaube, Hoffnung und Liebe und durch das Suchen und Befolgen des Willens Gottes in allem" (Nr. 65).

Dem Vorbild Maria ähnlich werden

Die Ordensregel weist uns auf die Gottesmutter hin, die von Gott „zur Jungfrau Kirche gemacht wurde". Das Konzil spricht davon, wodurch die Kirche Maria als ihrem Typus und Vorbild immer ähnlicher wird. Wir können zwar nicht alle Aussagen des Konzils auf uns übertragen.

Dennoch können auch wir im Konzilstext wichtige Leitlinien für unser Leben finden, das die Kirche durch die Bestätigung der Ordensregel in ihren Dienst gerufen hat.
Wie Maria ist die Kirche nicht Herrin über das lebendige Wort des Vaters. Maria hat das Leben des ewigen Wortes nicht aus eigenem Vermögen in sich geschaffen. Sie ist dem Wort gegenüber Empfangende. So muß sich auch die Kirche sehen, und so müssen auch wir uns in der Kirche sehen: Wir haben keine Macht über das Wort und können nicht über es verfügen. Wir können dem göttlichen Wort nur als demütig Empfangende begegnen und müssen es wie Maria in unserem Herzen bewahren (vgl. Lk 2, 19.51).
Mit der Kirche sollen wir das Treuewort, das wir mit unserer Profeß im Auftrag der Kirche Christus dem Bräutigam gegeben haben, treu bewahren. Wir sollen es tun in der Haltung der Jungfräulichkeit, indem wir uns ganz auf ihn allein in Liebe ausrichten, uns ganz für ihn bereithalten (vgl. Mt 25, 1-2).
Die Kirche ist gerufen, „in Nachahmung der Mutter ihres Herrn in der Kraft des Heiligen Geistes jungfräulich einen unversehrten Glauben, eine feste Hoffnung, eine aufrichtige Liebe" zu bewahren. Hat nicht auch Franziskus um „rechten Glauben, gefestigte Hoffnung und vollendete Liebe" (GebKr) gebetet, als er sich bereit erklärte, Gottes „heiligen und wahrhaften Auftrag" (ebd.) zu erfüllen, der ihm in dem Wort zuteil wurde: „Franziskus, geh hin und stelle mein Haus wieder her" (2 Celano 10)? Wenn wir uns ganz nach diesen uns geschenkten drei göttlichen Tugenden ausrichten, dann verwirklichen wir in der Kirche die Kräfte, welche die Kirche ihrem Urbild Maria gleichgestalten. Dann wird auch unser Leben zur erneuernden Kraft für das innere, auf Gott ausgerichtete Leben der Kirche.
Wie Maria muß auch die Kirche, und müssen wir in der Kirche in allem den Willen Gottes suchen und befolgen. Das Leben der Kirche und unser Leben mit der Kirche müssen gekennzeichnet sein von dem Wort der unbefleckten Jungfrau Maria: „Siehe, ich bin die Magd des Herrn; mir geschehe, wie du es gesagt hast" (Lk 1, 35).
„Ihrem Beispiel – dem Beispiel der Magd des Herrn – mögen sie folgen", so endet das 4. Kapitel. Gleichzeitig leitet dieser Satz auch über zum 5. Regelkapitel, in dem vom demütigen Dienst um Gottes willen gesprochen wird.

5. Kapitel

Von der Art zu dienen
und zu arbeiten NbReg 7, 1

18) Die Brüder und Schwestern, denen der Herr
die Gnade gegeben hat zu dienen und zu arbeiten,
sollen wie Arme mit Treue und Hingabe arbeiten
und zwar so, daß sie den Müßiggang, welcher der
Seele Feind ist, ausschließen, jedoch den Geist des
heiligen Gebetes und der Hingabe nicht auslö- BReg 5, 1-2
schen; ihm muß das übrige Zeitliche dienen. Vgl. RegKlara 7, 1-2

Dieser Text ist der bullierten Regel (5, 1-2) entnommen, hat allerdings zwei Erweiterungen erhalten. Entsprechend der Kapitelüberschrift, die sich so in der nicht bullierten Regel (7, 1) findet, ist nicht allein von der Gnade zu arbeiten die Rede, sondern auch von der Gnade zu dienen. Auch ist im gleichen ersten Satz bei der grundsätzlichen Weisung für die Arbeit hinzugefügt, die Brüder und Schwestern sollten „wie Arme" arbeiten.

Dienen können als Gnade

Daß von der „Gnade zu dienen" gesprochen wird, ist für den außerreligiösen Sprachgebrauch ungewöhnlich. „Dienen" wird heute weitgehend als Herabwürdigung betrachtet. Deshalb vermeiden wir ja auch die früher geläufigen Bezeichnungen wie „Dienstmagd" und „Dienstboten" als auch grundsätzlich „Diener". Ist es aber wirklich eine Degradierung, wenn man anderen dient?
Wie arm ist doch ein Mensch, der bedient werden muß! Er hat nicht das Wissen und die Fähigkeiten, die man braucht, um recht leben zu können. Er ist darauf angewiesen, daß andere da sind, die mehr wissen und können als er selbst, die ihren Reichtum an Wissen und Können in sein Leben einbringen, die ihm auf diese Weise dienend helfen. Dienen kann nicht jeder. Zum Dienen muß man befähigt sein. Wer dient, vervielfältigt gleichsam sein eigenes Wissen und Können, indem er es in das Leben anderer einbaut, damit es sich im Leben anderer auswirkt.

In diesem Sinne war der menschgewordene Gottessohn besser als wir Menschen zum Dienen befähigt. So hat er denn gesagt: „Der Menschensohn ist nicht gekommen, sich dienen zu lassen, sondern um zu dienen" (Mt 20, 28).
Wir können ihm ja nichts in sein Leben einbringen, das er ohne uns nicht hätte. Aber er, der unendlich Reiche und Wissende, dient uns, indem er nicht nur sein Wissen und Können, sondern sich selbst ganz in unser Leben hineingibt. Ja, Christus ist der am meisten zu dienen Befähigte. Und in seiner Nachfolge ist es eine Gnade, dienen zu können.

Arbeiten können als Gnade

Von der Gnade zu arbeiten, spricht der Regeltext mit dem hl. Franziskus. Das knüpft bei dem Urauftrag Gottes an den Menschen an, daß er sich die Erde untertan mache (vgl. Gen 1, 28). Der Mensch erhielt diesen Auftrag schon vor dem Sündenfall, weil er als Ebenbild Gottes erschaffen wurde, um die von Gott geschaffenen Wesen zu lenken und die Schöpfung nach dem Willen ihres Schöpfers weiterzuentwickeln.
Der Mensch als Leib-Geist-Wesen hat von Gott die Gnade erhalten, daß er in der Arbeit mit dem Einsatz auch seines Leibes die Kräfte seines Geistes an die geschaffenen Wesen heranbringen kann, um sich selbst darin auszudrücken und zugleich die Wesen sinngemäß zu formen und zu entwickeln. Nur weil Franziskus das Arbeiten-Können als Gnade betrachtete, konnte er noch kurz vor seinem Tod in seinem Testament sagen: „Und ich arbeitete mit meinen Händen und will arbeiten; und es ist mein fester Wille, daß alle anderen Brüder eine Handarbeit verrichten, die ehrbar ist. Die es nicht können, sollen es lernen, nicht aus Sucht, den Arbeitslohn zu empfangen, sondern des Beispiels wegen und um den Müßiggang zu vertreiben" (Test 20-21).

Arbeiten in Treue

„Mit Treue und Hingabe" soll die Arbeit vollzogen werden, sagt die Ordensregel. „Treue", das Wort fragt, wem man denn treu sein soll. Es ist zunächst Gott, der dem Menschen den Auftrag und die Gnade zur Arbeit gegeben hat. Treue ist bei der Arbeit auch den geschaffenen Wesen gegenüber erfordert. Treue bei der Arbeit sagt, daß der Arbeitende sich auch nach dem ausrichtet, was die zu bearbeitenden Wesen hergeben und vermögen. Treue ist in dieser Sicht materialgerechtes Schaffen.

Treue in der Arbeit bedeutet auch, daß andere sich auf das verlassen können müssen, was wir schaffend erstellen. Auf wie vieler Menschen zuverlässige, treue Arbeit müssen wir uns verlassen können bei so manchen unserer Betätigungen, z. B. wenn wir im Auto fahren! Wenn sich andere sozusagen „blind" auf unsere treue Arbeit verlassen können, dann erfüllen wir auch das Gebot der Liebe zum Nächsten.

Arbeiten mit Hingabe

Arbeiten mit Hingabe, das verlangt der Regeltext. Gemeint ist damit nicht eine Hingabe an die Arbeit, das Schaffen, in dem Sinne, daß man nur noch das Schaffen kennt und darüber alle menschlichen Werte und vor allem die Gottbezogenheit des Menschen vergißt. „Devotio - Hingabe" meint immer Gott-Bezogenheit. Und diese kann durch die Arbeit sehr gefördert werden, wenn wir uns auch während der Arbeit in kurzen Augenblicken vergegenwärtigen, was da geschieht: Ich forme, gestalte etwas, ich wandle etwas um, ich stelle etwas her, das es ohne meine Arbeit nicht geben würde, nicht in der Art, die ich dem von mir gestalteten Werk gebe. Ich schaue all das bewußt an, was es um mich herum gibt. Finde ich da überhaupt etwas, das ohne die Arbeit von Menschen so geworden wäre, wie es jetzt ist? Irgendwann kam ein Mensch auf den Gedanken, ein Stück der geschaffenen Welt so zu formen, wie es jetzt ist. Und sein Gedanke wurde von Ungezählten aufgegriffen, weiterentwickelt. Menschen haben ihre Arbeitserfahrungen weitergegeben und werden sie weitergeben an die kommenden Generationen. Da spüre ich doch ein gutes Stück der Einheit und der gegenseitigen Hilfe, die Gott von uns Menschen erwartet. Solches Betrachten der Arbeit bringt uns doch in eine wirkliche Begegnung mit Gott, fördert den Geist der Hingabe.

Müßiggang ist Verweigerung

Wer sich aber dem Müßiggang hingibt, der nimmt den Auftrag Gottes nicht an. Auch er hat Fähigkeiten und Talente erhalten, aber er setzt sie nicht ein und läßt sie verkümmern. Damit verkümmert er aber auch selbst. Er entfaltet sich nicht zu den Möglichkeiten, die ihm ge-

geben sind. Er verweigert auch den von Gott geschaffenen Wesen den Dienst, sie mit seinen Talenten weiter zu entwickeln. Und er verweigert seinen Mitmenschen den Dienst der arbeitenden Hilfe. Ja, er fällt den andern sogar zur Last, da er von ihrer Arbeit lebt. So ist Müßiggang Untreue gegen Gott, gegen die Mitmenschen, gegen die geschaffenen Wesen und auch gegen den Müßiggänger selbst. Deshalb sagt die Ordensregel kurz und bündig, daß Müßiggang ein Feind der Seele ist.
Daß Müßiggang etwas anderes ist als die uns allen notwendige und wohltuende Ruhe und Muße, dürfte selbstverständlich sein. Wir brauchen diese Muße nicht nur als „schöpferische Pause", um nachher noch mehr arbeiten zu können, sondern um zu uns selbst zu kommen.

Religiöser Wert der Arbeit

Die Arbeit hat ihren hohen menschlichen und religiösen Wert. Die Ordensregel macht aber auf eine Gefahr aufmerksam, die sich leicht bei der Arbeit einstellt. Es kann rasch dahin kommen, daß der Mensch sich völlig in seine Arbeit verliert und nichts anderes mehr kennt, oder daß er von anderen durch ein Übermaß an Arbeit überfordert wird. Dann wird die Arbeit zum Verhängnis. Denn es werden dadurch die anderen Möglichkeiten zur Entfaltung der Person blockiert. Und blockiert wird vor allem der „Geist des heiligen Gebetes und der Hingabe". Diesem Geist „muß das übrige Zeitliche dienen". Und zu diesem übrigen Zeitlichen gehört hier zunächst die Arbeit.
Nur im Geist des Gebetes und der Hingabe verwirklicht der Mensch seine eigentliche Würde, die nach Franziskus darin besteht, daß Gott der Herr ihn „dem Leibe nach zum Bilde seines geliebten Sohnes und dem Geiste nach zu seiner Ähnlichkeit erschaffen und gestaltet hat" (Erm 5,1).
Die Kirche betet im zweiten Meßkanon: „Wir danken dir, daß du uns berufen hast, vor dir zu stehen und dir zu dienen". Diese Grundberufung des Menschen, der durch seine Ebenbildlichkeit Gottes zu Gott gehört, wird verwirklicht in der Hingabe an den Höchsten. Deshalb muß alles Zeitliche so geordnet sein, daß der Mensch in Treue und Dank, ja, in Liebe zu seinem Urbild vor Gott stehen, in Gottes Nähe sein und Gott dienen kann.

19) Was aber den Lohn der Arbeit angeht, so mögen sie für sich sowie für ihre Brüder und Schwestern das Nötige zum leiblichen Unterhalt annehmen; und dies demütig, wie es Knechten Gottes und Anhängern der heiligsten Armut geziemt. BReg 5, 3-4

Und sie sollen besorgt sein, alles, was erübrigt wird, an die Armen zu geben. Und niemals dürfen sie sich danach sehnen, über anderen zu stehen, vgl. NbReg 2, 4; 9, 8 sondern müssen vielmehr um Gottes willen die 1 Petr 2, 13 Knechte und Untergebenen jeder menschlichen BrGl II 47 Kreatur sein.

Das zentrale Stichwort im ersten Teil dieses Textes ist: „Lohn der Arbeit". Der Sinn des Arbeitslohnes wird darin gesehen, daß auf diese Weise der Lebensunterhalt des Arbeitenden selbst sowie seiner Brüder und Schwestern in der Ordensgemeinschaft gesichert werden kann. Diese Weisung der Ordensregel sollte auch im Zusammenhang mit dem gesehen werden, was Franziskus in seinem Testament sagt: „Und ich arbeite mit meinen Händen und will arbeiten; und es ist mein fester Wille, daß alle anderen Brüder eine Handarbeit verrichten, die ehrbar ist. Die es nicht können, sollen es lernen, nicht aus Sucht, den Arbeitslohn zu empfangen, sondern des Beispiels wegen und um den Müßiggang zu vertreiben. Und wenn uns einmal der Arbeitslohn nicht gegeben würde, so wollen wir zum Tisch des Herrn Zuflucht nehmen und Almosen erbitten von Tür zu Tür" (Test 20-22).

Der hohe Wert der Arbeit

Wenn ein Todkranker noch sagt: „Ich will", dann muß es für ihn um einen höchstwichtigen Punkt gehen. In der Todessituation, wo für unsere Erfahrung Arbeit nicht mehr möglich ist, sagt Franziskus aber, er wolle arbeiten, wie er immer gearbeitet habe. In ergreifender Weise unterstreicht er damit seine Aussage in der Ordensregel, daß die Fähigkeit zur Arbeit eine Gnade sei (BReg 5, 1), die der Mensch nicht ungenützt lassen darf. Deshalb will Franziskus in seinem Testament, daß alle seine Brüder sich dieser Gnade entsprechend verhalten und sich bemühen, die ihnen geschenkte Befähigung zur Arbeit auszubauen.

Arbeit ist nach dem Testament nicht deshalb ein Wert, weil der
Mensch mit dem Arbeitslohn rechnen kann. Sie ist in sich ein hoher,
menschlicher Wert. Und auf diese Werthaftigkeit sollen die Brüder
nach dem Willen des hl. Franziskus alle Menschen durch ihr beispielhaftes Verhalten aufmerksam machen.
In der Zeit des hl. Franziskus konnte es sein, daß Brüder es ablehnten
zu arbeiten, weil sie keinen entsprechenden Arbeitslohn bekamen.
Der Arbeitende war hinsichtlich des Arbeitslohnes völlig von dem guten oder bösen Willen des arbeitgebenden Herrn abhängig. Demnach
soll auch dann die Arbeit nicht einfach als sinnlos aufgegeben werden,
wenn der Arbeitslohn nicht für den Lebensunterhalt ausreicht. Für
diesen Fall konnte Franziskus in seiner Zeit als Weg aufzeigen, daß die
Brüder, „zum Tisch des Herrn Zuflucht nehmen und Almosen erbitten" dürfen (Test 22).

Vor Gott sind wir Almosen-Empfänger

In der erneuerten Ordensregel ist zwar vom Almosenbitten nicht die
Rede. Die Verhältnisse sind heute anders als zur Zeit des hl. Franziskus. Aber der Gedanke, der sich mit dem Empfangen von Almosen
verbindet, ist für franziskanische Art weiterhin gültig, auch angesichts
dessen, daß heute ein ausreichender Arbeitslohn vom Staat her ein
Rechtsanspruch für den Arbeitenden ist. Auf Almosen kann man
nicht ohne weiteres einen Rechtsanspruch erheben. Die Ordensregel
will auch den Arbeitslohn nicht unter dem Blickwinkel des Rechtsanspruches sehen. Denn sie sagt, der Arbeitslohn sollte „demütig" angenommen werden, „wie es Knechten Gottes und Anhängern der heiligsten Armut entspricht".
Ob wir das zum Leben Notwendige als Almosen erhalten oder als
rechtlich geschuldeten Arbeitslohn, in beiden Fällen würde Franziskus als Letzt-Ursache Gottes Güte sehen. In gläubiger Sicht ist es ja
Gott, der die Herzen zur Barmherzigkeit im Almosengeben bewegt
und nach dessen Willen die Menschen-Gemeinschaften ihre sozialen
Normen so setzen, daß der Arbeitende seinen gerechten Lohn erhält.
So gilt für beide Fälle in der Sicht des hl. Franziskus, daß Gott als
„Großalmosenier" „Würdigen und Unwürdigen aus Güte und Liebe"
seine Wohltaten erweist (2 Celano 77).

Wir dürfen diese Weisungen der Ordensregel, wir sollten den Arbeitslohn demütig annehmen, „wie es Knechten Gottes und Anhängern der heiligsten Armut geziemt", auch wohl von dem Wort Jesu her sehen: „Wenn ihr alles getan habt, was euch befohlen wurde, sollt ihr sagen: Wir sind unnütze Knechte; wir haben nur unsere Schuldigkeit getan" (Lk 17,10).
Auch und gerade hier sollten wir unser Leben nicht von Rechtsansprüchen her ausrichten, sondern als in Armut Dankbare in allem Gottes Güte sehen, die uns in unverdienter Weise zuteil wird.

Und sie sollen besorgt sein, alles, was erübrigt wird, an die Armen zu geben.

„Was erübrigt wird", das bedeutet: Alles, was man nicht selber für sein Leben und Wirken braucht. Das kann sowohl zu eng als zu weit gesehen werden. Gefordert ist sicher nicht, daß eine Ordensgemeinschaft um der Armen willen ihre eigene Existenzmöglichkeit aufgibt. Aber es wird gefordert sein, das eigene Gewissen immer wieder zu fragen, ob nicht materielle Güter und vor allem Geldsummen angehäuft werden einzig zu dem Zweck, daß sie da sind. Es ist einerseits die Aufgabe von Ordensleitungen, für die Möglichkeit des Lebens und Wirkens ihrer Ordensgemeinschaften zu sorgen, auch durch Rücklagen für Notfälle. Andererseits ist es ihre Aufgabe, für ihre Ordensgemeinschaft die Weisung Jesu zu beobachten, der in seine Nachfolge in der Weise ruft, daß das Armsein der Berufenen den Armen helfen muß (vgl. Mt 19,21).
Die evangelische Armut muß von der Liebe geformt sein. So ist es ja auch bei unserem Herrn und Erlöser: „Er, der reich war, wurde euretwegen arm, um euch durch seine Armut reich zu machen" (2 Kor 8,9). Dies ist ja auch die Linie, die in Kap. 2, Nr. 5 der Ordensregel vorgezeichnet wird. Von denen, die sich bereit erklärt haben, wird dort gesagt: „Und alles, was zu diesem Leben nach dem Evangelium gehört, werde ihnen sorgfältig dargelegt, vor allem diese Worte des Herrn: Wenn du vollkommen sein willst, dann geh und verkaufe, was du hast, und gib es den Armen, und du wirst einen Schatz im Himmel haben, und komm, folge mir nach" (Mt 19,21).

Und niemals dürfen sie sich danach sehnen, über anderen zu stehen, sondern müssen vielmehr um Gottes Willen die Knechte und Untergebenen jeder menschlichen Kreatur sein.

Bei diesem Satz ist hingewiesen auf den ersten Petrusbrief (2, 13). Der dort stehende Text müßte nach dem heutigen exegetischen Wissen lauten:

„Unterwerft euch um des Herrn willen jeder menschlichen Ordnung". Franziskus aber hatte im lateinischen Text seiner Zeit: „omni humanae creaturae – jeder menschlichen Kreatur", und deshalb müssen wir hier auch bei dem Textverständnis bleiben, wie es bei Franziskus gegeben war.

„Jeder menschlichen Kreatur", das war für Franziskus das heilige Wort Gottes und deshalb kein verächtliches Sprechen über den Menschen. Der Mensch als Kreatur, als Geschöpf Gottes, darin sieht Franziskus die große Würde des Menschen ausgesprochen. Das wird in den Worten des Heiligen deutlich: „Bedenke, o Mensch, in welch erhabene Würde Gott der Herr dich eingesetzt hat, da er dich dem Leibe nach zum Bilde seines geliebten Sohnes und dem Geiste nach zu seiner Ähnlichkeit erschaffen und gestaltet hat" (Erm 5, 1). Wer dem Mitmenschen dient, dem von Gott solche Würde verliehen wurde, der ehrt letztlich Gott in seinem Ebenbild. Es heißt ja auch in der Ordensregel, daß die Schwestern und Brüder „um Gottes willen" jedem von Gott geschaffenen Menschen untergeben und zu dienen bereit sein sollen.

Wer die von Gott geschenkte Würde eines jeden Menschen bedenkt, der wird nicht danach streben und sich nicht „danach sehnen, über anderen zu stehen". Dazu hat Franziskus konkrete Weisungen gegeben: „Keiner der Brüder, an welchen Orten auch immer sie bei anderen verweilen, um zu dienen oder zu arbeiten, soll Kämmerer oder Kanzler sein, noch überhaupt eine leitende Stelle in den Häusern innehaben, in denen sie dienen. Auch sollen sie kein Amt übernehmen, das Ärgernis hervorrufen oder ihrer Seele Schaden zufügen würde (vgl. Mk 8, 36). Sie sollen vielmehr die Minderen und allen untergeben sein, die im gleichen Hause sind" (NbReg 7, 1-2).

Mit der Arbeit kann sich die Versuchung verbinden, daß der Arbeitende bestrebt ist, sich durch besondere Leistungen über andere emporzuarbeiten. Da wird die „Gnade zu dienen und zu arbeiten" als Waffe eingesetzt, um andere zu besiegen und zu demütigen. Der von Gott gegebene Sinn der Arbeit, anderen dienend zu helfen, würde damit in sein Gegenteil verkehrt. Auf diese Gefahr macht die Ordensregel deutlich aufmerksam. Die Regel zwingt uns zu der Frage, wie wir unsere Arbeit sehen und welche Funktion wir der Arbeit in unserem Streben nach Selbstverwirklichung zumessen.

20) Die Brüder und Schwestern seien milde, friedfertig und bescheiden, sanftmütig und demütig und sollen mit allen anständig reden, wie es sich gehört. Und wo sie auch sein mögen oder durch die Welt gehen, sollen sie nicht streiten, noch sich in Wortgezänk einlassen, noch andere richten. Vielmehr sollen sie sich als solche zeigen, die sich *im Herrn freuen* und heiter und liebenswürdig sind. Und als Gruß sollen sie sagen: Der Herr gebe dir den Frieden.

vgl. BReg 2, 17; 3, 10-11; vgl. Phil 4, 4 NbReg 7, 16; Test 23

Die Überschrift dieses Kapitels sagt, daß hier „Von der Art zu dienen und zu arbeiten" die Rede sein soll. In Nr. 20 wird aber – kurz gesagt – vom liebenswürdigen, friedlichen Umgang mit unseren Mitmenschen gesprochen. Wie kommen diese beiden Themenkreise, die so verschieden scheinen, in das gleiche Kapitel? So könnte man fragen.
Dennoch sind beide Themenkreise in enger Zuordnung zueinander zu sehen. Es ist nämlich so, daß gerade bei Dienst und Arbeit die meisten und oft auch intensivsten Kontakte mit anderen gegeben sind. Das gilt nicht nur hinsichtlich der Mitschwestern und Mitbrüder, sondern besonders bei denen, die nicht zur Ordensgemeinschaft gehören. Da kommen nicht nur jene in den Blick, denen sich der Dienst der Schwestern und Brüder z. B. in Pflege und Unterricht zuwendet. Zu denken ist auch an die zahlreichen Mitarbeiterinnen und Mitarbeiter. Wir müssen heute nicht mehr aus unseren Gemeinschaften hinaus „durch die Welt gehen", um auf Menschen zu treffen, die nicht zu unserer Ordensgemeinschaft gehören. Wir begegnen ihnen als unseren Helfern und Mitarbeitern heute bereits in unseren Ordenshäusern.

Zum Frieden gesendet

In all diesen durch Dienst und Arbeit bedingten Begegnungen ist nicht lediglich unsere Leistungskraft gefordert, sondern unsere Person selbst. Es ist eine Anfrage an unsere Person, ob wir in unseren Begegnungen mit anderen Menschen uns ganz von dem Grundsatz haben leiten und formen lassen, der am Beginn der Ordensregel steht: „Unseres Herrn Jesu Christi heiliges Evangelium beobachten". Insbesondere stehen wir hier vor den Weisungen der Bergpredigt mit den Seligpreisungen derer, die als „friedfertig – Frieden schaffend" bezeichnet werden und die Kraft aufbringen, sich „milde – sanftmütig – ohne Gewaltanwendung" dem Nächsten zu stellen (vgl. Mt 5, 5.9).

Es gehört Festigkeit und Kraft dazu und ist nicht schlappes Nachgeben, wenn man „milde, friedfertig, bescheiden, sanftmütig, demütig" sein kann und „mit allen anständig zu reden vermag, wie es sich gehört". Denn das bedeutet, daß wir uns anderen gegenüber nicht überheblich, mit List oder Gewalt durchsetzen wollen, unsere persönliche Art und unsere Ziele anderen nicht aufzuzwingen suchen.

Gerade wenn wir uns bemühen, „mit allen anständig zu reden, wie es sich gehört", erweisen wir den anderen einen großen persönlichen Dienst. Denn dann nehmen wir sie ernst mit ihren Sorgen, Hoffnungen, Freuden, Leiden, in ihrem ganzen Sein. Keiner darf uns zu gering sein, daß wir ihm nicht ein gutes Gespräch schenken würden.

Wer sich so einstellt, wird selbstverständlich auch das Negative meiden, von dem die Regel ebenfalls spricht. Er wird die anderen nicht durch Streit oder Gezänk in Unfrieden bringen. Und er wird die anderen auch nicht durch richtendes Verurteilen verwunden und herabsetzen.

Liebenswürdige Freude

Die Ordensregel fügt noch die Weisung an, die Schwestern und Brüder sollten „sich als solche zeigen, die sich im Herrn freuen und heiter und liebenswürdig" sind. Es geht ja darum, nicht durch zur Schau getragene Traurigkeit andere zu stören und Trauer in ihr Leben hineinzutragen. Franziskus hat den Seinen gesagt: „Selig jener Ordensmann, der nur an den hochheiligen Worten und Werken des Herrn seine Wonne und Freude hat und dadurch die Menschen mit Fröhlichkeit und Freude zur Liebe Gottes führt" (Erm 20, 1-2).

Damit will Franziskus vor all dem die Augen nicht verschließen, was es in der Welt seit dem Sündenfall an Ungutem, Schmerzlichem bis hin zum Tod gibt. Er will auf das hinweisen, was über all dieses für uns

Dunkle hinweg gültig bleibt und durch nichts in Frage gestellt werden kann: Gottes hochheilige Worte, in denen er sich selbst uns mitteilt und unseren Weg hell macht, und Gottes hochheilige Werke, durch die wir geschaffen, erlöst und zum ewigen Leben begnadet sind. Und die anderen Menschen müßten es an unserer Haltung ablesen können, daß das, was wir glauben und wonach wir uns ausrichten, „Evangelium = frohmachende Botschaft" heißt.

Friedenswunsch im Gruß

Am Schluß dieses Kapitels wird den Schwestern und Brüdern gesagt, ihr Gruß solle der Friedenswunsch sein. Gewiß sollte es nicht beim Wort des Wunsches bleiben. Die immer wieder Frieden schaffende und erhaltende Tat muß folgen. Damit haben wir eines der wichtigsten Anliegen des hl. Franziskus vor uns. Was hier nur kurz angesprochen ist, wird in Kapitel 9, Nr. 29 und 30 ausführlich dargelegt. An dieser Stelle sei darauf hingewiesen.

Was im letzten Satz von Kapitel 5 gesagt wird, hat aber auch für sich allein Bedeutung. Der Satz geht in seiner Aussage zurück auf das Testament des hl. Franziskus, wo es heißt: „Der Herr hat mir geoffenbart, daß wir als Gruß sagen sollten: Der Herr gebe dir den Frieden" (Test 23). Offenbarung des Herrn, damit meint Franziskus wohl sicher nicht ein übernatürliches Ereignis, durch das Gott in sein Leben eingegriffen hat. Er denkt hier gewiß an die gesamte Frohbotschaft, deren Inhalt mit „Friede von Gott" kurz wiedergegeben werden kann. Von der Friedensbotschaft ist das gesamte irdische Leben Jesu förmlich umrahmt. Bei seiner Geburt verkündeten die Engel den Frieden für die Menschen, die in Gottes Gnade stehen (Lk 2, 14). Und nach seiner Auferstehung war sein Gruß an die Jünger: „Der Friede sei mit euch" (Joh 20, 19).

Der Friede kommt als Geschenk von Gott. Wer sich in diesen Gottes-Frieden hineinnehmen läßt, der wird sich bemühen, diesen Frieden auch in den zwischenmenschlichen Beziehungen auszubreiten. So hat Jesus denn seine Jünger ausgesandt, den Menschen als Zeichen des Gottesreiches den Frieden zu wünschen und zu bringen (vgl.Mt 10,12).

6. Kapitel

Vom Leben in Armut

21) Alle Brüder und Schwestern seien bemüht, der Demut und Armut unseres Herrn Jesus Christus nachzufolgen, der, obwohl er reich war über alle Maßen, selber in der Welt mit der seligsten Jungfrau Maria, seiner Mutter, die Armut erwählen wollte und sich selbst entäußert hat.

2 Kor 8, 9
Phil 2, 7
NbReg 9, 1
BrGl II 5
vgl. RegKlara 6, 3

Und sie sollen daran denken, daß wir, wie der Apostel sagt, von der ganzen Welt nichts anderes nötig haben als *Nahrung und Kleidung; damit laßt uns zufrieden sein.* Und sie sollen sich sehr hüten vor dem Geld.

NbReg 9, 1
1 Tim 6, 8
BReg 5, 3-4
NbReg 8, 11

Auch müssen sie sich freuen, wenn sie mit gewöhnlichen und verachteten Leuten verkehren, mit Armen und Schwachen und Kranken und Aussätzigen und Bettlern am Wege.

NbReg 9, 2

Man muß es wohl nicht eigens betonen, daß dieses Kapitel „Vom Leben in Armut" ein Thema behandelt, das in der Mitte franziskanischer Spiritualität seinen Ort hat. Die Spiritualität des hl. Franziskus ist äußerst reich an Inhalten. Aber nichts ist für ihn so bezeichnend wie die Armut. Von der Armut her hat der Heilige ja seinen Zweitnamen erhalten: „Il poverello — der kleine Arme." Und es ist besonders aussagekräftig, daß das erste, bereits im Juni 1227 entstandene Werk über Franziskus den Titel hat: „Der Bund des heiligen Franziskus mit der Herrin Armut."

Es geht um die Demut und Armut Christi

Typisch für die Armutsauffassung des hl. Franziskus ist allerdings, daß er jeden, der ihn nach Art und Maß der Armut fragt, über sich selbst hinaus an Jesus Christus verweisen würde. Genau das geschieht im ersten Satz des 6. Kapitels der Ordensregel, der aus der

nicht bullierten Regel des Heiligen entsprechend entnommen ist (NbReg 9, 1): „Alle Brüder und Schwestern seien bemüht, der Demut und Armut unseres Herrn Jesus Christus nachzufolgen."
Diese Ausrichtung des Lebens in Armut auf unseren Herrn Jesus Christus geschieht bei Franziskus nicht nur an dieser Stelle. Er spricht öfter in gleicher Weise vom Sinn der Armut. So am Schluß der bullierten Regel (BReg 12, 4). Nachdem er dort ausgesprochen hat, die Seinen sollten sich demütig und gehorsam der Römischen Kirche einordnen, charakterisiert er das Leben der ihm Folgenden. Er tut das, indem er kurz sagt, es komme darauf an, „die Armut und Demut und das heilige Evangelium unseres Herrn Jesus Christus" zu beobachten. Im Vermächtnis für die hl. Klara schreibt Franziskus im gleichen Sinne: „Ich, der ganz kleine Bruder Franziskus, will dem Leben und der Armut unseres Herrn Jesus Christus und seiner heiligsten Mutter nachfolgen" (VermKlara 1).
In voller Übereinstimmung mit dem Regeltext machen diese Worte deutlich: Die franziskanische Armut richtet sich nach der Armut Christi aus. Obwohl Genügsamkeit und Selbstbeschränkung dazu gehören, sind sie nicht das Maß und das Ziel der Armut. Nicht von ihnen her wird bestimmt, ob der Mensch den Weg der Armut in rechter Weise geht. Maß und Ziel der Armut in der Sicht des hl. Franziskus ist vielmehr die Armut und Demut des Herrn Jesus Christus. Das bedeutet, daß die franziskanische Armut sich nicht primär nach einem in Worten formulierten Ideal ausrichtet, sondern daß sie von der Person und dem Leben Jesu Christi bestimmt sein muß.
Wie bei vielen anderen Gebieten der Spiritualität des hl. Franziskus, so findet sich diese Ausrichtung der Armut auf Christus auch durch Äußerungen des *Zweiten Vatikanischen Konzils* bestätigt. So heißt es im Ordensdekret: „Die freiwillige Armut um der Nachfolge Christi willen, als deren Zeichen sie heute besonders geschätzt wird, sollen die Ordensleute mit liebendem Eifer pflegen und gegebenenfalls auch in neuen Formen üben. Sie ist Anteil an der Armut Christi, der unseretwegen arm wurde, obwohl er doch reich war, damit wir durch seine Entbehrung reich würden (vgl. 2 Kor 8, 9; Mt 8, 20)" (Perfectae caritatis, Nr. 13).

Christi Armut sichtbar machen

Es geht also nicht allein um eine Nachfolge, die in einem gewissen Abstand geschieht, es geht um ein Anteilhaben an der Armut Christi.

Wir können und dürfen in Christi Armut einschwingen. Christi Armut soll sich an uns finden, soll an uns sichtbar sein.
Damit wird konkret auf die Armut bezogen, was das Zweite Vatikanische Konzil allgemein von den evangelischen Räten sagt: „Die evangelischen Räte der Gott geweihten Keuschheit, der Armut und des Gehorsams sind, in Wort und Beispiel des Herrn begründet und von den Aposteln und den Vätern wie auch von den Lehrern und Hirten der Kirche empfohlen, eine göttliche Gabe, welche die Kirche von ihrem Herrn empfangen hat und in seiner Gnade bewahrt" (Lumen gentium, Nr. 43). Das bedeutet für die Armut, daß dieser evangelische Rat im Leben des Erlösers wurzelt und die Armut des Erlösers im Leben der Erlösten weiterhin lebendig erhält.
Christi Armut wird durch den evangelischen Rat der Armut sichtbar gemacht. Das geht auch aus den Worten des Konzils hervor: „Die Ordensleute sollen sorgfältig darauf achten, daß die Kirche durch sie wirklich von Tag zu Tag mehr den Gläubigen wie den Ungläubigen Christus sichtbar mache" (Lumen gentium, Nr. 46). Die Kirche braucht unser Leben nach den evangelischen Räten, unsere Lebensausrichtung auf Christus, weil sie so Christus und seine Art sichtbar machen kann. Gewiß sollen und dürfen wir unser Leben in evangelisch geformter Armut auch so sehen, daß wir dadurch von der unguten Anhänglichkeit an das Zeitliche frei werden, um besser und leichter unser ewiges Heil zu erlangen. Aber die primäre Sinnrichtung des evangelischen Rates der Armut ist es, die Kirche in die Lage zu versetzen, Christi Armut sichtbar zu zeigen. Es geht um den Dienst der Verkündigung der Christus-Botschaft durch das Leben.
Wie das möglich werden kann, sagt das Konzil mit den Worten: Die evangelischen Räte „vermögen den Christen gleichförmiger zu machen vor allem der jungfräulichen und armen Lebensweise, die Christus der Herr gewählt und die seine jungfräuliche Mutter sich zu eigen gemacht hat" (Lumen gentium, Nr. 46).
Der hier angesprochene tiefere Zusammenhang ist dieser: Christus Jesus hat seiner Kirche die evangelischen Räte als göttliche Gabe geschenkt, auf daß die Kirche als sein mystischer Leib Anteil habe an der Art, wie Christus auf dieser unserer Erde gelebt hat. Durch die evangelischen Räte wurde und wird es der Kirche ermöglicht, ihrem Haupt gleichförmiger zu sein. Die evangelischen Räte gehen zunächst die gesamte Kirche an. Die Kirche ist hier aber nicht zu sehen als eine ab-

strakte Organisationsform. Sie ist der geheimnisvolle Leib Christi, der aus lebendigen Gliedern, den Christen-Menschen besteht. Deshalb werden in diesem geheimnisvollen Leib Christi immer wieder Menschen berufen und beauftragt, durch ihr von Christus geprägtes Leben Christi Art sichtbar zu machen.

Dienst am inneren Leben der Kirche

Es ist gewiß berechtigt, auf diese Zusammenhänge das Wort des Apostels Paulus anzuwenden: „Für den Leib Christi, die Kirche, ergänze ich in meinem irdischen Leben das, was an den Leiden Christi noch fehlt" (Kol 1, 24). Paulus will mit diesen Worten in keiner Weise den Wert des Erlöser-Leidens in Frage stellen. Die Selbstdarbringung Christi in seinem Kreuzesopfer ist an Vollendung nicht zu überbieten oder zu ergänzen. Aber es geht darum, daß auch der Leib Christi, die Kirche, Anteil hat am Erlösungsgeschehen. Weil dies jedoch die Seite der Menschen ist, so liegt hier eine ständige Ergänzungsbedürftigkeit vor, damit die Kirche ihrem Herrn immer mehr angeglichen wird.
Wenn wir diese Gedanken auf die Armut beziehen, so bedeutet das, daß immer wieder Menschen da sein müssen, die für den Leib Christi, die Kirche, durch ihre Teilnahme an der Armut Christi ergänzen, was dem Leib Christi am Vollmaß der Armut Christi noch fehlt.
Bei der Berufung zur Armut Christi geht es also nicht in erster Linie um die Vervollkommnung der einzelnen Berufenen, sondern es geht um die Vollendung und Vervollkommnung der Kirche als Leib Christi. Darum sagt Franziskus, der hier ganz im Einklang mit den Aussagen des Zweiten Vatikanischen Konzils steht, daß unsere Armut nicht bei uns selbst Maß und Ziel hat, sondern daß es um das Hineinwachsen in die Armut Christi geht.
Die Ordensregel weist mit zwei Schriftstellen auf diese Armut hin. Da ist zunächst der zweite Korintherbrief: „Ihr wißt, was Jesus Christus, unser Herr, in seiner Liebe getan hat: Er, der reich war, wurde euretwegen arm, um euch durch seine Armut reich zu machen" (8, 9). Hinzu kommt der Philipperbrief: „Seid untereinander so gesinnt, wie es dem Leben in Christus Jesus entspricht: Er war Gott gleich, hielt aber nicht daran fest, wie Gott zu sein, sondern er entäußerte sich und wurde wie ein Sklave und den Menschen gleich. Sein Leben war das eines Menschen; er erniedrigte sich und war gehorsam bis zum Tod, bis zum Tod am Kreuz" (2, 5-8).

Das sind Worte, welche die Tiefe des Geheimnisses unserer Erlösung aussprechen. Dem hier vor uns stehenden Weg der Liebe Gottes können wir eigentlich nur in ehrfürchtig dankbarer Anbetung recht entsprechen. Aber da steht vor uns die Forderung, daß wir dieser Demut und Armut unseres Herrn Jesus Christus nachfolgen. Und es wird uns von der Möglichkeit gesprochen, daß wir an dieser Demut und Armut unseres Erlösers Anteil haben.

Wenn wir diese Zusammenhänge ehrlich überdenken, können uns die Worte der Hl. Schrift über die Entäußerung des Gottessohnes hilflos machen. Wir sollen also der Armut und Demut Jesu Christi nachfolgen. Geht das nicht über unsere Möglichkeiten? Denn die Entäußerung des Sohnes Gottes hat doch eine Dimension, die wir nicht einmal in Träumen erahnen können. Es geht ja um den Bereich des göttlichen Lebens, das von allseitiger Fülle und unendlichem Lebensreichtum gekennzeichnet ist. Dies hat der Sohn Gottes in seiner Entäußerung aufgegeben. Und da sollen wir ihm nachfolgen? Diese göttliche Dimension des Herabsteigens auf unsere menschliche Ebene können wir doch nur ehrfürchtig anbeten. Aber da von Nachfolge zu sprechen, wäre doch Vermessenheit.

Ist uns die Nachfolge Christi in Armut überhaupt möglich?

Der Herabstieg des Sohnes Gottes zu uns kann von uns in der Nachfolge Jesu Christi nicht nachvollzogen werden. Anders ist das mit seinem Herabgestiegensein zu uns, mit seinem Leben, das er tatsächlich auf Erden gelebt hat. Die Ordensregel sagt deshalb auch mit Franziskus (vgl. BrGl II 5), daß unser Herr „in der Welt die Armut erwählen wollte." Etwas konkreter sagt Franziskus dazu: „Und er ist arm gewesen und ein Fremdling und hat von Almosen gelebt" (NbReg 9, 5). „Er ist arm gewesen": Jesu Eltern waren sicher nicht zu den begüterten Reichen zu rechnen. Das ist an dem Opfer zu erkennen, das sie bei seiner Darstellung im Tempel darbringen. Es ist ein Paar Tauben. Dieses Opfer war nach der alttestamentlichen Vorschrift (Lev 12, 8) für solche vorgesehen, die den Preis für ein zu opferndes Schaf nicht aufbringen konnten (vgl. Lk 2, 24). Auch daß bei seiner Geburt in der Herberge zu Bethlehem kein Platz für sie war (vgl. Lk 2, 7), deutet in die gleiche Richtung.

Er ist „ein Fremdling" gewesen. Daß Jesus als Fremdling gelebt hat, ist darin zu sehen, daß er von den Leuten in Nazaret verstoßen und so wirklich heimatlos wurde. Auch hier wurde er von den Führern des Volkes Israel praktisch für vogelfrei erklärt. Das war die Situation, in der Jesus selbst gesagt hat: „Der Menschensohn aber hat keinen Ort, wohin er sein Haupt legen könnte" (Lk 9, 58).
Er „hat von Almosen gelebt." Dies hat Franziskus wahrscheinlich aus dem Hinweis des Lukas-Evangeliums geschlossen, daß viele Frauen mit ihm gegangen sind, „die ihnen mit ihrem Vermögen dienten" (Lk 8, 3).
Grundsätzlich ist aber auch zu sagen: Wenn Jesus Menschen in seine Nachfolge ruft und wenn er dabei zum Verlassen und Verkaufen von allem Besitz auffordert, dann muß sein eigenes Leben von der Armut gekennzeichnet gewesen sein. Was er von seinen Nachfolgern verlangt, das muß seine eigene Art gewesen sein.

Auch Maria lebte in Armut

Im Text der Ordensregel wird auch von der Armut der Gottesmutter Maria gesprochen. Franziskus spricht mehrfach von der Armut Mariens. So sagt er, daß der Gottessohn „in der Welt mit der seligsten Jungfrau Maria, seiner Mutter, die Armut erwählen wollte" (BrGl II 5).
„Und er selbst (Jesus Christus) ist arm gewesen und ein Fremdling und hat von Almosen gelebt, er selbst und die selige Jungfrau und seine Jünger" (NbReg 9, 5). In seinem „Vermächtnis für die hl. Klara" bekennt Franziskus sich zur Nachfolge auch Mariens in Armut: „Ich, der ganz kleine Bruder Franziskus, will dem Leben und der Armut unseres höchsten Herrn Jesus Christus und seiner heiligsten Mutter nachfolgen und darin bis zum Tode verharren" (VermKlara 1).
Auch in der ältesten Schrift über Franziskus „Der Bund des heiligen Franziskus mit der Herrin Armut" fehlt der Hinweis auf die Armut Mariens nicht. Dort wird die Herrin Armut so angeredet: „Bevor er (Christus) nämlich aus seinem lichtvollen Vaterhaus auf die Erde kam, hast du ihm eine gebührende Stätte bereitet, einen Thron, auf dem er sitze, und ein Gemach, in dem er ruhe, nämlich die ärmste Jungfrau, aus der geboren er dieser Welt erstrahlte" (Nr. 19, QuSchr IX 107).

Bei all diesen Texten fällt auf: Wenn bei Franziskus und im frühen franziskanischen Schrifttum von der Armut Mariens gesprochen wird, dann geschieht das immer in Verbindung mit der Armut Christi. Die Armut Marias wird nicht eigentlich „bewiesen" durch Aufzählen und Schildern von konkreten Armuts-Situationen. Bei Franziskus ist vielmehr folgender Gedankengang bestimmend: Wenn Jesus Christus alle, die ihm nachfolgen wollen, auf den Weg der Armut ruft, dann ist es undenkbar, daß seine Mutter Maria, die ihrem Sohn in äußerster Treue folgte, nicht auch wie er den Weg der evangelischen Armut gegangen ist. Nicht äußere Fakten, sondern die innere Konsequenz der Christus-Nähe berechtigt, von der Armut Marias zu sprechen.

Mag dies für uns nicht Hinweis und Ermunterung sein, unser Armsein als Christus-Nachfolge zu sehen in unserer liebenden Christus-Nähe? Die Verbundenheit mit Christus allein kann uns zum Leben in Armut den Weg weisen. Nur diese Nähe kann uns befähigen, wie Maria zu leben: anspruchslos, in Demut dankbar für das, was uns gegeben ist und daß es uns gerade so gegeben ist; darin erkennt der Klein-Gewordene Gottes Reichtum und Güte. Dankbar das Magnifikat singen kann nur der, der nicht haben will, der nicht besitzen will, der nicht herrschen will. Solche Armutshaltung ist Spiegelbild des menschgewordenen Gottessohnes, der zu uns herabgestiegen ist. Herabsteigen heißt Armsein, immer auch für uns.

22) Die wirklich arm im Geiste sind, folgen dem Beispiel des Herrn und eignen sich nichts an, noch machen sie es jemandem streitig, sondern sie leben in dieser Weltzeit wie Pilger und Fremdlinge. Dies ist jene Erhabenheit der höchsten Armut, die uns zu Erben und Königen des Himmelreiches eingesetzt, an Hab und Gut arm gemacht, durch Tugenden geadelt hat.
Diese soll unser Anteil sein, der hinführt in das Land der Lebenden. Dieser ganz und gar anhangend, dürfen wir um des Namens unseres Herrn Jesu Christi willen auf immer nichts anderes unter dem Himmel zu haben trachten.

vgl. Erm 14
vgl. Mk 10, 27-29
vgl. 1 Petr 2, 11
BReg 6, 1-2; 4-6
vgl. NbReg 7, 13
vgl. Jak 2, 5
vgl. Ps 142, 6

vgl. RegKlara 8, 1-2

Der Text erinnert an eine Besonderheit der franziskanischen Armuts-Auffassung: „sich nichts aneignen." Wenn Franziskus in der Regel seines Ordens die drei evangelischen Räte aufzählt, spricht er nicht vom „Leben in Armut", sondern vom „Leben ohne Eigentum" (BReg 1, 1; NbReg 1,1). Und die Regel sagt, die Armut im Geiste, wie sie die Bergpredigt verlangt, werde darin verwirklicht, daß der Mensch sich nichts aneignet.

Armut als Leben ohne Eigentumsansprüche

Machen wir uns hier klar, daß ein Unterschied gegeben ist, wenn wir feststellen, daß einem Menschen etwas eignet, und wenn wir sagen, daß ein Mensch sich etwas aneignet. Das, wovon wir sagen, daß es einem Menschen eignet, gehört zur Person des Menschen. Und zwar gehört es so zur Person des Menschen, daß es nicht von ihm getrennt werden kann wie z. B. sein Wissen, seine charakterliche Art, seine Erfahrung und ähnliches. Es handelt sich um Fähigkeiten und Veranlagungen, auf die der Mensch auch im Sinne der höchsten Armut gar nicht verzichten kann. Er kann z. B. seine Erfahrung, sein Wissen anderen mitteilen, aber er verliert dadurch seine Erfahrung, sein Wissen nicht. Es bleibt sein eigen.

Anders ist es, wenn jemand sich etwas aneignet. Und davon will die Ordensregel sprechen. Was der Mensch sich aneignet, gehört nicht zu ihm, zu seiner Person, auch wenn er Ansprüche darauf erheben möchte. Was der Mensch sich aneignen will, liegt aber durchweg in einem Bereich, in dem auch andere Besitzansprüche erheben, wo sich Konflikte ergeben können.

Es ist ja so: Was der Mensch besitzt oder was er als Besitz anstrebt, dort „sitzt" er, dort ist er anzutreffen. Er hat im Umkreis seiner Person viele Dinge und Positionen, auf die er Anspruch erhebt, die er als sein Eigentum ansieht. Und wenn andere kommen, deren Eigentums-Ansprüche die gleichen Objekte haben, fühlt der Mensch sich persönlich angegriffen. Es kommt ja so leicht vor, daß der Mensch sich so einstellt, als wenn das, was er besitzt, direkt mit seiner Person verbunden ist.

So ist der Mensch, der seine Eigentumsansprüche um sich herum ausbreitet, mit seinem Streben und Leben bei den beanspruchten Dingen. Aber er ist nicht bei sich. Und weil er nicht bei sich, sondern außerhalb seines eigentlichen Personbereiches ist, gerät er leicht „außer sich", wie wir sagen, wenn seine Eigentumsansprüche angetastet werden.

Eigentumsansprüche als Grund für Anstoß und Aufregung

Diesen Zusammenhang zwischen Eigentumsansprüchen und Aufregung spricht Franziskus in seiner 14. Ermahnung an. Dort heißt es, nachdem die Seligpreisung der Bergpredigt: „Selig die Armen im Geiste, denn ihrer ist das Himmelreich" (Mt 5, 3) dem gesamten Text vorangestellt ist: „Viele gibt es, die in Gebeten und Gottesdiensten eifrig sind und ihrem Leib viele Entsagungen und Abtötungen auferlegen, die aber an einem einzigen Wort, das ihrem lieben Ich Unrecht zu tun scheint, oder wegen einer beliebigen Sache, die man ihnen fortnimmt, Anstoß nehmen und darüber sofort in Aufregung geraten. Diese sind nicht arm im Geiste; denn wer wirklich arm im Geiste ist, haßt sich selbst (vgl. Lk 14, 26; Joh 12, 25) und liebt jene, die ihn auf die Wange schlagen (vgl. Mt 5, 39)."

Zwar ist hier die Formulierung: „eignen sich nichts an" nicht zu finden. Aber genau darauf kommt es in der 14. Ermahnung an. Sie ist im Grunde dramatisch angelegt. Denn zuerst schildert sie spirituelle Situationen, in denen man sich sagen möchte: Wer so handelt, dem muß man Respekt erweisen, der muß anerkannt werden; denn sein Eifer im Gebet und in Abtötungen hebt ihn so sehr über alle anderen empor, daß man ihm nicht zu nahe treten darf.

Wenn die anderen einem Menschen solche Verehrung und Sonderstellung einräumen wollen, so mag das unbedenklich sein. Verlangt ein Mensch aber selber, daß ihm solcher Respekt erwiesen wird, dann stellt er sich fordernd in die Mitte. Er hat vielerlei Ansprüche um sich herum ausgebreitet. Über ihn darf nichts gesagt werden, was auch nur den Anschein erwecken könnte, daß man ihn kritisch betrachtet. Er ist so sehr auf Anerkennung aus, daß er auch dann schon gereizt reagiert, wenn überhaupt nicht von ihm die Rede war. Sein übersteigertes Streben nach Anerkennung sucht förmlich nach Gegnern und malt sich solche an die Wand, wenn keine da sind.

Natürlich regt er sich auch auf, wenn jemand anderer etwas von dem beansprucht oder an sich nimmt, was er als sein Eigentum betrachtet. Das muß gar nicht einmal etwas Großes, etwas Wertvolles sein. Eine Kleinigkeit genügt, um eine große Aufregung auszulösen.

Je größer und weiter der Kreis ist, in dem der Mensch seine Eigentumsansprüche ausbreitet, und je zahlreicher die Dinge und Positionen sind, die der Mensch als ihm gehörendes Eigentum betrachtet, desto stärker ist das Leben von Störungen bedroht. Wer die Kraft aufbringt, seine Eigentumsansprüche zurückzunehmen, der erspart sich – und anderen – manche Aufregung, weil er die Konfliktmöglichkeiten verringert.

Leben ohne Eigentumsansprüche verringert Konflikt-Möglichkeiten

Dies war für Franziskus ein wichtiger Aspekt der Armut, daß die Brüder durch konsequent gelebte Armut Konflikte verringern und dem Frieden dienen konnten. Ein Bericht der Dreigefährten-Legende (Nr. 35) macht das besonders deutlich.
Der Bischof von Assisi, der das starke Anwachsen der Gemeinschaft um Franziskus beobachtete, hatte Bedenken, daß eine so große Gemeinschaft ohne materielle Absicherung in Armut leben wollte. So gab er dem hl. Franziskus den Rat, er möge doch zur Sicherung des Lebensunterhaltes der Brüder Besitz in Form von ertragreichen Ländereien annehmen.
Der Heilige hat damals geantwortet: „Herr, wenn wir irgendwelches Eigentum besitzen würden, so müßten wir zu unserem Schutz unbedingt auch Waffen haben. Daraus entstehen aber Streitigkeiten und Zank, und dadurch wird die Liebe Gottes und des Nächsten gewöhnlich stark gehemmt. Und deshalb wollen wir in dieser Welt nichts Irdisches besitzen."
Sich etwas aneignen, das geht kaum, ohne daß Streit mit anderen entsteht, wenn das auch nicht beabsichtigt war, weil man nicht damit rechnete, daß andere Ansprüche erheben könnten. Selbstverständlich wird einer, der die evangelische Armut – und Friedensbotschaft – leben will, niemanden etwas streitig machen, worauf der andere berechtigten Anspruch erhebt. Doch kann es geschehen, daß man gar nichts von den Ansprüchen anderer weiß.
Wer die Armut im Sinne des hl. Franziskus versteht, der wird auch nicht einfach zu Dingen greifen, die vom Eigentümer nicht genützt werden, die vielleicht wie herrenloses Gut herumliegen. Auf diese Situation wäre anzuwenden, was *Thomas von Celano* berichtet: „Franziskus wollte nicht, daß die Brüder auch nur eine kleine Niederlassung

bewohnten, wenn man nicht sicher den Herrn wußte, dem sie als Eigentum gehöre" (2 Celano 59).
Die hier vorausgesetzte Situation ergab sich oft in der Anfangszeit der Minderbrüder. Die Abteien der alten Orden hatten in ihrem Umkreis vielfach Eremitorien, die von einem oder zwei Mönchen bewohnt und als Heiligtümer betreut wurden. Zur Zeit des hl. Franziskus waren die kleinen Niederlassungen vielfach verlassen, nicht mehr bewohnt und infolgedessen verwahrlost. Da war es für die Brüder des hl. Franziskus eine starke Versuchung, diese ungenützten kleinen Niederlassungen einfach in Gebrauch zu nehmen. Deshalb legte Franziskus Wert darauf, daß in solchen Fällen der Eigentümer festgestellt und um Erlaubnis gefragt wurde. So ist es denn auch bei den meisten Einsiedeleien der Minderbrüder geschehen, sei es bei der Portiunkula, den Carceri, Speco San Urbano usw.

Wie Pilger und Fremdlinge

Der angeführte Bericht des Thomas von Celano endet mit den Worten: „Denn er verlangte, daß seine Söhne nach den für Pilger geltenden Gesetzen lebten: Unter fremdem Dache wohnen, friedfertig durch die Welt gehen und heißes Verlangen tragen nach dem Vaterlande."
So ergibt sich eine bedeutsame Parallele zwischen diesem Celano-Bericht und dem Text der Regel. Denn auch in der Regel heißt es sofort anschließend: „sondern sie leben in dieser Weltzeit wie Pilger und Fremdlinge." Dazu wird auf 1 Petr 2, 11 hingewiesen. Dort bezeichnet der Apostel die Christen insgesamt als „Pilger und Fremdlinge."
„Pilger und Fremdlinge", mit diesen Worten ist etwas Entscheidendes vom Selbstverständnis der ersten Christen ausgesprochen. Bevor die Anhänger Jesu „Christen" genannt wurden, bezeichneten sie sich selbst und wurden genannt als „Menschen des Weges" (Apg 9, 2; 11, 26). Wer sich als „Pilger und Fremdling in dieser Weltzeit" versteht oder als „Mensch des Weges", der weiß, daß er sich nicht so in dieser Welt einrichten kann und sich nicht festsetzen darf, als wäre sein Aufenthalt in dieser Welt von ewiger Dauer.
Er muß in der von Jesus seliggepriesenen Art hungrig und durstig sein (vgl Mt 5, 6). Nur so ist er in der Lage, immer wieder zu neuen Horizonten unterwegs zu sein. Nur so kann er Neues hinzulernen und sich

entwickeln. Wer meint, er könne mit dem zufrieden sein, was er an Wissen, Können und Charakterformung erreicht hat, findet auch den ihm möglichen Reichtum nicht, er bleibt in der Vorläufigkeit stecken. Nur wer als „Pilger und Fremdling", als „Mensch des Weges" sein Leben führt, ist ein Mensch, der den Gegebenheiten unserer Welt und Zeit nüchtern Rechnung trägt. Denn unsere Welt und Zeit sind keine fest zementierten, unveränderlichen Größen, sondern Größen, die in beständiger Entwicklung begriffen sind. So wie sie sich uns darbieten, sind sie vergänglich, werden immer wieder durch Neues abgelöst. Dieser Situation entspricht der Arme im Sinne des Evangeliums. Er hat den nüchternen Blick, der diese Welt realistisch so sieht, wie sie wirklich ist, nämlich vergänglich.

„Selig die arm sind"

Das sechste Kapitel wird abgeschlossen mit einem Hymnus zum Lobpreis der Armut. Der Text kommt in seinen entscheidenden Aussagen von der bullierten Regel der Minderbrüder (BReg 6, 4-6). Er ist allerdings in dem Punkt verändert, daß die Regel des Regulierten Dritten Ordens die Aussage im Plural der ersten Person hält, während die bullierte Regel die Aussage als Anrede im Plural der zweiten Person gehalten hat.

Der Hymnus gibt Antwort auf die Frage nach dem letzten Sinn des Lebens als Pilger und Fremdling auf dieser Erde. Wer wie Petrus dem Herrn sagen kann: „Wir haben alles verlassen und sind dir nachgefolgt" (Mt 10, 28), wer sich „an Hab und Gut arm gemacht" hat, wie der Regeltext sagt, der wird dafür das Hundertfache, ja, „in der kommenden Welt das ewige Leben" erhalten (Mk 10, 29-30).

Die Armut ist es, die dem Menschen das Himmelreich als sicheren Anteil schenkt, so wie es bei einem Erbe der Fall ist, das dem Menschen zusteht.

Der tiefere Kausalzusammenhang ist in dem gegeben, was am Weihnachtsfeste von der Kirche betend ausgesprochen wird: „Laß uns teilhaben an der Gottheit deines Sohnes, der unsere Menschennatur angenommen hat." Durch seine Menschwerdung hat der Gottessohn unsere Menschennatur in der Armut angenommen, damit wir Anteil an seiner Gottheit erhalten, wenn wir ihm in seiner Armut nachfolgen und so durch die Armut mit ihm vereinigt sind.

Um Christi Willen

Der Gedankenkreis des 6. Kapitels schließt damit, daß gesagt wird, die echte evangelische Armut müsse „um des Namens unseres Herrn Jesu Christi" willen gelebt werden, so wie am Anfang des Kapitels aufgefordert wird: „Alle Brüder und Schwestern seien bemüht, der Armut und Demut unseres Herrn Jesus Christus nachzufolgen."
Wir dürfen nicht vergessen, dieses 6. Kapitel auch im Lichte dessen zu sehen, was im 2. Kapitel bereits aufklang. Dort wird über jene, die sich zum Eintritt in die Ordensgemeinschaft melden, gesagt: „Und alles, was zu diesem Leben nach dem Evangelium gehört, werde ihnen sorgfältig dargelegt, vor allem die Worte des Herrn: Wenn du vollkommen sein willst, dann geh und verkaufe alles, was du hast, und gib es den Armen, und du wirst einen Schatz im Himmel haben, und komm, folge mir" (Mt 19,21).
Der Armuts-Hymnus der Ordensregel spricht davon, daß die Armut an Hab und Gut arm macht. Dieses Arm-gemacht-Werden geschieht jedoch nicht unter einem Zwang von außen. Man macht sich selber arm an irdischem Gut, weil man „vollkommen" sein will, d. h. zum Reich Gottes gehören will, weil man Christus nachfolgen will. Und darin besteht die Erhabenheit der höchsten Armut, und darum verdient sie die Qualifizierung „höchste Armut", weil sie jene Haltung ist, die sich am menschgewordenen Gottessohn fand. Wer ganz dicht zu Jesus Christus aufschließt, wer die Armut wie Er als prägende Kraft des Lebens nimmt, der wird, wie das Evangelium sagt, einen Schatz im Himmel haben. Denn er kann in der Gewißheit leben, daß er auf dem Weg in das Land der Lebenden ist.
So wird die Armut um Christi willen und in der Art Christi zu etwas, das man sogar „haben" und „besitzen" kann als seinen festen „Anteil" an der Herrlichkeit des Herrn.

7. Kapitel

Vom schwesterlichen und brüderlichen Leben

Ordensleben ist ein Leben nach den drei evangelischen Räten in Gemeinschaft. „Ein brüderliches-schwesterliches Leben in Gemeinschaft führen", das ist ein wesentliches Merkmal für das Leben in einer Ordensgemeinschaft, so sagt es auch das neue kirchliche Gesetzbuch in Kanon 607. Deshalb ist das 7. Kapitel der erneuerten Ordensregel von fundamentaler Bedeutung. Denn es behandelt das Leben in Gemeinschaft in betonter Weise. Das geschieht hier allerdings nicht primär mit dem Blick auf die gewiß auch notwendigen Strukturen. Hier wird stärker von der Gesinnung gesprochen, die das Zusammenleben in Gemeinschaft beseelen und tragen muß. Halten wir uns zunächst den Text vor Augen, um ihn dann für uns aufzuschließen.

23) Um der Liebe Gottes willen sollen die Brüder und Schwestern sich gegenseitig lieben, wie der Herr sagt: *Das ist mein Gebot, daß ihr einander liebt, wie ich euch geliebt habe.* Und sie sollen die Liebe, die sie zueinander haben, in Werken zeigen. Und vertrauensvoll offenbare einer dem anderen seine Not, damit er ihm, was er notwendig hat, ausfindig mache und verschaffe.
Joh 15, 12
vgl. Jak 2, 18
vgl. 1 Joh 3, 18
NbReg 11, 5-6
vgl. TestKlara 18
NbReg 9, 10

Selig sind, die den anderen, wenn er krank ist, ebenso lieben – was jener ihnen nicht entgelten kann –, wie wenn er gesund ist und er ihnen entgelten kann.

Und für alles, was ihnen widerfährt, sollen sie dem Schöpfer Dank sagen, und sie mögen so zu sein verlangen, wie der Herr sie will, gesund oder krank.
vgl. Erm 24
NbReg 10, 3

In diesem Kapitel ist natürlich oft von der Liebe die Rede. Doch müssen wir die Forderung zur Liebe hier richtig einordnen. Man muß die ersten Worte recht verstehen: „Um der Liebe Gottes willen." Das bedeutet nicht: Um der Liebe willen, die wir zu Gott haben. Dann wäre der Beweggrund für unser Leben und Handeln in Gemeinschaft in uns Menschen selber gelegen. „Um der Liebe Gottes willen", da wird von der Liebe ausgegangen, die Gottes Wesen ist, wie es im ersten Johannes-Brief heißt: „Gott ist die Liebe, und wer in der Liebe bleibt, der bleibt in Gott, und Gott bleibt in ihm" (1 Joh 4,16b).

Es geht um unser Einssein mit Gott

Von diesem Wort der Hl. Schrift her gesehen, geht es also im 7. Kapitel der Ordensregel zutiefst um mehr als menschliches Wohlverhalten allein. Es geht vielmehr um unsere religiöse Existenz, um die Einigung mit Gott in der Art, daß wir in Gott bleiben und er in uns bleibt, so wie es durch die Lebenskraft der Liebe erreicht wird.
Naturgemäß ist in einem Kapitel, das vom „schwesterlichen und brüderlichen Leben" handelt, Liebe ein zentraler, häufig verwendeter Begriff. Nun haben aber manche, und zwar christlich eifrige Menschen ihre Schwierigkeiten mit der Liebe. Es ist jedoch nicht so, daß sie ihre Schwestern und Brüder nicht lieben *wollen*. Sie meinen vielmehr, daß sie ihre Schwestern und Brüder nicht alle wirklich lieben *können*. Und sie machen sich deshalb Vorwürfe.
Oft ist es jedoch so, daß dabei Liebe und Sympathie verwechselt werden. Wenn Christus uns sagt: „Das ist mein Gebot, daß ihr einander liebt, wie ich euch geliebt habe" (Joh 15,12), dann darf das nicht in dem Sinne gedeutet werden, daß Christus sagen wollte: „Das ist mein Gebot, daß ihr einander sympathisch findet." Sympathie als die unmittelbare Herzensneigung zu anderen Menschen kann nicht mit dem Willen herbeigeführt werden. Es ist nun einmal so, daß manche Menschen uns von vornherein sympathisch sind, daß wir sie gern haben, während sich bei anderen etwas in uns sperrt, auch wenn wir mit diesen anderen noch gar keine Erfahrung gemacht haben. Und auch die besten Vorsätze erreichen nicht, daß wir einen uns unsympathischen Menschen sympathisch finden können.
Gewiß wäre es der Liebe sehr förderlich, wenn immer die Sympathie, die Zuneigung des Herzens mitschwingen würde. Aber das ist uns auf dieser Erde nicht gegeben. Die Liebe, bei der auch die gemüthafte Aufnahme des anderen geschieht, wird uns erst in Gottes Ewigkeit möglich sein. Das hat *Antonius von Padua* gesagt: „Das himmlische Jerusalem wird wegen der Klarheit der verherrlichten Leiber reines Gold genannt; es wird einem Glas ähnlich sein, denn wie wir in reinem Glas sehen können, was darin enthalten ist, so werden in jener

Schau des Friedens alle Herzensgeheimnisse den anderen bekannt sein. Deshalb werden alle Heiligen von unaussprechlicher und unauslöschlicher Liebe zueinander erfüllt sein. Jetzt können wir einander nicht so lieben, wie wir es sollten, weil wir uns voreinander in Dunkel hüllen und uns voneinander absondern durch unsere Herzensgeheimnisse" (QuSchr IV, Nr. 817).

Die Liebe in Werken zeigen

Was wir auf Erden an Liebe erringen können, ist zwar nicht die Vollendung, aber es ist der Ansatz dazu, vergleichbar einem Samenkorn, das erst unter der Sonne der Ewigkeit die volle Reife seiner Frucht erreichen wird.

Wenn wir auf Erden auch nicht Vollendetes erbringen können, wenn wir also auch nicht jedem gegenüber die Liebe haben können, die dem anderen mit Sympathie begegnet, einen ganz wesentlichen Teil der Liebe können und sollen wir in jedem Fall erbringen. Die Ordensregel sagt das so: „Und sie sollen die Liebe, die sie zueinander haben, in Werken zeigen".

Was es um die in Werken gezeigte Liebe ist, spricht Franziskus in seiner Erklärung zum Vaterunser an zwei Stellen so aus: „Und damit wir unsere Nächsten wie uns selbst lieben, indem wir alle nach Kräften zu deiner Liebe hinziehen, uns über das Gute der anderen wie über das unsrige freuen und in Widerwärtigkeiten Mitleid mit ihnen haben und niemanden irgendwie beleidigen" (ErklVat 5). Das sind Haltungen und Taten der Liebe, die auch ohne das emotionale Element der Sympathie möglich und willentlich erreichbar sind.

Und diese Art der Liebe ist auch denen gegenüber möglich, bei denen auch Franziskus seine Schwierigkeiten mit der geforderten Liebe hatte: den Feinden gegenüber: „Wie auch wir vergeben unseren Schuldigern. Und was wir nicht vollkommen vergeben, mach du, Herr, daß wir es gänzlich vergeben, damit wir die Feinde um deinetwillen wahrhaft lieben und für sie bei dir ergeben Fürsprache einlegen, niemandem Böses mit Bösem vergelten und in allen in dir nützlich zu sein uns bemühen" (ErklVat 8).

Franziskus gibt hier ehrlich zu, daß auch ihm eine die Vergebung umfassende Feindesliebe schwierig ist. So bittet er Gott um die Kraft zu einer Feindesliebe, die sich in Werken zeigt. Man wird seine Feinde nicht sympathisch finden können. Aber man wird ihnen gegenüber die Liebe tun können, wie Franziskus deutlich macht.

Liebe will helfen

Wie wichtig diese Liebe der Tat ist, sagt uns die Heilige Schrift vor allem an den beiden Stellen, auf die der Regeltext hinweist: „Meine Brüder, was nützt es, wenn einer sagt, er habe Glauben, aber es fehlen die Werke? Kann etwa der Glaube ihn retten? Wenn ein Bruder oder eine Schwester ohne Kleidung ist und ohne das tägliche Brot und einer von euch zu ihnen sagt: Geht in Frieden, wärmt und sättigt euch!, ihr gebt ihnen aber nicht, was sie zum Leben brauchen – was nützt das? So ist auch der Glaube für sich allein tot, wenn er nicht Werke vorzuweisen hat. Nun könnte einer sagen: Du hast Glauben, und ich kann Werke vorweisen; zeig mir deinen Glauben ohne die Werke, und ich zeige dir meinen Glauben aufgrund der Werke" (Jak 2, 14-18).
„Wenn jemand Vermögen hat und sein Herz vor dem Bruder verschließt, den er in Not sieht, wie kann die Liebe Gottes in ihm bleiben? Meine Kinder, wir sollen nicht mit Wort und Zunge lieben, sondern in Tat und Wahrheit" (1 Joh 3, 17-18).
An beiden Textstellen der Heiligen Schrift wird von der Liebe in dem Sinne gesprochen, daß sich der Mensch helfend seinen Mitmenschen zuwendet. Bei der menschlichen Grundveranlagung, sich selbst in der Mitte sehen zu wollen, braucht von der Offenbarung wohl nicht dazu gedrängt werden, selber die bereichernde, erfüllende Liebe zu empfangen und zu suchen. Hingegen ist es nicht bei allen ohne Weiteres so, daß der Mensch zur helfenden Liebe neigt. Darum mußte von Gott her in seiner Offenbarung auf diesen Punkt in der Form des Gebotes der Liebe hingewiesen und hingedrängt werden.
Wenn es aber um liebende Hilfe in einer Not geht, so ist es eine ganz selbstverständliche Voraussetzung: Man kann in einer Not nur helfen, wenn man um die Not weiß. Ein hilfsbereiter Mensch, der eine große Sensibilität für die Lage seiner Mitmenschen aufbringt, der nicht abgestumpft und interesselos unter seinen Mitmenschen lebt, wird viel an Not spüren, welche die anderen bedrückt. Bei aller Hilfsbereitschaft wird er aber nicht um jede Not wissen können. Es gibt versteckte Not, und manche Not wird bewußt geheimgehalten. Warum wird Not geheimgehalten und vor den anderen versteckt?

Mag sein, daß der Betreffende sich in leicht verletzbarer Eitelkeit keine Blöße geben will. Mag aber auch sein, daß der Betreffende um seinen Ruf fürchten muß, wenn anderen seine Notlage bekannt wird.

Die Not offenbaren

Die Ordensregel sagt: *"Und vertrauensvoll offenbare einer dem anderen seine Not, damit er ihm, was er notwendig hat, ausfindig mache und verschaffe."* Es steht gut um eine Ordensgemeinschaft, wenn in ihr jeder von einer Notlage Geplagte anderen seine Not mit der Bitte um Hilfe offenbaren kann, wenn er es kann, ohne befürchten zu müssen, daß die anderen sich mit dem Wissen um seine Notlage interessant machen. Wer anderen seine Not offenbart, muß davon ausgehen können, daß sein guter Ruf in der Liebe des anderen geborgen ist. Und erweist er den anderen nicht auch eine große Liebe, weil er im Offenbaren seiner Not voll auf die Verschwiegenheit und Ehrenhaftigkeit der anderen setzt?

"... damit er ihm, was er notwendig hat, ausfindig mache und verschaffe." Das setzt natürlich voraus, daß der, der sich in Not befindet, sich nicht selber das beschaffen kann, was er unbedingt braucht. Denn helfende Liebe ist ja nicht dazu da, daß sie untätige Bequemlichkeit fördert. Die Hilfsbereitschaft der anderen sollte nicht ausgenützt werden, wenn man sich selber helfen kann.

Was die Mitschwester, der Mitbruder notwendig hat, sollte nicht ausschließlich oder vornehmlich bei materiellen Dingen gesucht werden, wenn diese auch nicht auszuschließen sind. Bei materiellen Dingen bedarf es kaum eines Vermittlers, wenn man sie notwendig braucht. Wichtiger für die Schwester, den Bruder kann es sein, daß man ihm etwa ein Gespräch mit einem Oberen vermittelt, daß man in einer Meinungsverschiedenheit dafür sorgt, daß auch seine Argumente angehört und gewertet werden, daß man ihn wieder in die Mitte der Gemeinschaft holt, wenn er an den Rand geraten ist. Es gibt so manche Situation, in der eine Schwester, ein Bruder allein nicht weiterkommt, wo er auf Hilfe durch andere angewiesen ist. Wer wahre Liebe hat, wird sich freuen, wenn er einem anderen das verschaffen konnte, was dieser brauchte.

Liebe ohne Entgelt

In welcher Gesinnung diese liebende Hilfe geschenkt werden soll, sagt die Ordensregel anschließend mit den Worten der 24. Ermahnung: *„Selig sind, die den anderen, wenn er krank ist, ebenso lieben – was jener ihnen nicht entgelten kann –, wie wenn er gesund ist und er ihnen entgelten kann."*

Um die ganze Breite dessen erfassen zu können, was Franziskus hier sagen will, muß man bedenken, welchen Bedeutungsreichtum das Wort hat, das mit „krank" wiedergegeben ist. Das lateinische „infirmus", das von Franziskus an dieser Stelle verwendet wird, ist nicht mit einem einzigen deutschen Wort wiederzugeben. Die Übersetzung mit „krank" gibt nur die Bedeutungsrichtung an. Und auch dabei ist an die unterschiedliche Ausrichtung zu denken: leiblich krank, einschließlich nervlich krank, bis hin zu seelisch und geistig krank.

Halten wir hier schon einmal inne und fragen uns, wer wohl mehr geliebt wird: der Gesunde oder der irgendwie Kranke. Wir werden bald spüren, daß die so gestellte Frage nicht ganz zutreffend ist. Denn es ist durchaus nicht so, daß die Gesunden geliebt und die Kranken nicht geliebt werden. Die Zuwendung von Liebe und Aufmerksamkeit wird normalhin von der kritischen Frage her beantwortet: „Was habe ich von dir?" Und dann kann sich herausstellen, daß auch ein hilfloser Kranker sehr geliebt wird, weil seine Pflegerin, sein Pfleger sehr viel von ihm hat: Dank, Anerkennung, Bestätigung als tüchtige und zuverlässige Person, mag das in Worten ausgesprochen werden oder von den Augen abzulesen sein. Wenn aber keine Reaktion des Dankes und der Anerkennung kommt, obwohl der Kranke dazu fähig wäre, was dann?

„Infirmus" kann aber noch sehr viel andere Inhalte haben. Es kann bedeuten: schwach sowohl an Geistes- als auch Körperkraft, labil, unerfahren, ungeschickt, einflußlos. Wer wird mehr geliebt und verehrt: einer der durch Leistungen herausragt, der an einflußreicher Stelle steht, der etwas zu sagen hat, oder der, der leicht versagt, mit dem man nicht zu rechnen braucht, der nichts zu sagen hat? Uns wird wohl deutlich, worin diese unterschiedliche Haltung gründet: Von den einen haben wir etwas, von den anderen erwarten wir nichts.

Damit stehen wir unter der Beleuchtung durch das Jesus-Wort: „Wenn ihr nämlich nur die liebt, die euch lieben, welchen Lohn könnt ihr dafür erwarten? Tun das nicht auch die Zöllner? Und wenn ihr nur eure Brüder grüßt, was tut ihr damit Besonderes? Tun das nicht auch die Heiden?" (Mt 5, 46-47). Wenn wir unser Gutsein den anderen gegenüber davon abhängig machen, ob die anderen uns auch gut sind, dann werden die Erweise der Güte nur in einem geschlossenen Kreis hin und her geschoben und gelangen nicht in die Weite.

Nur wenn wir uns verhalten wie der Vater im Himmel, breitet sich das Gute wirklich zu allen hin aus. Denn der himmlische Vater macht die Erweise seiner liebenden Güte – Sonnenschein und Regen – nicht davon abhängig, wie wir Menschen auf ihn reagieren. Er bedenkt Böse und Gute, Gerechte und Ungerechte mit seinen Gaben. Und darin liegt seine göttliche Vollkommenheit, die uns die Richtung weisen soll: „Ihr sollt also vollkommen sein, wie es auch euer himmlischer Vater ist" (Mt 6,48).

Auch hier geht es also nicht allein darum, daß wir uns in unserer Gemeinschaft wohlfühlen und Nestwärme finden. Sondern es geht auch darum, daß wir etwas von der Art und Güte Gottes zum Leuchten bringen. Bedenken wir, daß das Kapitel ja mit den Worten beginnt: „Um der Liebe Gottes willen sollen die Brüder und Schwestern einander lieben."

So zu sein verlangen, wie der Herr uns will

Die Regel fährt weiter fort: *„Und für alles, was ihnen widerfährt, sollen sie dem Schöpfer Dank sagen, und sie mögen so zu sein verlangen, wie der Herr sie will, gesund oder krank."*

Was hat das mit einem Kapitel zu tun, in dem vom „schwesterlichen und brüderlichen Leben" die Rede ist, also von der Liebe? Die Worte sind der NbReg (10,3) entnommen. Und der gesamte Text der NbReg macht deutlich, daß hier sehr wohl ein Zusammenhang gegeben ist. Es heißt dort nämlich: „Und wenn einer verwirrt oder zornig wird, sei es gegen Gott, sei es gegen die Brüder, oder wenn er vielleicht ungestüm Arzneien fordern wird, da er zu sehr sein Fleisch zu befreien begehrt, das bald sterben wird und ein Feind der Seele ist, dann kommt ihm das vom Bösen, und er ist fleischlich" gesinnt (NbReg 10,4).

Hier wird von einem Kranken gesprochen, der so sehr auf sein Gesundwerden fixiert ist, daß er bitter frustriert ist, wenn die Gesundung nicht eintritt. Und indem er Gott und seine Mitbrüder beschuldigt, ihm das Gesundwerden nicht zu gönnen, wird er ein Unruheherd der Lieblosigkeit. Und dies gilt in all den Fällen, wo jemand bezüglich bestimmter Wünsche enttäuscht wird. Solcher Unzufriedenheit ist nur

zu begegnen, wenn man gläubig seine Situation – und sich selbst –
als von Gott gegeben annimmt.

24) Wenn es vorkommen sollte, daß einmal zwischen ihnen durch Wort oder Zeichen Veranlassung zur Aufregung entstände, so soll einer den anderen demütig um Verzeihung bitten, bevor er vor dem Herrn die Gabe seines Gebetes darbringt. vgl. Mt 5, 24
Wenn einer sich in schwerer Weise über die Lebensform hinwegsetzt, zu der er sich in der Profeß bekannt hat, soll er vom Vorgesetzten oder von den anderen, die um seine Schuld wissen, ermahnt werden. Diese aber dürfen ihn nicht beschämen, noch herabsetzen; sie sollen vielmehr großes Erbarmen mit ihm haben. vgl. Mt 18, 35
Alle aber müssen sich sorgfältig hüten, wegen der Sünde, die jemand begangen hat, zornig und verwirrt zu werden; denn Zorn und Verwirrung verhindern in ihnen selbst und in den anderen die Liebe. vgl. BrMin 15
vgl. BReg 7, 3
vgl. RegKlara 9, 3-4

Der Text dieser Nr. 24 hebt an mit Worten, die der Ordensregel der *hl. Klara* entstammen. Das ist für das Verständnis wichtig. Der Regeltext geht nüchtern davon aus, daß Ordensgemeinschaften nicht Gemeinschaften mit sozusagen eingeebnetem Gemütsleben sind, in denen es keine Erregung oder Aufregung geben kann. Auch in Ordensgemeinschaften kommen Menschlichkeiten und Versagen vor. Und es ist besser, damit zu rechnen und sich richtig darauf einzustellen.
Daß, wie der Text sagt, durch Worte Anlaß zur Aufregung und Entrüstung gegeben werden kann, ist gewiß ohne Erklärung deutlich. Wenn aber von Zeichen gesprochen wird, die Veranlassung zur Aufregung sein können, so ist damit nicht gemeint, daß da jemand einem anderen „den Vogel zeigt". In den alten Orden, die sich an ein strenges Schweigegebot gebunden hatten, geschah die Kommunikation untereinander in einer sehr ausgeklügelten Fingerzeichensprache. Man konnte sich also – unter Beobachtung des Stillschweigens – sehr wohl durch Zeichensprache zu nahe treten und beleidigen.

Liebe denkt auch an „Kleinigkeiten"

Was hier gesagt wird, müssen wir aber auch auf unsere gesamte Körpersprache ausdehnen. Schon eine kleine Bewegung der Mundwinkel oder der Hände, ein Zwinkern der Augen, all das kann in bestimmten Situationen genügen, um einen anderern zu verletzen und zu beleidigen. Achtsame Liebe zu den anderen – und darum geht es ja in diesem Kapitel – wird auch an diese „Kleinigkeiten" denken und alle Störungen des Zusammenlebens zu vermeiden suchen.

Auf solche Störungen innerhalb einer Ordensgemeinschaft wird nun das angewendet, was Jesus in der Bergpredigt sagt: „Wenn du deine Opfergabe zum Altar bringst und dir dabei einfällt, daß dein Bruder etwas gegen dich hat, so laß deine Opfergabe dort vor dem Altar liegen; geh und versöhne dich zuerst mit deinem Bruder, dann komm und opfere deine Gabe" (Mt 5,23-24).

Es geht um die Gebetsfähigkeit

Wenn in einer Gemeinschaft schuldhaft aufgetretene Störungen einfach unerledigt stehen gelassen werden, dann ist bei den Betreffenden die Gebetsfähigkeit in Frage gestellt. Man kann sich dann noch so intensiv auf Gebets-Methoden und Meditations-Techniken konzentrieren, wenn man die Wunden, die man selber geschlagen hat, schmerzend offen läßt, dann ist echtes Gebet nicht möglich. Denn echtes Gebet ist intensiver Kontakt und Austausch mit Gott. Gott aber ist die Liebe. Und wir können zu ihm nur hinzutreten, wenn wir zur Liebe bereit sind. Mögen die Worte noch so schön und erhaben sein, mag das gemüthafte Erleben noch so tief gehen, wenn wir begangenes Unrecht nicht wieder gut machen wollen, dann geschieht nicht das, was den Namen „Gebet" verdient, dann ist kein Lebenskontakt mit Gott gegeben. Denn es fehlt ganz offensichtlich der Geist der Hingabe und des Gebetes.

Zu Recht spricht man von den Ordensgemeinschaften als von „geistlichen Gemeinschaften". Damit wird ein Bekenntnis dazu ausgesprochen, daß die Mitglieder vom Geist des Herrn gerufen und zur Gemeinschaft zusammengeführt sind. Wie allen Getauften, gilt den Ordenschristen in spezieller Weise: „Die Sünde soll nicht über euch herrschen, denn ihr steht nicht unter dem Gesetz, sondern unter der Gnade" (Röm 6,14). Aber die geistlichen Gemeinschaften erleben in ihren eigenen Reihen oft genug, was der Apostel Paulus beklagt: „Wir wissen, daß das Gesetz selbst vom Geist bestimmt ist; ich aber bin Fleisch, das heißt: verkauft an die Sünde. Denn ich begreife mein Handeln nicht: Ich tue nicht das, was ich will, sondern das, was ich hasse ... Das Wollen ist bei mir vorhanden, aber ich vermag das Gute nicht zu verwirklichen. Denn ich tue nicht das Gute, das ich will, sondern das Böse, das ich nicht will" (Röm 7,14-17).

Verfehlungen in der Christus-Gemeinde

Die Kirche hat von Anfang an erlebt, daß sie nicht eine Gemeinschaft von Vollendeten, Heiligen ist, sondern in ihren eigenen Reihen nicht nur den sogenannten Menschlichkeiten, sondern sogar gröbsten Verfehlungen begegnet. Schon Christus selbst hat von möglichen und tatsächlichen Verfehlungen in der Gemeinde der an ihn Glaubenden gesprochen. Der unter Nr. 24 der Regel stehende, auf Franziskus zurückgehende Text hat seine Grundlage in diesem Wort Jesu: „Wenn dein Bruder sündigt, dann geh zu ihm und weise ihn unter vier Augen zurecht. Hört er auf dich, so hast du deinen Bruder zurückgewonnen. Hört er aber nicht auf dich, dann nimm einen oder zwei Männer mit, denn jede Sache muß durch die Aussage von zwei oder drei Zeugen entschieden werden. Hört er auch auf sie nicht, dann sag es der Gemeinde. Hört er aber auch auf die Gemeinde nicht, dann sei er für dich wie ein Heide oder Zöllner" (Mt 18,15-17).

Heutige Exegeten und Moraltheologen sind der Ansicht, dieses Jesus-Wort von den Heiden und Zöllnern müsse eigentlich nicht in dem Sinne verstanden werden, daß die Gemeinde damit das Recht habe, jemanden in die Situation von Zöllnern und Heiden zu versetzen, ihn also aus der Gemeinde auszuschließen. Es gehe vielmehr darum, denen, die sich selbst in die Situation von Zöllnern und Heiden gebracht haben, mit der Liebe zu begegnen, die Jesus gerade den Zöllnern und Sündern bewiesen hat, um sie auf den rechten Weg zurückzuführen.

Franziskus hat manch bittere Erfahrungen mit versagenden Brüdern gemacht. Auf der einen Seite ließ er gewiß nicht alles durchgehen. Er war dafür, daß in seinem Orden klare Grenzen gezogen würden, daß bestimmte Verfehlungen auch den Ausschluß aus der Ordensgemeinschaft zur Folge haben müßten, daß auch Strafen sein müßten. Er selbst aber war stärker von dem bestimmt, was er nach Thomas von

Celano von den leitenden Oberen seines Ordens erwartete: „. . . daß sie Feinde seien den Sünden, Ärzte den Sündern" (2 Celano 187). Wer sündig geworden ist, soll brüderlich ermahnt und zum Rechten gewiesen werden, so wollte es Franziskus. Man darf dem Versagen gegenüber nicht schweigen, um hinterher, wenn die Katastrophe eingetreten ist, zu erklären, das habe man schon lange gewußt, daß es so kommen müsse. Wer seinen Bruder, seine Schwester wirklich liebt, spürt die heraufziehende, persönliche Gefahr seines Bruders, seiner Schwester frühzeitig und macht rechtzeitig darauf aufmerksam. Rechtzeitiges Aufmerksam-Machen kann viel helfen. Und nach dem ersten Fehltritt oder Ausrutscher wird eine Mahnung auch eher angenommen, als wenn schon eine Gewöhnung eingetreten ist, wenn aus einmaligem Fehlverhalten eine Fehlhaltung geworden ist.

Unerschütterliches Erbarmen

Allerdings muß die geforderte Zurechtweisung von Erbarmen getragen sein. Nur das Erbarmen kann in solchen Situationen retten, nicht beschämende Herabsetzung. Dazu hat Franziskus vor allem in seinem Brief an einen Minister gesprochen. Auf diesen Brief weist ja auch die Ordensregel hin. Dort sagt Franziskus:
„Und darin will ich erkennen, ob du den Herrn und mich, seinen und deinen Knecht, liebst, wenn du folgendes tust, nämlich: es darf keinen Bruder auf der Welt geben, mag er auch gesündigt haben, soviel er nur sündigen konnte, der deine Augen gesehen hat und dann von dir fortgehen müßte ohne dein Erbarmen, wenn er Erbarmen sucht. Und sollte er nicht Erbarmen suchen, dann frage du ihn, ob er Erbarmen will. Und würde er danach auch noch tausendmal vor deinen Augen sündigen, liebe ihn mehr als mich, damit du ihn zum Herrn ziehst. Und mit solchen habe immer Erbarmen. Und teile dies, sobald du kannst, den Guardianen mit, daß du für dich fest entschlossen bist, so zu handeln.
Für alle Kapitel aber, die in der Regel sind, die von Todsünden handeln, werden wir mit Gottes Hilfe auf dem Pfingstkapitel mit dem Rate der Brüder dieses folgende Kapitel einsetzen: Wenn ein Bruder, vom Feinde verführt, tödlich gesündigt hat, dann soll er im Gehorsam verpflichtet sein, zu seinem Guardian Zuflucht nehmen. Und alle Brüder, die wissen, daß er gesündigt hat, dürfen ihn nicht beschämen,

noch herabsetzen; sie sollen vielmehr großes Erbarmen mit ihm haben und die Sünde ihres Bruders ganz geheim halten; denn ‚nicht die Gesunden bedürfen des Arztes, sondern die Kranken' (Mt 9,12). Sie sollen gleichfalls im Gehorsam verpflichtet sein, ihn mit einem Begleiter zu ihrem Kustos zu schicken. Und der Kustos soll selbst voll Erbarmen um ihn besorgt sein, so wie er selber wünschte, daß man sich um ihn sorge, wenn er in einer ähnlichen Lage wäre. Und wenn er in eine andere läßliche Sünde gefallen ist, soll er bei seinem Bruder beichten, der Priester ist. Und falls dort kein Priester ist, so möge er seinem Bruder beichten, bis er einen Priester finden wird, der ihn rechtmäßig losspricht, wie gesagt worden ist. Und diese sollen in keiner Weise die Vollmacht haben, eine andere Buße aufzuerlegen als diese: ‚gehe hin und sündige nicht mehr' (vgl. Joh 8,11)" (BrMin 9- 20).

Ist das nicht reichlich kompliziert, daß ein Bruder, der schwer gesündigt hat, von einer Instanz zur anderen gehen muß? Wenn Franziskus diese Prozedur vorsieht, dann hängt das damit zusammen, daß es damals sehr viele Sünden gegeben hat, die unter Kirchenstrafe gestellt waren. In solchen Fällen mußte zuerst die Lossprechung von der Strafe im äußeren Bereich erfolgen. Erst danach konnte eine Lossprechung von der Sünde im inneren Bereich geschehen. Und die Lossprechung von der Kirchenstrafe war bestimmten kirchlichen Instanzen vorbehalten, die der schuldig Gewordene aufsuchen und um die Lossprechung bitten mußte. Die Brüdergemeinschaft sollte den betreffenden Bruder auf diesem gesamten Weg zu den Instanzen nicht allein lassen, ihm vielmehr das Erlebnis vermitteln, daß das Erbarmen seiner Brüder mit ihm sei.

Alle aber sollen sich, wie der Hinweis auf das Matthäus-Evangelium (18, 35) zeigt, an das Wort Jesu gebunden wissen, mit dem das Gleichnis vom unbarmherzigen Knecht endet: „Du böser Knecht, jene ganze Schuld habe ich dir erlassen, da du mich angefleht hast – hättest nicht auch du dich deines Mitknechtes erbarmen müssen, wie ich mich deiner erbarmte? Und zornig übergab ihn der Herr den Gerichtsdienern, bis ihm jener die ganze Schuld bezahlt habe. So wird auch euer himmlischer Vater mit euch verfahren, wenn ihr nicht, ein jeder seinem Bruder, von Herzen verzeiht" (Mt 18,32-35).

„Wie auch wir vergeben..."

Damit stehen wir im Grunde vor dem, was Jesus uns in dem Wesensgebet christlichen Lebens, im Vaterunser, zu beten gelehrt hat: „Und vergib uns unsere Schuld, wie auch wir vergeben unseren Schuldigern."
Es mag zwar sein, daß die Schwester, der Bruder sich in seiner Verfehlung nicht direkt gegen uns gewendet hat. Dennoch empfinden wir es so, daß er auch uns gegenüber schuldig wurde, weil er in seinem Versagen gegen die Ehre der Ordensgemeinschaft, also auch gegen unsere persönliche Ehre gehandelt hat.
Das ist der Grund, warum das 7. Kapitel mit den folgenden Worten endet, die aus der BReg 7,3 entnommen sind:

„Alle aber müssen sich sorgfältig hüten, wegen der Sünde, die jemand begangen hat, zornig und verwirrt zu werden, denn Zorn und Verwirrung verhindern in ihnen selbst und in den anderen die Liebe."

Diese Worte wollen wir mit dem kombinieren, was in NbReg 5,7 gesagt wird: „Und hüten sollen sich alle Brüder, sowohl die Minister und Diener als auch die anderen, wegen der Sünde oder der Übeltat eines anderen in Verwirrung und Zorn zu geraten. Denn der Teufel will durch die Sünde eines einzelnen viele verderben."
Franziskus hat gewiß nicht die Gefahr ignoriert, daß von dem Fehlverhalten eines einzelnen her ein gewisser Sog zur Nachahmung durch andere entstehen kann. Das geschieht um so leichter, wenn in einer Ordensgemeinschaft keine klare, konsequente Linie herrscht, wenn in ihr Abweichungen nicht als solche gesehen und behandelt werden. Allerdings erwähnt Franziskus diesen Punkt nicht eigens. Die Gefahr, von der er im Zusammenhang mit dem Versagen einzelner spricht, ist darin gegeben, daß die Liebe Schaden leidet.
Die Ordensgemeinschaft reagiert leicht so, daß sie sich über den sündig Gewordenen, den moralisch Versagenden erregt, weil sie sich in ihrem religiösen, moralischen Anspruch blamiert fühlt. Der Betreffende wird in der Verärgerung über die Verletzung der Gemeinschafts-Ehre hart und lieblos behandelt. Damit tritt aber für eine Ordensgemeinschaft das große Unheil ein, daß sie sich gegen das Hauptgebot der Liebe verfehlt.

Wenn sich die Liebe der Schwestern und Brüder in einer Ordensgemeinschaft auch in Grenzsituationen und Krisen als Erbarmen bewährt, dann lebt in dieser Gemeinschaft jene Kraft, die mit den ersten Worten dieses Kapitels angesprochen wird: die Liebe Gottes.

„Einer trage des anderen Last"

Alle diese Erwägungen setzen eine lebendige, aktive Gemeinschaft voraus. Eine Gemeinschaft, in der ein Zusammengehörigkeitsgefühl erfahrbar ist, in der alle ein gemeinsames Ziel vor Augen haben, das klar umrissen ist und die Kräfte der vielen einzelnen mobilisiert. Eine Gemeinschaft, in der man nicht miteinander leidet unter dem Versagen des einzelnen, in der man alle Verantwortung den Oberen überläßt oder sie ihnen zuschiebt, in der man nur froh ist, nicht selbst betroffen zu sein, in der man die Augen zumacht, sich „nicht einmischen" will, ist aber keine Gemeinschaft, schon gar nicht eine geistliche.

Das gegenseitige Aufeinanderangewiesensein muß spürbar, erlebbar sein in Freud und Leid, im Erfolg und Versagen. Nur in diesem „Wir-Bewußtsein" können wir uns einander zugehörig fühlen, können wir aufeinander bauen, uns aufeinander verlassen, auch nach Fehlverhalten und Enttäuschungen. Nur im „Ja" zueinander ist gegenseitiges Aufmerksam-Machen, ja Zum-Rechten-Weisen möglich, ohne daß gleich ein ganzer Scherbenhaufen entsteht.

So bringt es das brüderliche, schwesterliche Leben an den Tag, inwieweit wir das Gebot des Herrn zu befolgen bereit sind: „Einer trage des anderen Last" (Gal 6,2). Auch die Last des Versagens.

Ist es nicht tröstlich, daß die Ordensregel so offen darüber spricht und so selbstverständlich mit dem Versagen rechnet?

8. Kapitel

Erm 3, 6
vgl. GrTug 3

Vom liebenden Gehorsam

So, wie die Kapitelüberschrift formuliert ist, knüpft sie an das an, was im 7. Kapitel „Vom brüderlichen und schwesterlichen Leben" gesagt worden ist. Gehorsam ist ja nicht in der Vereinzelung eines Menschen möglich, sondern nur in einer Gemeinschaft, in der Begegnung mit anderen. Gehorsam setzt Ausrichtung auf einen anderen voraus. Darum tritt zum Gehorsam die Liebe hinzu.

Zur Kapitelüberschrift ist hinzuweisen auf Worte des hl. Franziskus, wie wir sie in seinen Schriften finden. Da ist zunächst: „Das ist der von Liebe getragene Gehorsam, weil er Gott und dem Nächsten Genüge leistet" (Erm 3, 6). Ausrichtung auf Gott und auf den Nächsten geschieht im Gehorsam und geschieht in der Liebe. Gehorsam und Liebe sollte man nicht trennen: Gehorsam zumal gegen Gott vollendet sich in der Liebe zu Gott. Und die Liebe zu Gott lebt im Gehorsam. Darum sagt Franziskus: „Herrin, heilige Liebe, der Herr erhalte dich mit deiner Schwester, dem heiligen Gehorsam" (GrTug 3). Wenn es um die echte Begegnung mit Gott geht, klingen Liebe und Gehorsam in eins.

25) Nach dem Beispiel des Herrn Jesus, der seinen Willen in den Willen des Vaters legte, sollen die Brüder und Schwestern eingedenk sein, daß sie um Gottes willen ihrem Eigenwillen entsagt haben. Auf allen Kapiteln, die sie halten, sollen sie zuerst das Reich Gottes und seine Gerechtigkeit suchen und sich gegenseitig ermutigen, damit sie die Regel, die sie versprochen haben, besser beobachten und treu den Fußspuren unseres Herrn Jesus Christus folgen können.

vgl. BrGl II 10
BReg 10, 2
Mt 6, 33
vgl. NbReg 18, 1
vgl. Test 34
vgl. RegKlara 10, 2

Es ist gut, wenn wir uns daran erinnern, daß nicht nur in diesem achten Kapitel der Regel vom Gehorsam gesprochen wird. Außer im ersten Kapitel, wo die evangelischen Räte genannt werden, wird der Gehorsam im zweiten Kapitel in einer Weise genannt, die nachdenklich macht. Es heißt in Nr. 7: „Ist die Probezeit beendet, mögen sie zum Gehorsam angenommen werden, indem sie versprechen, dieses Leben und diese Regel immer zu beobachten".

Hier fällt nicht nur auf, daß der gesamte Bereich des Ordenslebens als Gehorsam bezeichnet wird. Noch stärker fällt auf, befremdet wahrscheinlich sogar, daß es heißt, zum Gehorsam müsse man angenommen werden. Das klingt doch so, als wenn der Bereich des Gehorsams nicht jedem ohne weiteres zugänglich wäre, daß man zu diesem heiligen Bereich nicht nach eigenem Wollen eingelassen, daß man vielmehr angenommen, zugelassen werden muß. Wenn das so ist, dann müßte man eigentlich davon sprechen, daß man gehorchen darf.

Der Heilssinn des Gehorchens

„Nach dem Beispiel des Herrn Jesus", so beginnt dieses Kapitel. Von Worten des Herrn, die zu diesem evangelischen Rat rufen, kann ja nicht gesprochen werden. Wenn im Neuen Testament von Gehorsam die Rede ist, dann ist es durchweg der Gehorsam unseres Erlösers und nicht unser Nachfolge-Gehorsam.

Dennoch gibt uns das Neue Testament wichtige Aufschlüsse über Sinn und Bedeutung des religiös bestimmten Gehorsams, auch wenn das Wort „Gehorsam" an den entscheidenden Stellen nicht vorkommt. Die Evangelisten berichten uns über viele wunderbare Heilungen, die Jesus kranken Menschen erwiesen hat. Unter all den Erkrankungen, von denen die Evangelisten sprechen, ist eine, bei der mit auffallender Häufigkeit gesagt wird, die Erkrankung sei durch das Einwirken des Bösen, durch einen Dämon in das Leben eingebrochen. Und das ist Taubheit und Stummheit. Das geht sogar so weit, daß der böse Geist selber als taub und stumm bezeichnet wird (Mt 9,25).

Taubheit und Stummheit scheinen den Evangelisten offenbar besonders gut geeignet, das Verhängnisvolle am Wirken des Bösen aufzuzeigen.

Was wird mit dem Taubsein und Stummsein gestört? Uns Menschen ist die Möglichkeit gegeben worden, miteinander in Kontakt, in Austausch zu treten. Das geschieht besonders intensiv im Sprechen, dem das Hören begegnet. Durch das Sprechen können wir uns Sachverhalte, Nachrichten mitteilen. Im Sprechen können wir uns selbst den anderen mitteilen. Sprechend bleiben wir nicht in uns verschlossen, wir drücken uns aus, wie die bildhafte Sprache so treffend sagt.

Taub- und Stummsein – gewiß gibt es heute manche Wege, in die Einsamkeit des Tauben hineinzukommen. Aber es ist doch so: Wenn einer taub ist, dann kann er auf dem normalen Weg des Hörens nichts in sich aufnehmen. Da mag die Luft um den Tauben förmlich von Mitteilungen schwirren. Ihm fehlt das Organ, diese Mitteilungen wahrzunehmen, um sie in sich aufzunehmen. Er lebt wie in einem Turm, an dem es keine Fenster und keine Türen gibt. Er kann nicht in Verbindung mit jemand anderem treten.

Daß wir durch das Hören, das Horchen mit anderen in mitteilende, empfangende Verbindung treten können, ist für uns überhaupt der Ansatz dafür, daß wir etwas lernen, daß wir uns entfalten können. Wenn wir dazu verurteilt wären, mit unseren Anlagen allein auszukommen, ohne daß wir Mitteilungen von außen aufnehmen könnten, dann würden wir samt unseren Anlagen verkümmern.

Und genau das ist das Ziel des bösen Feindes: Er will den Menschen geistig taub und stumm machen, will ihn einsam machen. Es soll keine Mitteilung von Gott in diesen Menschen hineinkommen. Der Mensch soll sich nicht zu Gott hin öffnen und mit Gott Kontakt bekommen. Deshalb ist es eine ganz tiefe Aussage zur Situation des Menschen, der sich dem Bösen verschrieben hat, wenn Jesus bei den Tauben und Stummen das Wort sagt: „Effata! Öffne dich!" (Mk 7, 34). Gerade darin liegt ja das unheilvolle Verhängnis, daß der Mensch auch Gott gegenüber verschlossen ist. Je mehr ein Mensch von anderen aufnehmen kann – das ist der Weg des Horchens –, und je mehr er wirklich aufnimmt und in sich verarbeitet und sich aneignet – das ist der Weg des Gehorchens –, desto reifer und entfalteter ist er, desto größer ist die Freiheit, zu der er sich entfaltet. Und der, der am größten, am reichsten ist, der das größte Wissen und die tiefste Weisheit hat, ist Gott, der Herr. Und je mehr wir von Gott, dem Herrn, in unserem Gehorsam für unser eigenes Leben übernehmen, desto besser können wir uns in unserem eigenen Dasein entfalten.

Der Gehorsam öffnet uns für Gott

Wir sehen hier wohl, welch große Heilsfunktion der Gehorsam hat. Der Gehorsam öffnet uns Gott, dem Allwissenden, dem Allweisen gegenüber. Wenn wir uns nicht im Gehorsam für Gott öffnen würden, dann müßten wir mit unseren begrenzten Fähigkeiten allein auskommen. Wir könnten uns nicht zum Vollmaß entwickeln, wir würden verkümmern.

Horchen und gehorchen, das gehört dazu, wenn unser Leben gelingen soll. Es kommt darauf an, daß wir das Rechte und Gute, das wir gehört haben, aufnehmen und in unser eigenes Leben einbauen. Wenn wir den Gehorsam in dieser seiner Heilsfunktion sehen, dann können wir dem Ordensdekret des II. Vatikanischen Konzils (Nr. 14) zustimmen, das uns sagt: „Der Ordensgehorsam führt, weit entfernt, die Würde der menschlichen Person zu mindern, diese durch die größer gewordene Freiheit der Kinder Gottes zu ihrer Reife." Denn wenn der Mensch sich ganz dem Willen Gottes öffnet und sich nach dem Willen Gottes ausrichtet, kann er sich zur vollen Reife des Gotteskindes entfalten.

Der Gehorsam gründet in Jesu Beispiel

„Nach dem Beispiel des Herrn Jesus", so beginnt der Text dieses achten Kapitels. Gerade der Gehorsam als evangelischer Rat gründet im Beispiel Jesu Christi. Und in ihm können wir auch die Größe des Gehorsams erkennen. In ganzer Ausrichtung auf den Willen des ihn sendenden Vaters konnte er bekennen: „Meine Speise ist es, den Willen dessen zu tun, der mich gesandt hat, und sein Werk zu Ende zu führen" (Joh 4, 34).

Bei Jesus können wir auch erkennen, welche Herrlichkeit dem zuteil wird, der sich zum Gehorsam bekennt: „Sein Leben war das eines Menschen; er erniedrigte sich und war gehorsam bis zum Tod, bis zum Tod am Kreuz. Darum hat ihn Gott über alle erhöht und ihm den Namen verliehen, der größer ist als alle Namen, damit alle im Himmel, auf der Erde und unter der Erde ihre Knie beugen vor dem Namen Jesu und jeder Mund bekenne: ‚Jesus Christus ist der Herr' – zur Ehre Gottes des Vaters" (Phil 2, 7-10).

Weil Jesus als der Sohn Gottes den Gehorsam auch und gerade im Leiden durchgehalten hat, konnte er denen das ewige Heil bringen, die sich ihm gehorsam angleichen. „Obwohl er der Sohn war, hat er durch Leiden den Gehorsam gelernt; zur Vollendung gelangt, ist er für alle, die ihm gehorchen, der Urheber des ewigen Heils geworden" (Hebr 5, 8-9).

Über das, was im Gehorsam Christi geschah, sagt die Ordensregel mit Franziskus, daß Jesus „seinen eigenen Willen in den Willen des Vaters legte". Das bedeutet nicht, daß Jesus seinen eigenen Willen aufgegeben hat, daß er willenlos wurde. Es bedeutet vielmehr, daß Jesus als den „Raum", in dem sein Wille lebt, den Willen des Vaters gewählt hat. Nicht Willenlosigkeit, sondern konsequent mit Gott im gleichen Rhythmus wollen, das ist Sinn des Gehorsams.

Weihung unseres Willens an Gott

Damit das geschehe, müssen wir, wie die Regel sagt, unserem „Eigenwillen entsagen", d. h. unseren Eigenwilligkeiten, die uns von Gott trennen. Gehorsam bedeutet nicht Aufgeben oder Unterdrücken des eigenen Willens, sondern einigende Übergabe und Weihung unseres Willens für Gott allein. Das Ordensdekret des *II. Vatikanischen Konzils* gibt dazu eine Aussage von tiefem Sinn: „Durch die Profeß des Gehorsams bringen die Ordensleute die volle Hingabe (dedicatio) ihres Willens gleichsam als Opfer ihrer selbst Gott dar" (Nr. 14).

Es geht also nach dem authentischen lateinischen Text im Gehorsam um eine „dedicatio". Wir kennen dieses Wort von dem Fest der „dedicatio", der Weihe einer Kirche her. Das Konzil sagt nun, daß diese „dedicatio", diese Weihe auf der Linie des Opfers liegt. „Opfer" darf hier aber nicht im Sinne des Alten Testamentes verstanden werden. Was Gott geopfert wurde, das wurde dem menschlichen Gebrauch entzogen. Und das geschah durch Zerstörung der Opfergabe: Töten von Tieren, Verbrennen oder Ausgießen des Geopferten.

Opfer im neutestamentlichen Sinn einer Weihe an Gott bedeutet, daß die Opfergabe in ihrem Wert möglichst vollendet sein sollte, um Gottes würdig zu sein. Unser Wille als Opfergabe, das bedeutet nicht, daß unser Wille bekämpft, zurückgedrängt, lahmgelegt oder vernichtet werden soll. Unser Wille soll voll lebenskräftig sein, soll zu einer möglichst großen Fähigkeit trainiert werden, damit wir ihn als würdige Opfergabe Gott überantworten können. Wenn wir nach Jesu Beispiel unseren Willen in den Willen des Vaters legen, verlieren wir unseren Willen ja nicht, sondern einigen unseren Willen so mit dem Willen Gottes, daß der „Herzschlag" unseres Willens im Jasagen und Neinsagen den gleichen Rhythmus hat wie der Wille Gottes.

Nach all dem begreifen wir wohl eher, was der *hl. Antonius von Padua* zu dem von uns bedachten Fragenkreis gesagt hat: Wie arm ist doch jener Mensch, der, „von den Ketten des Eigenwillens gefesselt, dorthin gehen muß, wohin sein Eigenwille ihn treibt" (QuSchr IV 169). Was da gesagt wird, ist für uns gewiß ungewohnt. Wir sehen es meist anders, daß nämlich gerade dann, wenn wir dem Eigenwillen folgen, auch eine größere Freiheit herrscht. Doch, wie wir bedacht haben, bedeutet es Einengung und Verkümmern unserer Entfaltungsmöglichkeiten, wenn wir uns dem Willen Gottes verschließen und versuchen, mit uns selbst und unserem Eigenwillen auszukommen.

Der Sinn der Kapitelsversammlungen

Von den Kapiteln in den Ordensgemeinschaften ist sodann die Rede. Gemeint sind die Kapitel aller Ebenen: Vom Generalkapitel über die Provinz- und Regionalkapitel bis hin zum Konventskapitel. Franziskus hat von den Provinzkapiteln gesagt, dort sollten der Provinzialminister und seine Brüder „das behandeln, was sich auf Gott bezieht" (NbReg 18,1).
„Was sich auf Gott bezieht" – mit Worten des hl. Franziskus wird das in der Regel etwas deutlicher herausgestellt: das Reich Gottes und seine Gerechtigkeit suchen, sich gegenseitig Mut machen für den Weg, zu dem sich die Ordenschristen ja freiwillig in der hl. Profeß bekannt haben. „Was sich auf Gott bezieht", das ist sozusagen „ausgeleuchtet" mit dem Gedanken, daß es darauf ankommt, „treu den Fußspuren unseres Herrn Jesus Christus folgen zu können". Eine Gemeinschaft von Ordenschristen hat vor allem die Aufgabe, allen Mitgliedern Hilfen anzubieten, damit die Regel besser beobachtet werde und alle in größerer Treue „den Fußspuren unseres Herrn Jesus Christus folgen können".
Die Kapitel der verschiedenen Ebenen sollten ein geistliches Ereignis sein, entsprechend vorbereitet werden und nachwirken können. Über allem, was auf den Kapiteln geschieht – Wahlen, Erstellen weisender Texte, Sachbeschlüsse –, muß die Bereitschaft stehen, den Willen Gottes für die Gemeinschaft zu suchen, um ihn deutlicher zu erkennen und konsequent zu verwirklichen. Kapitel haben es mit dem Gehorsam der ganzen Gemeinschaft gegen Gott zu tun und mit dem Gehorsam der eigenen Berufung gegenüber.

„... den Fußspuren unseres Herrn Jesus Christus folgen", darauf kommt es an. Wegen dieser Ausrichtung auf Christus fährt der Text der Regel fort:

Sie dürfen keine Machtstellung oder ein Herrscheramt innehaben, vor allem nicht untereinander. Durch die Liebe des Geistes mögen sie einander freiwillig dienen und gehorchen. Und das ist der wahre und heilige Gehorsam unseres Herrn Jesus Christus.
vgl. Gal 5, 13
NbReg 5, 9. 14-15

Einander dienen und gehorchen

Die Beziehungen derer zueinander, die sich nach Christus ausrichten und ihm folgen wollen, dürfen nicht von Machtkämpfen und Herrschenwollen bestimmt sein, sondern müssen von Christi Art geprägt sein. Und er hat uns gesagt: „Ihr wißt, daß die, die als Herrscher gelten, ihre Völker unterdrücken und die Mächtigen ihre Macht mißbrauchen. Bei euch soll es nicht so sein, und wer bei euch der Erste sein will, soll der Sklave aller sein. Denn auch der Menschensohn ist nicht gekommen, um sich dienen zu lassen, sondern um zu dienen und sein Leben hinzugeben als Lösegeld für viele" (Mk 10, 42-45). So wird Gehorsam zur Liebe. Denn er sucht, dienend dem zu entsprechen, was der andere für sein Leben braucht.

Wer in solcher Art und Gesinnung gehorsam ist, der trägt den „wahren und heiligen Gehorsam unseres Herrn Jesus Christus" weiter. Dies ist die hohe Bestimmung des Ordensgehorsams, den Gehorsam Christi in der Kirche zu leben zur Ehre des Vaters und zum Heil der Menschen. Diese hohe Aufgabe kann man nicht beanspruchen; man muß zu ihr angenommen werden, wie Kapitel 2 (Nr. 7) der Ordensregel sagt.

26) Sie seien gehalten, immer einen leitenden Oberen zum Dienst an der Schwestern- oder Brüdergemeinschaft zu haben, und sollen streng verpflichtet sein, ihm in allem zu gehorchen, was sie dem Herrn zu halten versprochen haben und was nicht gegen das Gewissen und diese Regel ist.

vgl. BReg 8, 1

BReg 10, 3
vgl. RegKlara 10, 1

Zum Text zunächst diese Bemerkung: in einer sklavisch wörtlichen Übersetzung aus dem Lateinischen würde es heißen: „Sie seien gehalten, immer einen Diener und Sklaven der Brüdergemeinschaft zu haben". Das ist im Anschluß an Worte des hl. Franziskus in der BReg (8, 1) so formuliert. Und in dieser Formulierung wird der franziskanische Sinn des Oberenamtes deutlich. Wir können in der deutschen Sprache die sklavisch wörtliche Übersetzung nicht gut verwenden, können aber auch den Begriff „Oberer" nicht vermeiden, da es — wenn auch mit anderen Worten — genau um das Amt des Oberen geht.

Wenn Franziskus hier „Diener und Sklave" sagt, dann wird deutlich: Das Oberenamt ist zum Dienst an den Schwestern und Brüdern bestimmt. Gerade die Oberen müssen sich nach dem richten, was voraufgehend in Nr. 25 gesagt ist: „Sie dürfen keine Machtstellung oder ein Herrscheramt innehaben, vor allem nicht untereinander. Durch die Liebe des Geistes mögen sie einander willig dienen und gehorchen".

Der Dienst der Oberen an ihren Schwestern und Brüdern sollte nun freilich nicht in irgendwelchen Nebensächlichkeiten gesucht werden, sondern in dem Entscheidenden: den Möglichkeiten, ein rechtes Ordensleben zu führen, wie sie es in der Profeß „dem Herrn zu halten versprochen haben".

Der Gott gelobte Gehorsam begegnet einem Menschen

Ein Text über den Gehorsam in einer Ordensgemeinschaft kann nicht an der Tatsache vorbeigehen, daß es Obere gibt, denen Gehorsam zu erweisen ist. So betont es ja auch der Text von Nr. 26. Und gerade hier ist ein oft ausgesprochenes Problem gelegen. Ist das nicht etwas Ungewöhnliches, Absonderliches, daß die Ordensleute Menschen gehorsam sind in der Überzeugung, darin ihren Gott versprochenen Gehorsam zu erfüllen?
Um die Situation des Ordensgehorsams als einen christlichen Wert zu begreifen, wollen wir zunächst Worte des seligen Bruders *Ägidius* auf uns wirken lassen. —
Dieser Gefährte des hl. Franziskus sagt: „Höher veranschlage ich den Gehorsam gegen einen Vorgesetzten Gott zu Liebe, als Gehorsam

unmittelbar dem Schöpfer gegenüber, der von sich aus in eigener Zuständigkeit und Person einen Befehl erteilt" (QuSchr III 96).
„Gehorsam unmittelbar dem Schöpfer gegenüber". Ob es noch das als Gehorsam verstandene Verhalten Gott gegenüber wäre, wenn wir Gott unmittelbar begegnen könnten? Gehorsam ist doch von Freiwilligkeit geprägt. Würden wir Gott aber unmittelbar, hüllenlos begegnen, dann würden wir wohl von seiner Schöpfer-Herrlichkeit derart überwältigt, daß wir dadurch auf seinen Willen hin gezwungen wären, daß uns keine Möglichkeit bliebe, von seinem Willen abzuweichen. „Gehorsam unmittelbar dem Schöpfer gegenüber", das ist uns auf dieser Erde nicht gegeben. Wir mögen uns dabei an Mose erinnern, der den Herrn bat: „Laß mich doch deine Herrlichkeit sehen". Ihm antwortete der Herr: „Du kannst mein Angesicht nicht sehen; denn kein Mensch kann mich sehen und am Leben bleiben ... Mein Angesicht kann niemand sehen" (Dtn 33, 18-23).

Unsere Gottbegegnung wird uns vermittelt

Unsere Gottbegegnung geschieht nicht in hüllenloser Unmittelbarkeit. Es ist so, wie es schon der Alte Bund sah: Gott spricht zum Menschen, er offenbart sich ihm. Aber es geschieht durch den Mund von Menschen, die Gott beauftragt hat, seine Worte zu sagen. Deshalb heißt es im 2. Buch der Chronik: „Da ging das Wort in Erfüllung, das der Herr durch den Mund Jeremias verkündet hatte" (2 Chr 36, 21). Und beim sogenannten Apostelkonzil erklärt Petrus: „Brüder, wie ihr wißt, hat Gott schon längst hier bei euch die Entscheidung getroffen, daß die Heiden durch meinen Mund das Wort des Evangeliums hören" (Apg 15, 7).
So ist auch unsere Situation: Gott spricht zu uns, wir haben sein Wort. Aber es sind Menschen, die uns sein Wort aufgezeichnet und vermittelt haben: Matthäus, Markus, Lukas, Johannes. Und wir können in den Worten der Heiligen Schrift genau die Eigenart von Matthäus, Markus, Lukas und Johannes wiederfinden. Dennoch ist es Gottes Wort, das wir in dem von den Evangelisten geschriebenen Wort vor uns haben. Gott spricht uns an. Aber es geschieht nicht in strahlend göttlichem Klang, sondern vermittelt durch Menschen, die er beauftragt hat.

Denken wir an das Geheimnis der hl. Eucharistie. Gewiß ist es Christus, der sein Opfer erneuert. Gewiß sind es seine Worte, durch deren Kraft das Heilswerk lebendige Gegenwart wird: „Das ist mein Leib... Das ist der Kelch des neuen und ewigen Bundes, mein Blut, das für euch und für alle vergossen wird." Dennoch hören wir und sehen wir Christus nicht unmittelbar und hüllenlos. Wir hören einen Menschen sprechen und sehen einen Menschen handeln, den Priester, den Christus durch seine Kirche beauftragt hat.

Im Sakrament der Versöhnung erhalten wir die Lossprechung von unseren Sünden. Aber das Wort der Lossprechung wird nicht in unmittelbarer Weise von Gott gesprochen. Zwar halten wir im Glauben daran fest, daß Gott im Sakrament der Beichte uns unsere Sünden vergibt. Doch der, dessen Worte uns das sagen und zusprechen, ist ein von Gott durch seine Kirche beauftragter Mensch.

So ist das bei jedem Sakrament, bei jedem Segen: Das Heil Gottes wird uns nicht in hüllenloser Unmittelbarkeit geschenkt. Die normale Situation unseres christlichen Lebens ist die Glaubenssituation, daß wir Gott und seinem Heil nicht unverhüllt begegnen sondern vermittelt durch Menschen, die von ihm durch die Kiche damit beauftragt sind.

Ordensgehorsam geht von der christlichen Normalsituation aus

Wenn wir das ernst nehmen, dann ist es keine absonderliche, ausgefallene Überzeugung, daß die Ordensleute in ihrem Gehorsam dem göttlichen Willen in der Vermittlung durch einen dazu beauftragten Menschen begegnen. So wird der Ordensgehorsam zu sehen sein als Bekenntnis zur Normalsituation des christlichen Glaubenslebens. Und weil das so ist, deshalb konnte Br. Ägidius sagen, daß der „Gehorsam gegen einen Vorgesetzten Gott zu Liebe" höher einzustufen ist „als Gehorsam unmittelbar dem Schöpfer gegenüber". Es geht hier letztlich um das gläubige Annehmen der von Gott gesetzten Verhältnisse.

Bruder Ägidius unterstreicht das Gesagte noch mit den Worten: „Ich meine sogar: Wenn einer in der gewiß großen Gnade stünde, mit Engeln zu reden, und er würde von einem Menschen gerufen, dem er Gehorsam gelobt hat, so müßte er das Engelgespräch abbrechen und dem Menschen Folge leisten. Denn solange er eine untergeordnete

Stellung auf dieser Welt einnimmt, hat er dem Menschen zu gehorchen, dem er um des Schöpfers willen untergeben ist. Und es ist bezeichnend, daß der Herr – so steht es im ersten Königsbuch (1 Sam 3) – dem Samuel seinen Willen nicht eher kundtat, bis er von Heli die Erlaubnis erhalten hatte" (QuSchr III 96).

Der Rahmen des Gehorsams

Diese Situation, daß Gottes Wille uns vermittelt wird und nicht direkt begegnet, kann natürlich Schwierigkeiten ergeben. Nicht jeder kann im Namen Gottes Gehorsam fordern, und nicht für alles kann im Namen Gottes Gehorsam verlangt werden. Die Ordensregel setzt hier deutliche Grenzen und gibt den Rahmen an, in dem der Gehorsam sich vollziehen kann und muß. Gesagt wird zunächst, daß vom Gehorsam alles erfaßt wird, was die Ordensleute in der Profeß dem Herrn zu halten versprochen haben. Und dazu gehört nicht nur der Bereich der drei evangelischen Räte als solcher. Ebenso gehört dazu der gesamte Bereich dessen, was mit der Eingliederung in diese konkrete Gemeinschaft gegeben ist. Deshalb sprechen ja die Profeßformeln, wenn sie recht formuliert sind, auch von den Satzungen der Ordensgemeinschaft.

Die Grenzen des Gehorsams sind in der Regel damit angegeben, daß nichts verlangt werden darf, was „gegen das Gewissen und diese Regel ist". Wenn etwas gegen das Gewissen geht, gegen die persönliche Instanz eines jeden für rechtes oder sündhaftes Tun, dann ist das mit Sünde gleichzusetzen.

Franziskus sagt dazu: „Wenn aber ein Minister einem Bruder etwas gegen unser Leben oder gegen dessen Seele befehlen sollte, dann ist der Bruder nicht verpflichtet, ihm zu gehorchen. Denn das ist nicht Gehorsam, wenn dabei ein Vergehen oder eine Sünde begangen wird" (NbReg 5, 2-3).

Der Gehorsam hat den Sinn, den Menschen in die Übereinstimmung mit dem Willen Gottes zu bringen. Das macht den Gehorsam so heilig. Wenn darum jemand sich dem Willen eines anderen zu einer Sünde hin fügt, dann verdient das nach der Auffassung des hl. Franziskus nicht den Namen „Gehorsam". „Gehorsam" ist für Franziskus immer vom Gottesheil bestimmt.

Die Ordensregel setzt dem Gehorsam die Grenze, daß nichts verlangt werden darf, was gegen das Gewissen ist. Das ist voll ernst zu nehmen.

Allerdings sollte man sich nicht zu schnell auf das Gewissen berufen, wenn es Konflikte mit den Oberen gibt. Nicht schon dann, wenn uns etwas nicht paßt, ist die Berufung auf das Gewissen berechtigt, sondern nur wenn es um die Alternative geht: Sünde oder nicht.

27) Jene, die Vorgesetzte und Dienende der anderen sind, sollen diese aufsuchen und sie in Demut und Liebe ermahnen und bestärken. Und wo immer Brüder und Schwestern sind, die wissen und erkennen sollten, daß sie nicht in der Lage sind, die Regel im geistlichen Sinne zu beobachten, sollen und können sich an ihre Vorgesetzten um Beistand wenden. Diese aber sollen sie liebevoll und gütig aufnehmen und ihnen mit so großer Herzlichkeit begegnen, daß sie mit ihnen reden und umgehen können wie Herren mit ihren Dienern. Denn so muß es sein, daß die Vorgesetzten die Dienenden aller sind.

NbReg 4, 2
vgl. RegKlara 10, 1
Breg 10, 4-6
vgl. RegKlara 10, 3
vgl. TestKlara 19

Der hl. Franziskus hat den Oberen seines Ordens nicht nur gesagt, sie sollten den anderen Brüdern dienen. Er hat als Amtsbezeichnung direkt gewählt: „ministri = Diener", oft sogar verstärkt: „ministri et servi = Diener und Knechte". Die sonst „Obere" genannt werden, nennt Franziskus also „Diener, Knechte". Darin liegt eine christlich zu nennende Widersprüchlichkeit, ähnlich der „Torheit des Kreuzes" (vgl. 1 Kor 1, 23; 2, 14).

Die Oberen als Diener

„Obere" und „Diener" zugleich, das Widersprüchliche, die Torheit, die darin gegeben ist, wird im Lichte der christlichen Offenbarung zur Weisheit, zur Umkehr der Werte. Denn hier tritt das Wort Christi in Kraft und Geltung: „Ihr wißt, daß die Herrscher ihre Völker unterdrücken und die Mächtigen ihre Macht über die Menschen mißbrauchen. Bei euch soll es nicht so sein, sondern wer bei euch groß sein will, der soll euer Diener sein, und wer bei euch der Erste sein will, soll euer Sklave sein. Denn auch der Menschensohn ist nicht gekommen, um sich dienen zu lassen, sondern um zu dienen und sein Leben hinzugeben als Lösegeld für viele" (Mt 20, 25-28).

Die Forderung, die in der Bezeichnung der „Oberen" als „Diener" liegt, ist nicht einseitig als aszetische Mahnung zur Demut hin zu verstehen. Es geht vielmehr um die Möglichkeit, als „dienender Oberer" die Art Jesu Christi zu gewinnen. Und kann es größere Ehre und Erhebung geben, als daß ein Mensch die Art Jesu Christi hat und zeigt? Als Diener an ihren Schwestern und Brüdern werden die Oberen von ihrer Ordensgemeinschaft bestellt. Das geschieht bei den leitenden Oberen durch die Generalkapitel und Provinzkapitel. Und zum Dienstauftrag der leitenden Oberen gehört es auch, daß die einzelnen Kommunitäten zum Dienst bereite und geeignete Obere erhalten, je in der Weise, wie das Eigenrecht es geregelt hat.

Man könnte nun zahlreiche Möglichkeiten aufzählen, in denen die Oberen sich als Diener ihrer Schwestern und Brüder erweisen können. Will man den Dienst, um den es hier geht, konzentriert sehen, so folgt man am besten dem Text der Regel, der sich an Worten des hl. Franziskus ausrichtet. Es geht darum, daß die Oberen ihre Schwestern und Brüder nicht sozusagen „verwalten", sondern den persönlichen Kontakt mit ihnen suchen, um ihnen im Namen der gesamten Ordensgemeinschaft Weisung und stärkenden Zuspruch zu geben.

Dienende Hilfe in Schwierigkeiten mit dem Ordensleben

Nach den Worten der Ordensregel ist die Dienstbereitschaft der Oberen besonders dann angesprochen, wenn eine Schwester, ein Bruder in einer Lage ist, die überzeugt sein läßt, daß man den Forderungen der Ordensregel nicht nachkommen kann. Warum wird hier nun gesagt, es gehe darum, daß jemand die Ordensregel nicht im geistlichen Sinne beobachten kann?

Die Ordensregel — und hier ist ja die Regel für den Regulierten Dritten Orden des hl. Franziskus gemeint — hat kaum juristische Vorschriften, deren Beobachtung feststellbar und einklagbar wäre. Die Regel ist zu sehen als ein Dokument geistlicher Ausrichtung. Das klingt auch in dem Bestätigungsschreiben von Papst Johannes Paul II. Dort wird gesagt, daß die Ordensregel die „einzelnen Elemente und Grundsätze des franziskanischen Lebensideals" deutlich enthält und daß diese in der Ordensregel weisend umschrieben sind.

Nun ist es aber so: Bei der Profeß bekennt sich der Profeß ablegende Ordenschrist zu der Bereitschaft, sich ganz in die betreffende Ordensgemeinschaft einzugliedern, ihre Anliegen voll mitzutragen, ihre Spiritualität zu leben, um so seiner Ordensgemeinschaft seinen Kräften entsprechend zu helfen, ihre Aufgaben in Kirche und Welt zu erfüllen. Die Profeß ist aber nicht ein einseitiger Akt, der nur den Profeß Ablegenden betrifft. In der Entgegennahme der Profeß verpflichtet sich auch die Ordensgemeinschaft dem Profeß Ablegenden gegenüber, ihm die Möglichkeit und die Hilfen zu geben, damit er in der Nachfolge Christi ein erfülltes, ausgereiftes Leben nach der Spiritualität der Gemeinschaft und nach seiner persönlichen Berufung führen kann.

Hier handelt es sich um ein unverzichtbares Grundrecht des Ordenschristen, das ihm gewährt bleiben muß. Und wenn dieses Grundrecht irgendwie – z. B. durch eine verfahrene Situation oder durch Arbeitsüberlastung – angetastet wird, dann hat die Schwester, der Bruder das Recht, fordernd wie ein Herr den Oberen zu begegnen. Der Obere muß sich dann als eifriger, liebender Diener erweisen, der Abhilfe schafft.

Wenn die Regel davon spricht, daß die Brüder und Schwestern in einer solchen Lage sich an ihre Oberen wenden sollten, also dazu verpflichtet sind, das zu tun, so ist zu bedenken: Nicht immer können die Oberen von sich aus um die Notlage wissen. Da ist der Betreffende verpflichtet, vertrauensvoll dem Oberen seine Not zu offenbaren (vgl. Regel Nr. 23), damit ihm geholfen wird. Denn, wie gesagt, geht es hier nicht eigentlich um irgendwelche Erleichterungen und Annehmlichkeiten, sondern es geht um das Grundrecht, sein Ordensleben so zu führen, wie man es in der Profeß Gott, dem Herrn, gelobt hat. Es ist also kein erniedrigender Dienst, den die Oberen hier zu leisten haben, sondern ein heiliger, heilender Dienst, der dem Einzelnen und der ganzen Gemeinschaft helfen soll.

28) Und niemand darf ein zum Dienst bestimmtes Amt als Eigentum beanspruchen, sondern zur festgesetzten Zeit soll er selber willig sein Amt aufgeben. vgl. NbReg 17,4

Dieser Satz, mit dem das achte Regelkapitel schließt, ist abgeleitet von einem Text der nicht bullierten Regel. Dabei ist allerdings ein Unterschied festzustellen. Die nicht bullierte Regel sagt: „Und kein Minister oder Prediger soll das Amt des Ministers der Brüder oder das Predigtamt sich aneignen, sondern zu jeder Stunde, wenn es ihm befohlen wird, soll er ohne jeden Widerspruch auf sein Amt verzichten" (17,4).

Die Regel der Minderbrüder nennt direkt zwei Ämter, das des Ministers und das des Predigers. Das waren im Jahre 1221 die einzigen Positionen, die als Ämter gelten konnten. Die Regel des Regulierten Dritten Ordens des hl. Franziskus trägt der Tatsache Rechnung, daß es heute weitaus mehr an Ämtern und Posten in einer Ordensgemeinschaft gibt. Und die spirituelle Weisung von Nr. 28 soll offenbar für all diese Ämter und Positionen gelten. Deshalb wird auch kein Amt direkt genannt. Es wird vielmehr die weit ausgreifende Umschreibung „aliquod ministerium = (wörtlich) irgendein Dienstamt" gewählt.

Zeitliche Begrenzung der Amtszeiten

Weil hier der Gedanke an eigentliche Leitungsämter mit dem Gedanken an viele andere möglichen Ämter und Aufgaben zusammenkommt, ist ein weiterer Unterschied zwischen dem Text der nicht bullierten Regel und dem Text der Regel des Regulierten Dritten Ordens zu bedenken. Die nicht bullierte Regel nennt als „Termin" für das Ausscheiden aus einem Amt: „zu jeder Stunde, wenn es ihm befohlen wird".

Das setzt die Situation im Orden der Minderbrüder voraus, wie sie noch zu Lebzeiten des hl. Franziskus gegeben war. Die damals genannten Ämter – „Minister" als eigentliches Oberenamt und „Prediger" als Verkündigungsauftrag – wurden nicht für bestimmte Amtszeiten übertragen. Wer ein Amt hatte, mußte sich jederzeit für Ablösung oder Versetzung bereithalten. Vor allem bei den Generalkapiteln mußten die Oberen mit einem Wechsel rechnen.

Die Regel des Regulierten Dritten Ordens spricht von einer „festgesetzten Zeit". Genau genommen, können damit nur die Oberen-Ämter gemeint sein, da andere Ämter und Dienstaufträge durchweg keine festgesetzte Amtszeit kennen. Heute ist es allerdings so, daß vom Partikular-Recht der einzelnen Ordensgemeinschaften mit der Festlegung von Dauer und Häufigkeit der Amtszeiten ja die Zeit für das Abgeben eines Amtes geregelt ist. Es geht – soweit es die Oberen betrifft – mehr darum, daß beim Amtswechsel auch spirituell richtig vollzogen wird, was rechtliche Norm ist. Wenn das Recht es nicht mehr zuläßt, kann sich keiner in einem bestimmten Oberen-Amt halten. Aber es ist die persönliche Aufgabe der aus dem Amt Scheidenden, im Geiste der Armut das Amt aufzugeben und andere ohne Groll in diesem Amt zu sehen.

Vom hl. Franziskus wird berichtet, daß er ein hartes Urteil über einzelne Provinzobere seines Ordens gefällt hat. Aber Thomas von Celano berichtet dazu erklärend: „Nicht für alle galt, was er sagte, nur für einige, die infolge einer überlangen Amtsdauer ihr Oberenamt als Erbe in Anspruch zu nehmen schienen" (2 Celano 188). Lebenslange und übermäßig lange Amtsdauer widerspricht der franziskanischen Spiritualität.

Bei den Oberen sorgt das allgemeine Ordensrecht und das Partikular-Recht dafür, daß immer wieder die „festgesetzte Zeit" kommt, wo das Amt einem anderen übertragen wird. Anders ist das bei Funktionen, die keine Oberen-Ämter, keine eigentlichen Ämter der Ordensleitung sind. Zu denken wäre da an die Ämter der Pförtnerin, der Ökonomin, der Noviziatsleiterin, der Sakristanin, der Schulleiterin usw. Auch wenn für die Besetzung bestimmter Positionen die beruflichen Qualifikationen oder sonstige ausbildungsmäßigen Voraussetzungen ausschlaggebend sind, so sind solche Ämter doch nicht durch bestimmte Amtszeiten begrenzt. Aber gerade bei ihnen kann es sein, daß jemand sich zur Behauptung seiner Bedeutung an solch ein Amt mit allen Fasern klammert, so daß es sehr schwer ist, ihn abzulösen, ohne daß er psychisch tief verwundet würde. Hier muß sich die Armut im Geiste bewähren, indem man durch Verfügbarkeit zeigt, daß man das Amt nicht als sein Eigentum betrachtet, das keinem anderen zusteht.

Das Idealbild eines Oberen

Im achten Kapitel ist naturgemäß von den Oberen die Rede und von allen, die im Dienste der Ordensgemeinschaft ein Amt versehen. Es gibt eine Reihe von Ordensgemeinschaften, die von ihren ersten Zeiten her so etwas wie einen „Tugendspiegel für Obere" kennen. Es soll nun hier kein solcher „Tugendspiegel" aufgestellt werden, in dem alle Eigenschaften genannt würden, die für Obere wünschenswert wären.

Aber wir dürfen wohl kurz den Blick auf den hl. Franziskus lenken und etwas von dem beherzigen, was er über das Amt des Generalministers bei den Minderen Brüdern gesagt hat.

Zunächst hat Franziskus auf Anfrage seiner Brüder hin geantwortet: „Einen Führer eines so vielgestaltigen Heeres, einen Hirten einer so zahlreichen Herde, der seiner Aufgabe gewachsen wäre, sehe ich nicht" (2 Celano 184). Das will besagen: Die Brüder und Schwestern müssen ihren Oberen zugestehen, daß sie Menschen sind, die auch ihre Grenzen haben. Man darf die Oberen nicht in dem Sinne überfordern, daß man letzte Perfektion in allem von ihnen erwartet.

Und was das Ethos des Oberen angeht, so erwartet Franziskus: „Ein Mann (soll er sein), der gern und eifrig sich dem heiligen Gebete hingibt, der bestimmte Stunden für seine Seele und bestimmte Stunden für die ihm anvertraute Herde verwendet. Am frühen Morgen muß er sein Tagewerk mit dem heiligen Opfer beginnen, in langer Andacht sich und seine Herde dem göttlichen Schutze anbefehlen. Nach dem Gebet aber soll er sich zur allgemeinen Verfügung stellen, um sich von allen belästigen zu lassen, allen Rede und Antwort zu stehen und für alle mit Freundlichkeit zu sorgen" (2 Celano 185).

Sich von allen belästigen lassen, für alle mit Freundlichkeit sorgen, das ist Aufgabe und z. T. auch Schicksal der Oberen, das demütig angenommen werden muß. Es geht ja auch darum, daß in der franziskanischen Sicht der Dienst des Oberen auf gleicher Linie gesehen werden muß wie der Dienst der Fußwaschung. So hat es Franziskus in seiner vierten Ermahnung ausgeführt.

9. Kapitel

Vom apostolischen Leben

Die Kapitelüberschrift heißt nicht: „Vom apostolischen Wirken", sondern „Vom apostolischen Leben". Zwar schließt das apostolische Leben das apostolische Wirken nicht aus. Aber es ist unbedingt so zu sehen, daß sich das apostolische Wirken wie eine Frucht aus dem apostolischen Leben ergibt. Nun ist es aber so, daß das apostolische Lebenszeugnis von allen Getauften, zumal von den Ordensleuten erwartet wird. Deshalb sagt das kirchliche Gesetzbuch in Kanon 673: „Das Apostolat aller Ordensleute besteht in erster Linie im Zeugnis ihres geweihten Lebens, das sie durch Gebet und Buße pflegen müssen".

Zum apostolischen Wirken berufen

Für Franziskus war es in einer bestimmten Phase seines Lebens eine Frage geworden, ob er mit seinen Brüdern auch zum apostolischen Wirken berufen sei. Er bat Bruder Silvester und Schwester Klara, für ihn um Erleuchtung zu beten *(Bonaventura,* Legenda major XII 1). Die Weisung Gottes, die Franziskus darauf erhielt, findet sich in dem Satz des *Thomas von Celano:* „Der Mann Gottes war belehrt worden, nicht das Seine zu suchen, sondern das, was in seinen Augen das Heil des Nächsten förderte" (1 Celano 71).
Thomas von Celano sagt auch über Franziskus: „Er hielt sich nur dann für einen Freund Christi, wenn er die Seelen liebte, die auch Christus liebte" (2 Celano 172).
Zwar wurde dem hl. Franziskus gesagt, „es gefalle Gott, daß er als Herold Christi zum Predigen ausziehe" (Bonaventura, Legenda major XII 2). Daraufhin wußte Franziskus zwar, daß von ihm und seiner Ordensgemeinschaft apostolisches Wirken verlangt wurde. Aber er entschied nicht so, daß für seinen Orden keinerlei beschauliches Leben in Betracht kam. Wie die von ihm verfaßte Regel für die in Einsiedeleien lebenden Brüder zeigt, hielt er dem beschaulichen Leben in seinem Orden einen Raum der Berechtigung offen.

Apostolisch leben in Glaube, Hoffnung, Liebe

Wenn Kapitel neun vom apostolischen Leben spricht, so ist dazu noch etwas Wichtiges anzumerken. Daß sein Leben die apostolische Dimension haben müsse, wurde Franziskus gewiß klar, als der Herr ihn vom Kreuz in San Damiano her dazu berief, das Haus Gottes, die Kirche wieder herzustellen. Bezeichnend ist, daß Franziskus in seinem antwortenden Gebet bittet um „rechten Glauben, gefestigte Hoffnung und vollendete Liebe" (GebKr). Der Heilige trifft damit genau das, was das *Zweite Vatikanische Konzil* als Kern des Apostolates bezeichnet. Im Dekret über das Apostolat der Laien heißt es nämlich: „Das Apostolat verwirklicht sich in Glaube, Hoffnung und Liebe, die der Heilige Geist in den Herzen aller Glieder der Kirche ausgießt" (Nr. 3). Vom apostolischen Leben wird dort gesagt: „Ein solches Leben fordert einen ständigen Vollzug von Glaube, Hoffnung und Liebe" (Nr. 4).

Wer in der Lebensverbindung des mystischen Leibes Christi die drei göttlichen Tugenden Glaube, Hoffnung und Liebe verwirklicht, der verwirklicht in der Kirche jene drei entscheidenden Kräfte, welche die Kirche als Kirche Gottes erweisen. Die Ordensleute verwirklichen diese drei göttlichen Tugenden in ihrer dreifachen Profeß. Sie verwirklichen die Liebe zu Gott und zum Nächsten in einem ehelosen Leben um des Reiches Gottes willen. Durch ein Leben in Armut stellen sie die Kraft der Hoffnung in das Leben der Kirche hinein. Und der Gehorsam der Ordensleute ist der im praktischen Leben verwirklichte Glaube.

Wenn nun das apostolische Leben, wie das Konzil uns sagt, entscheidend in Glaube, Hoffnung und Liebe besteht, dann ist Kapitel neun „Vom apostolischen Leben" die konsequente Zusammenfassung und Ausrichtung all dessen, was in den voraufgehenden Kapiteln über die drei evangelischen Räte und deren Umfeld gesagt wurde.

Nach diesen grundsätzlichen Erwägungen zum Thema „Apostolat" wollen wir nun damit fortfahren, den Text von Kapitel neun der Reihe nach zu durchdenken.

29) Die Brüder und Schwestern sollen den Herrn lieben *mit ganzem Herzen, mit ganzer Seele, mit ganzem Sinnen und mit ganzer Kraft* und sollen ihre Nächsten lieben wie sich selbst. Sie sollen den Herrn in ihren Werken verherrlichen; denn dazu hat er sie in alle Welt gesandt, daß sie durch Wort und Werk seiner Stimme Zeugnis geben und alle wissen lassen, daß niemand allmächtig ist außer ihm.

vgl. Mk 12, 30
vgl. Mt 22, 39
vgl. BrGl I 1, 1
vgl. Tob 12, 6
vgl. Tob 13, 4
vgl. BrOrd 8-9

Der Text des Kapitels setzt ein mit der Mahnung zur Gottes- und Nächstenliebe. Es geht also darum, daß das verwirklicht werde, woran nach Christi Worten „das ganze Gesetz samt den Propheten" hängt (Mt 22,40). Und zu dieser umfassenden Verwirklichung der Liebe sollen alle Fähigkeiten von Herz, Geist und Seele aufgeboten und aktiviert werden.

Der Blick auf Christus

Mit dieser Voranstellung der Liebe will die Ordensregel im neunten Kapitel sagen: Franziskanisches Apostolat hat als einzige bewegende Kraft die Liebe Christi. Diese Liebe ist entscheidend und nicht etwa Rücksicht auf Menschen oder Streben nach äußerlich auffallendem Erfolg. Der tiefste Grund für apostolisches Leben und Wirken wird von Franziskus so ausgesprochen: „Da wir in allem tun sollen nach dem Vorbild dessen, was wir an ihm (Christus) sehen wie an einem hochragenden Berg" *(Bonaventura,* Legenda major XII 1).

Das Leben des menschgewordenen Gottes war in seinem Ansatz und in seiner Vollendung das ergreifende Zeugnis der Liebe Gottes zu den Menschen. Wer deshalb nach der für ihn geltenden Ordensregel sich verpflichtet hat, „das heilige Evangelium unseres Herrn Jesu Christi zu beobachten", der weiß sich von dieser göttlichen Liebe erfüllt und getragen. Er wird sich deshalb bemühen, allen Menschen die Botschaft von dieser Liebe Gottes zu bringen.

Darum sagt der älteste Biograph des hl. Franziskus: „Es nimmt nicht wunder, wenn ihn, den die Macht der Liebe den anderen Geschöpfen zum Bruder gemacht hatte, die Liebe Christi noch mehr denen zum Bruder machte, die mit dem Bilde des Schöpfers gezeichnet sind. Es gebe nichts Höheres, sagte Franziskus, als das Heil der Seelen. Und das bewies er oft damit, daß der eingeborene Sohn Gottes sich gewürdigt habe, für die Seelen am Kreuze zu hängen ... Er hielt sich nur dann für einen Freund Christi, wenn er die Seelen liebte, die auch Christus liebte" (2 Celano 172).

Diese Worte lassen deutlich erkennen, in welcher Tiefe Franziskus die Liebe ernst nahm, die Christus uns erwiesen hat. Es beunruhigte und schmerzte ihn bis zu Tränen, daß die Liebe Christi nicht geliebt wird, daß Menschen dem liebenden Herrn nicht die Antwort der Liebe geben. Deshalb wollte er in rastlosem Einsatz alles tun, daß Christi Liebe erkannt, angenommen und erwidert werde. Aber er sprach nicht nur von dieser Liebe, er ließ sich von ihr so sehr ergreifen, daß er diese

Liebe Christi in seiner eigenen Liebe zu den Menschen tragen wollte und konnte. Er liebte die Seelen, weil Christus sie liebte, und er mühte sich, seine Liebe der Art Christi anzugleichen. Deshalb war er auch der Auffassung, daß nichts dem Heil der Seelen vorgezogen werde. Hier liegt auch der Grund, warum er allen, die sich in apostolischer Ausrichtung für das Heil anderer einsetzten, mit der gebührenden Ehre zu begegnen suchte. „Das war ihm Hauptgrund, die Lehrer des Wortes Gottes zu verehren, weil sie als Helfer Christi, zusammen mit Christus ein und dasselbe Amt ausübten", so sagt Thomas von Celano über Franziskus (2 Celano 172). Noch in seinem Testament hielt der Heilige an dieser Auffassung fest: „Und alle Gottesgelehrten und die Gottes heiligste Worte mitteilen, müssen wir hochachten und verehren als die uns Geist und Leben mitteilen" (Test 13).

Christi Amt und Aufgaben weiterführen

Apostolisch leben und tätig sein, das bedeutet ja, in der Sendung durch Christus Christi Amt und Christi Aufgaben weiterzuführen und in der Kirche lebendig zu halten. Wenn vom apostolischen Amt gesprochen wird, dann kann das nur bedeuten: in der Liebe Christi fest verwurzelt sein und das apostolische Amt als Christi Helfer in Gemeinschaft mit ihm zur Ausbreitung seines Reiches einzusetzen.
Die Liebe Gottes, das heißt: die in Gott lebendige und von Gott ausgehende Liebe ist es, die das franziskanische Apostolat wachrufen und tragen kann. Diese Liebe Gottes ist in Christus zu uns gekommen und wurde in Christi Leben lebendig anschaubar. Und echte Gesendete, wahre Apostel Christi können nur solche sein, „welche die Seelen lieben, die er liebte", wie Franziskus sagte.
So entspricht es auch dem, was das Dekret über das Apostolat der Laien wie eine ausführliche Begriffsbestimmung dessen sagt, was unter „Apostolat" zu verstehen ist: „Dazu ist die Kirche ins Leben getreten: Sie soll zur Ehre Gottes des Vaters die Herrschaft Christi über die ganze Erde ausbreiten und so alle Menschen der heilbringenden Erlösung teilhaftig machen, und durch diese Menschen soll die gesamte Welt in Wahrheit auf Christus hingeordnet werden. Jede Tätigkeit des mystischen Leibes, die auf dieses Ziel gerichtet ist, wird Apostolat genannt; die Kirche verwirklicht es, wenn auch auf verschiedene Weise, durch alle ihre Glieder; denn die christliche Berufung ist ihrer Natur

nach auch Berufung zum Apostolat. Wie sich im Gefüge eines lebendigen Leibes ein Glied nicht nur passiv verhält, sondern zugleich mit dem Leben des Leibes auch an seinem Tun teilnimmt, so bewirkt auch im Leib Christi, der die Kirche ist, der ganze Leib gemäß der jedem einzelnen Glied zugemessene Wirkkraft das Wachstum des Leibes (Eph 4,16)" (Nr. 2).

Schicksal und Sendung

Der zweite Teil des Abschnittes 29 ist dem Brief des hl. Franziskus an seinen Orden entnommen mit der Änderung, daß Franziskus seine Brüder in der zweiten Person anredet, daß die Ordensregel aber eine Aufforderung in der dritten Person an die Schwestern und Brüder des Regulierten Dritten Ordens und eine Aussage über sie ist.
In diesen Abschnitt sind Texte aus dem Buch Tobit eingeflossen, die wir näher nach ausführlichem Wortlaut und Gesamtzusammenhang kennen sollten. Dann können wir sie in ihrer Aussage für uns heute besser begreifen.

Die Texte im Buch Tobit lauten:

„Der Engel nahm die beiden beiseite und sagte zu ihnen: Preist Gott und lobt ihn! Gebt ihm die Ehre, und bezeugt vor allen Menschen, was er für euch getan hat" (12,6). Tobit sagt in seinem Lobgesang: „Bekennt euch zu ihm vor allen Völkern, ihr Kinder Israels; denn er selbst hat uns unter die Völker zerstreut. Verkündet dort seine erhabene Größe, preist ihn laut vor allem, was lebt" (13,3-4).
Dies sind Worte, die für die theologische Sicht der Geschichte Israels höchste Bedeutung haben. Israel hatte praktisch die Vernichtung seiner Existenz als Volk und Religionsgemeinschaft erfahren. Der Tempel, das religiöse Zentrum in Jerusalem, war zerstört, der Tempelkult mit seinen Opfern unmöglich geworden. Das Volk war in die Verbannung gezwungen und unter die Heidenvölker zerstreut worden. Es hatte seine völkische Einheit verloren. Warum hatte Gott das getan? Warum hatte er das zugelassen?
Diese Frage nach dem Warum von Schicksalsschlägen und Notzeiten wurde im Alten Testament oft gestellt. Und es gab durchweg nur eine Antwort, die zumal im Buch der Richter und auch bei den Propheten stereotyp war: Weil das Volk seinem Gott nicht die Treue gehalten hatte, verhängte Gott als Strafe das Unheil. Das war auch zunächst die

Antwort auf die Frage, warum Gott die Zerstörung der heiligen Stadt mit dem Tempel und vor allem die Zerstreuung des Volkes zugelassen habe.
Das Buch Tobit verneint den Strafgedanken nicht. Aber in das Nachdenken über den Sinn der Zerstreuung des Volkes kommt ein neuer Gedanke hinein: Die Vertreibung und Zerstreuung ist von Gott her auch als Sendung zu begreifen. Das tritt heraus in den Worten: „Bekennt euch zu ihm vor allen Völkern, ihr Kinder Israels; denn er selbst hat uns unter die Völker zerstreut. Verkündet dort seine erhabene Größe, preist ihn laut vor allem, was lebt" (13, 3-4).
Wäre das Volk in strenger Trennung von den anderen Völkern geblieben, wie es ja ein Trend in der jüdischen Religion war, dann hätte es kaum die Chance gehabt, seine Botschaft vom einzig wahren Gott auch den anderen Völkern zu bringen. Die Zerstreuung im Exil erzwang die Begegnung mit den Menschen anderer Völker. Und in dieser Begegnung ergab sich ganz neu die Möglichkeit der Missionierung. Im ersten Augenblick, als die Zerstreuung geschah, überwog der Schmerz. Aber der gläubige Jude, der in allem Schweren an Jahwe festhielt, erkannte nachdenkend, daß Gott nicht im Strafen bleibt, sondern daß er in der schmerzlich erlebten Situation neue Möglichkeiten gläubigen Lebens schafft. Die Zerstreuung war Loslösung vom Gewohnten, von geliebten Lebenssituationen. Der gläubige Jude aber erkannte mit Tobit, daß erst durch diese Loslösung die neuen Möglichkeiten des gläubigen Wirkens geschaffen wurden.

Neue Möglichkeiten für uns heute

Ob wir nicht versuchen dürfen, von hier her auch unsere heutige Situation als Ordensleute zu sehen? Die Ordensgemeinschaften erleben heute – wenigstens bei uns – schwere Zeiten. Hauptgründe sind der mangelnde Nachwuchs und die sich rasch wandelnden Situationen auf dem Gebiet des Wirkens. Die älteren Schwestern und Brüder in unseren Gemeinschaften können noch davon erzählen, wie das früher war. Da konnten die Ordensgemeinschaften ihre Werke – ob Schulen oder Krankenhäuser – noch ganz mit eigenen Kräften in Gang halten. Auf diese Zeit schauen manche mit Wehmut zurück. Verständlicherweise bedauern es manche sehr, daß heute so viele Angestellte da sein müssen, um den Betrieb der Schulen, der Kran-

kenhäuser aufrecht zu erhalten. Früher konnten Ordensleute ihre Werke sozusagen im geschlossenen Kreis durchführen und brauchten niemand Außenstehenden dazu. Heute gibt es diesen geschlossenen Kreis nicht mehr. Weil die Ordensgemeinschaften infolge Nachwuchsmangel an Zahl zurückgehen, weil andererseits die langjährig ausgeübten Tätigkeiten immer mehr Personal erfordern, müssen die Ordensgemeinschaften in steigendem Maße Außenstehende in ihren eigenen Bereich des Wirkens und Lebens einlassen.
Diese Situation hat gewiß manches Schmerzliche für uns Ordensleute. Kann man aber diese Situation nur negativ sehen? Ist in dieser Situation nicht auch eine ganz neue Möglichkeit gegeben, das Reich Gottes auszubreiten? Wenn Ordensleute früher anderen Menschen – wie Christus und wie Franziskus es taten – die Botschaft von der notwendigen Umkehr zum Reiche Gottes hin sagen und bringen wollten, mußten sie ihren geschlossenen Kreis verlassen und zu den Menschen gehen.
Heute müssen Ordensleute nicht ihren geschlossenen Kreis verlassen, um anderen Menschen zu begegnen. Die anderen, die früher als „Weltleute" bezeichnet wurden, sind heute weitgehend schon im internen Bereich der Ordensgemeinschaften anzutreffen, und die Ordensleute kommen ohne die anderen nicht mehr aus.
Durch den Lebenskontakt mit den Menschen außerhalb der Ordensgemeinschaft bietet sich den Ordensleuten aber auch eine neue Möglichkeit des apostolischen Wirkens. Sie waren früher, als sie noch mit sich allein auskamen, den anderen Menschen vielfach „unbekannte Wesen". Heute, im unmittelbaren Lebenskontakt, in den Außenstehende durch die Arbeit mit den Ordensangehörigen treten, können die Schwestern und Brüder dem Wort des hl. Franziskus folgen: „Alle ... sollen durch die Werke predigen" (NbReg 17,3).
Wir brauchen also jene, denen das Reich Gottes zu predigen ist, nicht erst aufzusuchen in ihren eigenen Lebensbereichen, sie sind schon ganz in unserer Nähe.

Seiner Stimme Zeugnis geben

Für diese Zusammenhänge sprechen die Worte der Ordensregel: *„Sie sollen den Herrn in ihren Werken verherrlichen; denn dazu hat er sie in alle Welt gesandt, daß sie durch Wort und Werk seiner Stimme Zeugnis geben und alle wissen lassen, daß niemand allmächtig ist außer ihm".*

Darum aber geht es bei der apostolischen Sendung: „seiner Stimme Zeugnis geben". Es gilt, viele Ebenen zu bedenken, auf denen Gottes Stimme mit schöpferischer, rufender Kraft ertönt. Das beginnt schon mit der Erschafffung des Menschen wie der gesamten Welt. Immer wieder diese Aussage: „Gott sprach: Es werde . . . Und es ward". Gottes Stimme, Gottes Wort. – Hier steht nicht nur: „Alles ist durch das Wort geworden, und ohne das Wort wurde nichts, was geworden ist" (Joh 1,3). Es gilt auch: „Und das Wort ist Fleisch geworden und hat unter uns gewohnt" (Joh 1,14). Von dieser Schöpfermacht des Wortes, der Stimme Gottes gibt Franziskus Zeugnis in seinem Sonnengesang, in den wir einstimmen sollten. Von der Liebe Gottes, in der das ewige Wort des Vaters Mensch wurde, gibt Franziskus nicht nur bei der Krippenfeier in Greccio Zeugnis. Auch durch seinen Willen zur Nachfolge Christi gibt er Zeugnis von der Liebe Gottes. Denn die Möglichkeit und der Wert unserer Nachfolge Christi wurzeln darin, daß das Wort Gottes Mensch wurde.

Von seiner Stimme Zeugnis geben. Wir sollten an das bleibend unter uns gegenwärtige Wort Gottes der Heiligen Schrift denken. In der Ehrfurcht, mit der wir diesem Wort, dieser bleibend sprechenden Stimme Gottes begegnen, und in der Bereitschaft, dieser Stimme zu folgen, geben wir Zeugnis davon, daß es Wort und Stimme des Allmächtigen ist.

Von seiner Stimme Zeugnis geben. Haben wir nicht diese Stimme Gottes vernommen, als er uns zum Ordensleben berief? Daß wir uns vor allem als solche begreifen, die Gottes Stimme vernommen haben, das müßte in unserem Wort und Werk deutlich werden. Die entscheidende, alles lenkende Kraft bei uns müßte darin liegen, daß Gott uns angeprochen hat. Das ist unser Lebenszeugnis von Gott.

30) Wie sie den Frieden mit dem Munde verkünden, so und noch mehr sollen sie ihn in ihrem Herzen tragen. Niemand soll durch sie zu Zorn oder Ärgernis gereizt werden; vielmehr seien alle durch ihre Milde zu Friede, Güte und Eintracht aufgerufen. Denn die Brüder und Schwestern sind dazu berufen, die Verwundeten zu heilen, die Gebrochenen zu verbinden und die Verirrten zurückzurufen.

vgl. 3-Gefährten-Leg. 58

Und wo immer sie auch sind, sollen sie bedenken,
daß sie sich dem Herrn Jesus Christus übergeben
und ihm ihre Leiber überlassen haben. Und um
seiner Liebe willen müssen sie sich den sichtbaren
wie den unsichtbaren Feinden aussetzen; denn der
Herr sagt: *Selig, die Verfolgung leiden um der Gerech-* Mt 5, 10
tigkeit willen, denn ihrer ist das Himmelreich. NbReg 16, 10-12

Der erste Teil dises Abschnittes spiegelt im Grund wider, was Christus den zwölf Aposteln in seiner Aussendungsrede (Mt 10, 5-14) sagt. Gewiß gehört es zur apostolischen Sendung, daß vom Himmelreich gesprochen, daß es mit dem Munde verkündet wird. Damit diese Wort-Botschaft aber glaubwürdig bei den Menschen ankommt, müssen die apostolisch Gesendeten das Himmelreich leben und so anderen Menschen ermöglichen, das Himmelreich zu erleben. Und dazu gehört, daß sie sich denen in Liebe zuwenden, die in dieser Welt etwas zu erleiden haben, den Kranken und Aussätzigen. Es geht darum, gerade an den Stellen, da böse Mächte die Welt dämonisieren wollen, die Wirklichkeit der Liebe aufzurichten.

Anforderungen an die Gesendeten

Wer so von Gott gesendet ist, Gottes Reich zu verkünden und auszubreiten, muß — so sagt Jesus — in selbstloser Bescheidenheit handeln. Er darf nicht durch überzogene Ansprüche seine Mitmenschen belasten. Soche Ansprüche sind es ja oft, durch die Zorn und Ärgernis ausgelöst werden. Das wäre der krasse Widerspruch gegen die Friedenssendung, die der Herr seinen Jüngern anvertraut hat. So sieht es auch die Ordensregel. Wer vom Frieden spricht, wie er es als von Jesus Gesendeter tun muß, der kann nur glaubhaft vom Frieden sprechen, wenn seine Arbeit, sein Sprechen, seine ganze Persönlichkeit den Frieden deutlich ausstrahlen.

Ein solcher muß nicht nur alles vermeiden, was als Friedensstörung von ihm selbst ausgehen könnte. Er muß sich auch gerufen und gesendet wissen gerade zu denen, die unter dem Unfrieden dieser Welt leiden. Die Ordensregel nennt in diesem Zusammenhang die Verwundeten, Gebrochenen und Verirrten. Sie sollen in der helfenden Güte der von Jesus Gesendeten erfahren, daß das Reich Gottes ein Reich der Liebe und des Friedens ist.

Apostolisches Leben ist nicht einzig im apostolischen Wirken gegeben. Und apostolisches Wirken wiederum ist nicht einzig in der Wortverkündigung des Reiches Gottes gegeben. Das Wort vom Frieden des Gottesreiches muß durch das Wirken glaubhaft gemacht werden. Deshalb ist die apostolische Sendung der Kirche erst dann in Fülle spürbar, wenn zu der Verkündigung mit dem Munde das karitative Tun tritt und wenn beides in der Persönlichkeit des Gesendeten wurzelt. Der Unterschied zwischen apostolisch und karitativ Tätigen sollte auf keinen Fall im Sinne einer höheren oder geringeren Bewertung gesehen werden. Beide gehören zusammen zu der einen apostolischen Sendung.

Der zweite Abschnitt von Nr. 30 ist der nicht bullierten Regel entnommen. Dort steht er im 16. Kapitel, das von denen handelt, die zur missionarischen Tätigkeit „unter die Sarazenen und andere Ungläubige" zu gehen bereit sind (NbReg 16, 3). Von daher ist die Gesamt-Situation dieses Abschnittes zu sehen, der ja keine bequeme Sprache spricht. Die Länder der Sarazenen und der anderen Ungläubigen waren zur Zeit des hl. Franziskus für gläubige Christen „Feindesland", wo der gläubige Christ mit Verfolgung rechnen mußte. Deshalb hat das 16. Kapitel der nicht bullierten Regel eine reiche – fast erschöpfende Fülle von Jesus-Worten aufgenommen, die von Verfolgung und Drangsal um Jesu willen sprechen (NbReg 16, 8-21).

Sich dem Herrn ganz überlassen

Mag sein, daß der Text unzeitgemäß scheint, weil da von Feinden, sogar von unsichtbaren Feinden und von Verfolgung gesprochen wird. Und was hat es mit dem Überlassen unserer Leiber an Jesus Christus auf sich?

„Und wo immer sie auch sind, sollen sie bedenken, daß sie sich dem Herrn Jesus Christus übergeben und ihm ihre Leiber überlassen haben". Wodurch wir uns dem Herrn Jesus Christus übergeben haben, ist uns wohl klar. Es war unsere Profeß. Wir sagen von der Profeß, daß wir uns da durch Gelübde verpflichten, die drei evangelischen Räte in dieser bestimmten Ordensgemeinschaft zu leben.

Das ist gewiß richtig. Es könnte aber auch in einer rein legalistischen Weise gelebt werden, ausgerichtet auf die Frage: Was ist im Leben nach den drei evangelischen Räten erlaubt; was ist verboten? Sehen wir es aber mit Franziskus so, daß wir uns da dem Herrn Jesus Christus übergeben haben, dann kommt in unser Leben die ganz persönliche Bindung an den Gottmenschen Jesus Christus, dann ist unser Leben von der Liebe zu ihm erfüllt und von ihr geformt. Sich dem Herrn Jesus Christus übergeben, da gibt es in der Liebe kein Berechnen mehr, was man geben will, was man zurückbehalten will. Denn es geht ja nicht um Sachen oder Summen, es geht um uns selbst. Und uns selbst können wir nicht in Teilen oder Prozenten geben, sondern nur ganz. Nur so ist es uns überhaupt möglich, ihm zu entsprechen. „Behaltet darum nichts von euch für euch zurück, damit euch als Ganze aufnehme, der sich euch ganz hingibt" (BrOrd 29). Dieses Wort des hl. Franziskus spricht aus, was sich in dem Geschehen ereignet, wenn ein Mensch sich dem Herrn Jesus übergibt und von ihm ganz angenommen wird; in diesem erfüllt sich das Wort des Apostels Paulus: „Nicht mehr ich lebe, sondern Christus lebt in mir. Soweit ich aber jetzt noch in dieser Welt lebe, lebe ich im Glauben an den Sohn Gottes, der mich geliebt und sich für mich hingegeben hat" (Gal 2, 20). Auf diese Weise und nur so kann das geschehen, was wir schon mehrfach durch den Text der Regel erkannten, daß wir Christus sichtbar machen, seine Art erneut in die Welt hineinstellen. Das ist das stärkste apostolische Zeugnis von Christus, das wir geben können.

Es ist das Lebenszeugnis, das den ganzen Menschen umfaßt, das nicht eine rein spirituelle Angelegenheit ist. Das Lebenszeugnis von Christus kann und soll auch mit den Möglichkeiten unseres leiblichen Lebens gegeben werden. Das ist der Sinn, warum die Regel mit den Worten des hl. Franziskus sagt, daß die Schwestern und Brüder dem Herrn „ihre Leiber überlassen haben".

Wer aber so ganz in die Lebensverbindung mit Christus eingeht, der wird dann auch das Schicksal teilen, das Christus auf dieser Erde erlitten hat. „Wenn sie mich verfolgt haben, werden sie auch euch verfolgen" (Joh 15, 20). Wer um Christi willen verfolgt wird, gegen wen sich die gleichen Mächte erheben wie gegen Christus, der mag darin die Bestätigung finden, daß er auf dem Weg Christi ist. Und so wie Christus nach dem hl. Evangelium von „sichtbaren wie unsichtbaren Feinden" bedrängt und angegriffen wurde, wird es auch bei denen sein, die ihm folgen, die sich ihm übergeben haben.

31) In der Liebe, die Gott ist, sollen alle Brüder und 1 Joh 4, 16
Schwestern, ob sie beten oder dienen oder arbeiten, danach trachten, sich in allem zu verdemütigen, sich nicht zu rühmen, weder selbstgefällig zu sein, noch innerlich sich zu erheben wegen guter Worte und Werke, überhaupt über gar nichts Gutes, das Gott bisweilen in ihnen und durch sie tut oder spricht und wirkt. vgl. NbReg 17, 5-6

An jedem Ort und in jeder Lage sollen sie alles Gute als Eigentum des Herrn, des erhabensten und höchsten Gottes, des Herrschers über alle Dinge, anerkennen; und ihm sollen sie Dank erweisen, von dem alles Gute ausgeht. vgl. NbReg 17, 17

In Nr. 30 der Ordensregel steht die mahnende Weisung, es komme entscheidend darauf an, daß wir als solche leben, die „sich dem Herrn Jesus Christus übergeben und ihm ihre Leiber überlassen haben". Franziskus, der diesen Gedanken ausgesprochen hat, überließ Christus sogar seinen Leib so total, daß er in den Wundmalen das Eigentumszeichen seines Herrn tragen durfte (vgl. Gal 6, 17). Er hatte „sich dem Herrn Jesus Christus übergeben" in umfassender Auswirkung. Er betrachtete sich ganz als Eigentum des Herrn, der ungehindert durch ihn wirken konnte. Diesen Gedanken breitet die Ordensregel deshalb in Nr. 31 aus.

In Gottes Liebe leben

Vom Beten, Dienen und Arbeiten ist da die Rede. Das ist nicht so zu verstehen, als würden damit sozusagen Berufs-Zuweisungen erfolgen, etwa in dem Sinn, daß einige beten, andere dienen und wieder andere arbeiten. Vielmehr ist hier jeder angesprochen in den verschiedenen Situationen seines Lebens. Wenn die Ordensregel offenbar zwischen Dienen und Arbeiten unterscheidet, obwohl Dienst doch auch Arbeit ist, so mag das so zu verstehen sein, daß „Dienen" eine direkt dem Menschen zugewandte Tätigkeit meint, während „Arbeit" nicht ohne weiteres den direkten Bezug zum Menschen hat.

Übrigens hat Franziskus an der hier verwendeten Text-Stelle der NbReg (17,5) vom Predigen, Beten und Arbeiten gesprochen. Die Regel der Brüder und Schwestern vom Regulierten Dritten Orden des hl. Franziskus spricht nicht vom Predigen sondern vom Dienen. Sie trägt damit der Situation Rechnung, wie sie in laikal strukturierten Ordensgemeinschaften vorherrscht.

In Nr. 31 geht es um ein einziges Thema, das man von zwei entgegengesetzten Seiten her angeht. Zunächst wird den Brüdern und Schwestern gesagt, was sie nicht tun sollen, wie sie nicht eingestellt sein dürfen. Dann folgt die Aussage, welche Einstellung die richtige ist, was positiv zu tun ist.

„In der Liebe, die Gott ist..." Mit diesen Worten wird eine Dimension aufgetan, die unser rein menschliches Vermögen übersteigt. Es ist die Dimension Gottes. Dennoch ist es eine Dimension, in der zu leben uns als Möglichkeit und Wirklichkeit geschenkt wurde. Das sagt uns nicht nur der Text der Heiligen Schrift, auf den sich die Ordensregel hier bezieht: „Gott ist die Liebe, und wer in der Liebe bleibt, der bleibt in Gott, und Gott bleibt in ihm" (Joh 4, 16).

Wir sollten auch an die folgenden Worte aus dem Epheserbrief denken: „In der Liebe verwurzelt und auf sie gegründet, sollt ihr zusammen mit allen Heiligen dazu fähig sein, die Länge und Breite, die Höhe und Tiefe zu ermessen und die Liebe Christi zu verstehen, die alle Erkenntnis übersteigt. So werdet ihr mehr und mehr von der ganzen Fülle Gottes erfüllt" (Eph 3, 17-19).

Sich nicht seiner selbst rühmen

„In der Liebe, die Gott ist...", etwas tun, das bedeutet: Von der Gnade Gottes getragen, von der Liebe Gottes beseelt, etwas tun, in seinem Verhalten ganz in Gottes Art sozusagen einzuschwingen. Es ist eine Heilssituation, die – wie der Epheserbrief sagt – „alle Erkenntnis übersteigt", die uns aber als übernatürliche Wirklichkeit geschenkt ist. Wenn wir versuchen, uns diese Gedanken vor allem mit dem Herzen anzueignen, dann steht das im Regeltext Folgende in einem ganz neuen Licht: „*... danach trachten, sich in allem zu verdemütigen, sich nicht zu rühmen, weder selbstgefällig zu sein, noch innerlich sich zu erheben*". Alle diese hier genannten Haltungen und Handlungen laufen ja darauf hinaus, daß der Mensch sich aus der Bindung und Einheit mit

Gott entfernt, daß der Mensch sich auf sich selber verlassen will. Gerade mit dem Sich-Rühmen wird das besonders deutlich. Es bedeutet nicht einfaches Prahlen, über das man lächeln könnte. Schon der Alte Bund sah es so, daß sich im Selbstruhm die Grundhaltung des gottlosen Menschen kundtut (vgl. Ps 74,4; 94,3). Der Glaubende aber rühmt sich des Namens Gottes (vgl. Ps 89,16-18).

Wer also danach trachtet, „sich nicht zu rühmen", der geht gleichsam von sich selbst weg auf Gott zu, der setzt auf Gott.

Vor Gott zurücktreten

Bei diesen Zusammenhängen steht auch die Forderung der Regel, „sich in allem zu verdemütigen" in einem anderen Licht. „In der Liebe, die Gott ist..., sich in allem zu verdemütigen", das könnte man erklärt finden in den Worten der Heiligen Schrift: „Gott tritt den Stolzen entgegen, den Demütigen aber schenkt er seine Gnade. Beugt euch also in Demut unter die mächtige Hand Gottes, damit er euch erhöht, wenn die Zeit gekommen ist. Werft alle eure Sorgen auf ihn, denn er kümmert sich um euch" (1 Petr 5,5-7).

Gerade dieses Schriftwort zeigt deutlich an, worauf es im ersten Abschnitt von Nr. 31 der Ordensregel ankommt: Wer vor Gott zurücktreten kann, der wird die liebevoll sorgende Allmacht Gottes erfahren. Die Begegnung mit Gott und das Zurücktreten vor ihm geschieht nach dem Text der Regel nun aber nicht in einer Weise, bei der sich Gott und Mensch getrennt gegenüberstehen. Es geht vielmehr um eine tief gelagerte Einheit. Denn die Ordensregel spricht davon, die Menschen dürften sich nicht Gott gegenüber zu profilieren suchen *„wegen guter Worte und Werke, überhaupt über gar nichts Gutes, das Gott bisweilen in ihnen und durch sie tut oder spricht und wirkt".*

Der Mensch mag es so erleben, daß da Gutes geschieht, das ihm eignen sollte. Denn er ist es – so muß er es sehen –, der handelt und spricht und etwas unternimmt. Und auch Franziskus sieht es so, daß der Mensch selber Gutes tut. Denn er mahnt: „Alle Brüder sollen sich bemühen, mit Eifer gute Werke zu verrichten" (NbReg 7,10).

Wenn es aber um die tiefsten, tragenden Gründe für das geht, was an Gutem durch den Menschen geschieht, so kann Franziskus nicht daran vorbei denken, daß Gott es ist, der letztlich alles Gute bewirkt. Gott wirkt allerdings nicht so sehr in direktem Zugriff; sondern er wirkt

über „Vermittler". Wer in diesem Sinne arm ist vor Gott, wer nicht für sich beansprucht, was Gottes ist, der erfährt Gott in der Mitte seines Wirkens.
Es geht letztlich um das, was Franziskus mit den Worten sagt: „Und alles Gute wollen wir dem Herrn, dem erhabensten und höchsten Gott, zurückerstatten und alles Gute als sein Eigentum anerkennen und ihm für alles Dank sagen, von dem alles Gute herkommt" (NbReg 17, 17).

In Demut arm vor Gott

Was im ersten Abschnitt von Nr. 31 gesagt wird, könnte dem christlichen Menschen ein Weg zu positiver Einschätzung seiner selbst sein. Franziskus hat die Demut sehr hoch gepriesen: „Die heilige Demut macht den Stolz und alle Menschen, die in der Welt sind, und ebenso alles, was in der Welt ist, zuschanden" (GrTug 12). Und wenn er von der Ausrichtung auf Christus spricht, erwähnt er neben der Armut eigentlich immer auch die Demut Christi, die beobachtet werden soll (BReg 12,4).
Franziskus wußte um die hohe Bedeutung der Demut, die den großen Abstand zwischen Gott und dem Menschen deutlich vor Augen hat. Franziskus war nicht der Meinung, die Demut müsse den Menschen zu der Überzeugung bringen, daß durch den Menschen nichts Gutes geschehen könne. Es gab – und gibt – ja im christlichen Raum die Auffassung, durch die Erbsünde sei der Mensch im Kern verdorben und alles, was vom Menschen ausgehe, sei ebenfalls verdorben.
Dieser Auffassung war Franziskus wirklich nicht. Er war vielmehr davon überzeugt, daß durch jeden Menschen Gutes gesprochen und getan werden kann. Aber in der Haltung der demütigen Armut vor Gott beansprucht er nicht, der Urheber dieses Guten zu sein. Gott ist es, „von dem alles Gute herkommt" (NbReg 17, 17). Und der Mensch darf sich nichts von dem aneignen, was Gottes Eigentum ist.
Wer sich so einstellt, der steht zwar als Armer vor Gott. Zugleich aber kann er dem Herrn und dessen Wirken im eigenen Reden und Wirken begegnen. Dies ist der unbegreifbare Reichtum des vor Gott Armen. Von dieser Armut konnte Franziskus sagen: „Dieser hanget ganz und gar an und trachtet um des Namens unseres Herrn Jesu Christi willen auf immer unter dem Himmel nichts anderes zu haben" (BReg 6, 6).

So kann Armut sogar zu reichem Besitz werden, weil Gott im Wirken des Menschen anwesend ist, wenn der Mensch sein Wirken nicht für sich beansprucht.
Ob das nicht unsere Grundeinstellung formen sollte? Wir sind es gewohnt, bei der täglichen Gewissenserforschung unser Versagen und unsere Fehler aufzuspüren und uns bewußt zu machen. Das soll auch so bleiben. Aber wir sollten auch regelmäßig unser Leben daraufhin prüfen, wo von uns ein gutes Wort gesprochen, eine gute, helfende Tat gesetzt wurde. Das sind die Punkte, wo Gott in unserem Wirken zugegen war. Und wir sollten uns dann gleich dazu bereitfinden, die guten Worte und Werke „dem Herrn zurückzuerstatten".

Alles Gute ist Gottes Spur

Hatte der erste Teil von Nr. 31 der Ordensregel von dem Guten gesprochen, das sich in uns und durch uns ereignet, so spricht der zweite Teil von Nr. 31 von all dem Guten, das sich überhaupt auf Erden finden mag:
„An jedem Ort und in jeder Lage sollen sie alles Gute als Eigentum des Herrn, des erhabensten und höchsten Gottes, des Herrschers über alle Dinge, anerkennen; und ihm sollen sie Dank erweisen, von dem alles Gute ausgeht."
Wo wir auf Gutes treffen, ganz gleich an welchem Ort und in welcher Situation, treffen wir auf Gottes Spur, ja auf Gottes Eigentum.
Hier tut sich ein unendlich weites und reiches Feld möglicher Gottbegegnungen auf. Gerade Franziskus kann uns lehren, wie viel die geschaffenen Wesen mit Gott zu tun haben. Wir denken dabei gewiß spontan an den Sonnengesang. Was den Sonnengesang entstehen ließ, sagt *Thomas von Celano:* „Was er in der geschaffenen Welt fand, führte er zurück auf den Schöpfer. Er frohlockte in allen Werken der Hände des Herrn, und durch das, was sich seinem Auge an Lieblichem bot, schaute er hindurch auf den lebensspendenden Urgrund der Dinge. Er erkannte im Schönen den Schönsten selbst; alles Gute rief ihm zu: ‚Der uns erschaffen, ist der Beste!' Auf den Spuren, die den Dingen eingeprägt sind, folgte er überall dem Geliebten nach und machte alles zu einer Leiter, um auf ihr zu seinem Thron zu gelangen" (2 Celano 165).

Der Ansatz zu dieser Haltung des hl. Franziskus liegt bereits in den ersten Worten der Heiligen Schrift. Das Buch Genesis spricht in seinem ersten Kapitel von der Erschaffung der Welt. Dieser Bericht enthält einen Satz, der wie ein Refrain den gesamten Text durchzieht: „Gott sah, daß es gut war" (Gen 1,4.12.18.25.31). Zwar wurde die ganze Schöpfung, wie der vierte Meßkanon sagt, in die „Verderbnis der Sünde und des Todes" hineingenommen. Aber die Spuren Gottes in der Schöpfung wurden nicht ausgelöscht. „Denn alles, was Gott geschaffen hat, ist gut" (1 Tim 4,4). Gottes Spuren in den Geschöpfen leuchten aber dem am klarsten auf, der – wie Franziskus – die Geschöpfe nicht an sich reißen will, um sie zu verbrauchen, sondern sie ehrfürchtig als Armer in ihrer Seinsbestimmung beläßt.

„Wer das Gute tut, ist aus Gott" (3 Joh 11). Das macht uns aufmerksam, daß auch und gerade das Gute, das sich an unseren Menschen-Brüdern und -Schwestern findet, die Gottesprägung hat. Und gläubige Hellsichtigkeit wird das Gute oft genug auch im Wort und Werk solcher finden, die selbst nicht gläubig sind, die nicht zum christlichen Bereich zählen. Denn „jede gute Gabe und jedes vollkommene Geschenk kommt von oben, vom Vater der Gestirne" (Jak 1,17). Gott macht das Zuteilen seiner guten Gaben nicht von der Einstellung des Menschen abhängig. „Er läßt seine Sonne aufgehen über Bösen und Guten, und er läßt regnen über Gerechte und Ungerechte" (Mt 5,45).

Mahnung und Segen

32) Alle Brüder und Schwestern sollen darauf bedacht sein, daß sie vor allem danach streben, den Geist des Herrn zu haben und sein heiliges Wirken. Und immer der heiligen Kirche untergeben, feststehend im katholischen Glauben, sollen sie die Armut und Demut und das heilige Evangelium unseres Herrn Jesu Christi beobachten, was sie fest versprochen haben.

BReg 10, 8
vgl. RegKlara 10, 7
BReg 12, 4
vgl. RegKlara 12, 11

Diese Mahnung des hl. Franziskus, mit der die Regel ausklingt, ist eine kurze Zusammenfassung alles dessen, was voraufgehend im Text der Regel als Lebensweisung steht. „Den Geist des Herrn haben und sein heilige Wirken". Wir mögen an das denken, was die „Worte des heiligen Franziskus an alle, die ihm folgen", uns gesagt haben: Wer würdige Früchte der Buße bringt, wer sich mit ganzem Herzen Gott zuwendet, auf dem „wird der Geist des Herrn ruhen", und dieser Geist des Herrn wird sich bei einem solchen Menschen „Wohnung und Bleibe schaffen". Ja, der Geist des Herrn durchformt den Menschen so sehr, daß der Mensch eine ganz innige Nähe zu Gott gewinnt, die sich nur mit Begriffen des liebenden Einsseins einigermaßen bezeichnen läßt: „Kinder des himmlischen Vaters", „Anverlobte - Bräute, Brüder und Mütter unseres Herrn Jesus Christus". Wenn es wichtig ist, „den Geist des Herrn zu haben und sein heiliges Wirken", dann kommt die Frage, ob es Kriterien dafür gibt, daß jemand den Geist des Herrn hat. Franziskus hat davon in seiner 12. Ermahnung gesprochen, die unter der Überschrift steht: „Wie man den Geist des Herrn erkennt". Dort heißt es:

„So kann der Knecht Gottes geprüft werden, ob er am Geist des Herrn Anteil hat: Wenn sein Ich, falls der Herr durch ihn etwas Gutes wirkt, sich deshalb nicht hoch erhebt, weil es immer der Gegner alles Guten ist, sondern wenn er um so mehr in seinen Augen sich unbedeutend dünkt und sich für minderer als alle anderen Menschen hält".

Wie findet man zu solcher Demut?

Was hier ausgesprochen ist, findet sich mit der gleichen Thematik auch in einem Wort Christi: „So sollt auch ihr, wenn ihr alles getan

habt, was man euch aufgetragen hat, sagen: Wir sind unnütze Knechte, wir haben nur getan, was unsere Pflicht war" (Lk 17,10).
Franziskus hat die Worte des Herrn sehr ernst genommen und sich nach ihnen ausgerichtet. Deshalb konnte *Thomas von Celano* über ihn sagen: „Obwohl er schon so berühmt und gefeiert war, daß sehr viele ihn für einen Heiligen hielten, achtete er sich doch vor Gott und der Welt für einen unnützen Menschen. Er wurde nicht stolz auf seinen Ruhm, nicht auf seine vielvermögende Heiligkeit und auch nicht auf die große Zahl so heiliger Brüder und Söhne, die ihm gegeben wurden als erste Vergeltung für seine Verdienste" (2 Celano 142).
Wie kann ein Mensch zu einer solchen Haltung der Demut kommen, obwohl er doch die ihn umgebende Verehrung und Hochschätzung spürt? Kann das, was da von Franziskus gesagt wird, ehrliche Überzeugung sein? Oder finden da gekünstelte Verdrehungen statt?
Wer am Geist des Herrn Anteil hat, der wird sich gerade dann, „falls der Herr durch ihn etwas Gutes wirkt", nicht rühmend erheben. Wie Franziskus in der 12. Ermahnung sagt, wird ein solcher Mensch durch den Geist des Herrn dazu gebracht, „sich für minderer als alle anderen Menschen" zu halten.
Wie kann ein Mensch das in ehrlicher Überzeugung und ohne künstliche Verrenkungen schaffen? Die Linie, auf der Franziskus diese Haltung redlich durchhalten konnte, tritt in einem Bericht zutage, den uns *Thomas von Celano* in seiner zweiten Franziskus-Vita (Nr. 123) überliefert hat:
Ein Gefährte des Heiligen fand ihn eines Tages betend vor dem Altar einer Kirche. Da wurde dem Gefährten eine Schauung zuteil. Er sah die vielen Throne des Himmels. Unter ihnen war einer prächtiger als alle anderen. Und eine Stimme sprach zu ihm: „Dieser Thron gehört einem von den gefallenen Engeln, und jetzt wird er für den demütigen Franziskus aufbewahrt".
Dem Bruder wurde also die außerordentliche Heiligkeit des hl. Franziskus geoffenbart. Und er hätte nun gerne gewußt, wie der Heilige sich selber einschätzte. Deshalb fragte er ihn: „Mein Vater, welche Meinung hast du von dir selbst?" Franziskus antwortete ihm: „Ich glaube, unter den Sündern der größte zu sein; wenn nämlich Gott einem Verbrecher so große Barmherzigkeit erwiesen hätte, so wäre er zehnmal mehr ein geistlicher Mensch als ich". Der Geist Gottes sprach dazu im Herzen des Bruders: „Erkenne, daß das Gesicht, das

du schautest, wahr ist, weil die Demut diesen demütigsten Menschen auf jenen Thron erheben wird, der durch den Hochmut verloren ging".

Im Blick auf Gott seine Position erkennen

Franziskus hat sich selbst nie gefragt, wie weit er in der Heiligkeit bereits vorangekommen sei. Vor allem hat er nie versucht, seinen eigenen Standort zu bestimmen durch einen Vergleich mit anderen. Sein einzig von Christus, von Gott her zu verstehendes Leben schaute auf Gott. Und da erfuhr er, was jeder erkennt, der zu Gott hin strebt: Je näher er Gott kam, desto deutlicher wurde ihm, welch großer Abstand noch zwischen ihm und Gott war. Denn alles, was er Gutes wirkte, war ihm vom Geist Gottes geschenkt, war also Eigentum des Geistes Gottes. Und Franziskus wollte den Eigentumsbereich Gottes nicht dadurch antasten, daß er etwas davon zur Aufwertung seiner eigenen Person für sich als ihm eigen beanspruchte.

Diese Gedanken stehen am Ende der Ordensregel. Das will im Gesamtzusammenhang der ganzen Regel sagen: Wer all dem zu entsprechen gesucht hat, was voraufgehend in der Ordensregel als Lebensweisung gesagt wurde, sollte sich das nicht als Eigenleistung zuschreiben. Er sollte daran denken, daß es das heilige Wirken des Geistes des Herrn ist. Der Geist des Herrn hat ihm eingegeben, dieses Leben anzunehmen (Kap. 2, Nr. 4). Und eben dieser Geist des Herrn hat ihm die Möglichkeit geschenkt, „immer besser, mit geläutertem Herzen und reinem Sinn Gott dem Herrn zu dienen, ihn lieben, ehren und anbeten zu können" (Kap. 2. Nr. 7).

Im Schlußsatz der Regel spannt sich ein Bogen vom Beginn der Regel bis zu ihrem Ende. Hier werden noch einmal entscheidende Punkte des Ordenslebens in franziskanischer Art angesprochen.

„Und immer der heiligen Kirche untergeben, feststehend im katholischen Glauben".

Diese Aussage vom Ende der Ordensregel ist in ihrer Art fast noch klarer und drängender als das, was am Beginn der Ordensregel zum gleichen Thema gesagt wird. Es geht hier nicht allein um eine Treue der Kirche gegenüber. Hier geht es um die Existenz einer Ordensgemeinschaft überhaupt, die nur im Lebensverbund der katholischen Kirche möglich ist.

Wie wir bei der Betrachtung des 1. Kapitels gesehen haben, sind die evangelischen Räte eine Gabe, die Christus weder einem einzelnen Menschen noch einer einzelnen Gruppe von Menschen geschenkt hat. Christus hat die Gnadengabe der evangelischen Räte seiner Kirche geschenkt. Er hat es getan, um seinem geheimnisvollen Leib, seiner Kirche, die Kräfte und Möglichkeiten zu schenken, ganz in der Art Christi, des Hauptes zu leben. Die Lebenslinien des Leibes müssen mit den Lebenslinien des Hauptes übereinstimmen. Durch den Leib Christi, die Kirche, soll Christus sichtbar gemacht werden. Diese Möglichkeit kann man sich aber nicht einfach selber aneignen. Es ist ein heiliger Auftrag, der von der Kirche gegeben wird.

Wenn auch nicht ausdrücklich so formuliert, steht dieser heilige Auftrag doch sehr deutlich in den Worten, daß es darauf ankomme, „die Armut und Demut und das heilige Evangelium unseres Herrn Jesu Christi" zu beobachten. Wie wir durch den gesamten Regeltext hindurch feststellen konnten, daß die Regel zur ganz persönlichen Begegnung mit Jesus Christus und zur Lebensbindung an ihn führen will, so hier in besonderer Deutlichkeit.

„Die Armut und Demut und das heilige Evangelium unseres Herrn Jesus Christi beobachten".

Die Ordensregel spricht am Beginn von der alles umfassenden, entscheidenden Lebensausrichtung derart, daß es darauf ankomme, „unseres Herrn Jesu Christi heiliges Evangelium zu beobachten durch ein Leben in Gehorsam, in Armut und in Keuschhheit". Die auf Armut und Demut konzentrierte Aussage am Schluß der Ordensregel sagt, daß hier nicht unsere Armut und Demut letztlich gemeint ist, sondern die Armut und Demut Jesu Christi. Nicht der ihm Nachfolgende setzt das Maß dieser Armut und Demut. Es geht im eigentlichen darum, die Armut und Demut unseres Erlösers zu leben, lebendig in die Gegenwart zu stellen. Hier liegt der höchste Adel des Lebens nach den evangelischen Räten unseres Herrn.

„Was sie fest versprochen haben".

Damit klingt die Regel aus. Diese Worte erinnern die Brüder und Schwestern daran, daß es in ihrem Leben eine Freiwilligkeit zu dieser unbedingten Nachfolge gibt. Sie haben sich ungehindert dazu bekannt. Und sie sollten sich selbst immer wieder beim Wort nehmen und beim Wort nehmen lassen. „Was sie fest versprochen haben" – damit ist letztlich die Treue zu Gott, zu Christus, zur Gemeinschaft der Kirche, aber auch die Treue des Ordenschristen zu sich selbst ausgesprochen.

Der Segen des hl. Franziskus

Und wer immer dies beobachtet, werde im Himmel erfüllt mit dem Segen des höchsten Vaters und werde auf Erden erfüllt mit dem Segen seines geliebten Sohnes in Gemeinschaft mit dem Heiligsten Geiste, dem Tröster, und allen Kräften des Himmels und allen Heiligen. Und ich, der ganz kleine Bruder Franziskus, euer Knecht, bestätige euch, soviel ich nur kann, innen und außen diesen heiligsten Segen. Test 40-41

Diese Segensworte des hl. Franziskus sind seinen Brüdern und Schwestern besonders kostbar, weil er mit ihnen sein Testament beschließt. Er hat sein Testament kurz vor seinem Tode diktiert. So gehören diese Worte der Segnung zu seinen letzten Worten, die er auf dieser Erde gesprochen hat. Der Segen ist dem Text der Ordensregel aber nicht wie ein Fremdkörper angehängt. Er steht als Segen des hl. Franziskus mit innerer Berechtigung am Schluß der Regel. Denn die erneuerte Ordensregel ist nicht nur Geist von seinem Geist, sie ist weitgehend auch Wort von seinem Wort.

Segen geht von Gott aus

Bleiben wir aber zunächst bei dem Wort „Segen, segnen". Das lateinische Wort dafür ist „benedictio, benedicere". Und „benedicere" bedeutet dem Wortstamm nach: „Gutes sagen". Dabei kommt es darauf an, wer über wen Gutes sagt, wer wem Gutes zusagt. Wenn wir „benedicere" auf unsere Begegnung mit Gott beziehen, ist es so: Von uns zu Gott hin ist „benedicere – Gutes aussagen" gleich „Lobpreisung, Verherrlichung" Gottes. Geschieht das „benedicere", das „Gutes sagen" von Gott zu uns hin, so ist es „Segen". Denn wem Gott Gutes zuspricht, der wird von dem Guten auch erreicht, das von Gott ausgeht. „Benedicere – Gutes zusprechen" geht von Gott aus als Segen; es kommt auf den Menschen zu. Und wenn der gläubige Mensch, der sich vor Gott arm weiß, alles Gute Gott dem Herrn zurückerstattet, dann wird das „benedicere" zum Lobpreis. Und wenn der Segen, die Zusage des Guten von Gott her, am Schluß der Ordensregel steht, so deshalb zu Recht, weil jeder, der diese Ordensregel getreu beobachtet, das ihm von Gott verliehene Gute Gott zurückerstattet zum Lobpreis des Herrn.

Gott zeigt, was zu tun ist

Wir können es bei Franziskus immer wieder feststellen, daß er am Ende seiner Schreiben einen Segen anfügt, der für jene gilt, die den Inhalt des Schreibens beobachten. Das läßt uns klar werden: Franziskus wußte ganz tief und sicher darum, daß Gott ihm eine Sendung übertragen hatte, daß Gott ihm deutlich gezeigt hatte, welcher Weg zu gehen sei. Er war in einer ganz besonderen Tiefe eins mit dem Herrn und seinem Willen. Daraus erwuchs ihm die Sicherheit, daß seine eigenen Weisungen an die ihm Folgenden nichts anderes waren als die klare Verkündigung dessen, was Gott selber von ihnen wollte.

In seinem Testament hat Franziskus selber gesagt: „Und nachdem mir der Herr Brüder gegeben hat, zeigte mir niemand, was ich zu tun hätte, sondern der Allerhöchste selbst hat mir geoffenbart, daß ich nach der Form des heiligen Evangeliums leben sollte" (Test 14).

„Nachdem mir der Herr Brüder gegeben hat", das will nicht so sehr den Rahmen der zeitlichen Aufeinanderfolge herausstellen. Es geht vor allem um den ursächlichen Zusammenhang. Weil Brüder da sind, weil Menschen da sind, die dem hl. Franziskus folgen wollen, deshalb wird ihm vom Allerhöchsten geoffenbart, was er zu tun hat.

Die Offenbarung geschieht also ganz deutlich um der anderen willen, die auf Franziskus vertrauen und ihm folgen wollen. Für diese erhält er die Gnadengabe vom Herrn, die er für die anderen treu zu verwalten hat. Gewiß ist das, was Franziskus im Testament sagt, primär auf die Regel seines Ordens bezogen, näherhin auf die Urform dieser Regel. Doch wußte der Heilige, daß die gegebene Offenbarung des Herrn für den Lebensweg der ihm Folgenden in ihrer Bedeutung nicht mit der Niederschrift der Regel erschöpft war. Es war ihm eine Gabe, die lebendig weiterwirkte. Deshalb wußte er, daß auch alle seine weiteren Weisungen zum rechten Weg der Seinen von dieser Gabe des Beginnens gezeichnet und erfüllt waren.

Aus dieser Überzeugung wuchs die Sicherheit, wenn er in seinen Schriften bis hin zu seinem Testament den Seinigen sagte, was zu tun sei. Zeichen dieser Sicherheit ist der Segen, den er denen verheißt, die seinen Weisungen folgen. Und in dieser Hinsicht steht der Segen des Heiligen mit vollem Recht auch am Ende von „Regel und Leben der Brüder und Schwestern vom Regulierten Dritten Orden des heiligen Franziskus". – Sie stammt zwar in ihrer Textfolge nicht direkt von Franziskus. Aber sie ist in jeder Hinsicht auf Franziskus und den Äußerungen seines Willens aufgebaut.

Nicht nur die Gedanken, sondern sogar die Worte des Heiligen dominieren ganz eindeutig im Text dieser Ordensregel. So erfüllt sie das Kernanliegen: Verpflichtung auf die Art und Spiritualität des hl. Franziskus.

Diese Ordensregel entspricht dem Wollen der Kirche

Was die Ordensregel will und wozu sie auch nach dem Bestätigungsschreiben des Papstes in hervorragender Weise geeignet ist, entspricht genau dem, wozu das Zweite Vatikanische Konzil die Ordensleute drängt. Die Kirche ist überzeugt, daß es ein Handeln unter dem Antrieb des Heiligen Geistes ist, wenn herausragende Männer und Frauen eine Ordensgemeinschaft gründen und deren Lebensweg genauer bezeichnen.

Deshalb ist es der Kirche selber ein Anliegen, daß die Ordensgemeinschaften in der Art bleiben, wie sie von ihren Gründern vorgezeichnet wurde, und „nach dem Geist ihres Stifters wachsen und gedeihen" (Lumen gentium 45). Und als wesentliches Prinzip für die immer zu vollziehende Erneuerung des Ordenslebens nennt das Konzil die ständige Rückkehr zum Geiste des Ursprungs der Ordensgemeinschaften und die treue Bewahrung des Geistes der Gründer (Perfectae caritatis 2).

So sieht also auch die Kirche das, was den Gründern zuteil wurde, nicht als etwas, das mit der Gründung selber in seiner Wirkkraft und Bedeutung sich erschöpfte. Und auch Papst *Johannes Paul II.* spricht in seinem Bestätigungsschreiben der Ordensregel davon, daß das franziskanische Lebensideal sich nicht in der Vergangenheit erschöpft hat, sondern daß es immer wieder, und „gerade in unseren Tagen, nicht weniger als in der voraufgegangenen Zeit ununterbrochen zahlreiche Männer und Frauen" anzieht.

Müßten wir uns da nicht fragen: Wie ist überhaupt unsere Verbindung mit dem, den wir als unseren Gründer verehren? Sehen wir es

nicht so, als wäre da ein Bild eines Menschen vor uns hingestellt, der groß war, zu dem wir uns bekennen, weil er mit dem Werk begann, in das wir eingetreten sind, das nun unser Leben bestimmt?
Gewiß, wir sehen es als eine uns von Gott zuteil gewordene Berufung, daß wir dieser unserer Gemeinschaft uns angeschlossen haben. Lief aber der Weg unserer persönlichen Berufung so, daß wir zuerst der Persönlichkeit des Stifters, der Stifterin begegneten und wir uns dann der von ihr gegründeten Gemeinschaft anschlossen? War es nicht in den meisten Fällen so, daß wir an die Menschen gerieten, die uns heute Schwestern und Brüder in unserer Ordensgemeinschaft sind, und uns entweder von ihrer Persönlichkeit oder ihrer Aufgabe gerufen spürten? Hat uns nicht erst die lebendige Gemeinschaft von jenem Menschen Näheres gesagt, der diese unsere Gemeinschaft ins Leben rief? Finden wir also nicht den Menschen, nach dessen Art unser Leben ausgerichtet sein sollte, erst dann, wenn wir in der von ihm gegründeten Gemeinschaft wirklich leben? Das gilt gewiß nicht nur von dem Menschen, der unsere Ordensgemeinschaft gründete. Es gilt besonders auch vom hl. Franziskus, auf den ja alle „franziskanisch" genannten Ordensgemeinschaften zurückgehen.

Das Charisma des hl. Franziskus ist Gabe für uns

Wir schauen auf zu diesem Menschen, schauen auf zu Franziskus. Wir wissen um seine Begnadung und bewundern ihn, weil er dem ihm zuteil gewordenen Anruf des Herrn so kompromißlos folgte.
Wenn das Zweite Vatikanische Konzil die Ordensleute dazu ruft, den Geist der Gründer – für uns: den Geist des hl. Franziskus – heute wieder neu zu erkennen und aus der Treue zu ihm heute zu handeln, dann ist dabei diese Voraussetzung gegeben: Die dem hl. Franziskus verliehene Geistgabe ist nicht mit seinem Leben zu Ende gegangen. Sie ist vielmehr den von ihm gegründeten und auf ihn gegründeten Gemeinschaften gegeben worden.
Die dem hl. Franziskus verliehene Geistgabe ist der bleibende lebendige Quell, aus dem alle diesem Heiligen in einer seiner Ordensgemeinschaften Folgenden immer neue Kraft für ihre Aufgabe und ihr Leben schöpfen können. Wie sich diese Geistgabe jeweils auswirkt, das hängt davon ab, wie sehr sich die einzelnen Mitglieder ihr öffnen und ihr folgen.

Wer sich aber dieser Geistgabe öffnet, der wird persönlich der hohen Verheißung teilhaftig, wie sie Franziskus in seinem Segen denen zusichert, die von seiner Spiritualität her erkennen, wozu Gott sie berufen hat. Erfüllt sich dann nicht auch all unsere persönliche Sehnsucht nach letzter Entfaltung, wenn uns das zum beglückenden Anteil wird, was Franziskus uns in seinem Segen verspricht?
Es ist die Gemeinschaft mit dem dreifaltigen Gott. Es ist die Gemeinschaft mit allen Wesen, die Gott zu seinem Lobpreis erschaffen hat. Es ist die Gemeinschaft mit denen im Himmel und auf der Erde, die dem Herrn danken für seine Güte und die ihn dadurch verherrlichen.

Verzeichnis der Abkürzungen

I. Schriften des hl. Franziskus
BrGl I: Brief an die Gläubigen I (Ermahnung an die Brüder und Schwestern von der Buße)
BrGl II: Brief an die Gläubigen II
BrKl: Brief an die Kleriker
BrMin: Brief an einen Minister
BrOrd: Brief an den gesamten Orden
ErklVat: Erklärung zum Vaterunser
Erm: Ermahnungen
GebKr: Gebet vor dem Kreuzbild von San Damiano
GrMar: Gruß an die selige Jungfrau Maria
GrTug: Gruß an die Tugenden
PreisHor: Preisgebet zu allen Horen
BReg: Bullierte Regel
NbReg: Nicht bullierte Regel
Sonn: Sonnengesang
Test: Testament

II. Andere Quellen
Bonaventura, LegMaj: Bonaventura, Legenda major. Deutsch in: Franziskanische Quellenschriften, Band 7, Werl/Westf. 1962.
1 Celano und 2 Celano: Thomas von Celano, Leben und Wunder des hl. Franziskus. In: Franziskanische Quellenschriften, Band 5. Werl/Westf. 1980.
3 Gefährten-Legende: Die Dreigefährtenlegende des hl. Franziskus. In: Franziskanische Quellenschriften, Band 8. Werl/Westf. 1972.
Der Bund des heiligen Franziskus mit der Herrin Armut. In: Franziskanische Quellenschriften, Band 9. Werl/Westf. 1966.
Leben und „Goldene Worte" des Bruder Ägidius: In: Franziskanische Quellenschriften, Band 3, Werl/Westf. 1986
Lehrer des Evangeliums. Ausgewählte Texte aus den Predigten des hl. Antonius von Padua. In: Franziskanische Quellenschriften, Band 4, Werl/Westf. 1957
RegKlara: Regel der hl. Klara von Assisi. In: Franziskanische Quellenschriften, Band 2. Werl/Westf. 1976.
TestKlara: Testament der hl. Klara von Assisi. In: Franziskanische Quellenschriften, Band 2. Werl/Westf. 1976
QuSchr: Franziskanische Quellenschriften.